——— 跨文化能力培养系列丛书 ———

本书由湖南省发改委创新研发项目"大学生人文素质教育改革与教材研究"（2019ZXZYH02）资助。

缭绕的足音
中西文化的异域旅行

Enchanting Footsteps
The Journey Between Chinese and Western Cultures

郑燕虹　刘　白/主编

湖南师范大学出版社

·长沙·

图书在版编目（CIP）数据

缭绕的足音：中西文化的异域旅行／郑燕虹，刘白主编. —长沙：湖南师范大学出版社，2021.2

ISBN 978 - 7 - 5648 - 3998 - 7

Ⅰ.①缭… Ⅱ.①郑… ②刘… Ⅲ.①东西文化—比较文化—研究 Ⅳ. ①G04

中国版本图书馆 CIP 数据核字（2020）第 199920 号

缭绕的足音：中西文化的异域旅行

Liaorao de Zuyin：Zhongxi Wenhua de Yiyu Lüxing

郑燕虹 刘 白 主编

◇组稿编辑：李 阳
◇责任编辑：李红霞 江洪波
◇责任校对：张晓芳
◇出版发行：湖南师范大学出版社
　　　　　　地址／长沙市岳麓区 邮编/410081
　　　　　　电话/0731 - 88873071 88873070 传真/0731 - 88872636
　　　　　　网址/http：//press. hunnu. edu. cn
◇经销：新华书店
◇印刷：三河市华晨印务有限公司
◇开本：710 mm×1000 mm 1/16
◇印张：14.75
◇字数：280 千字
◇版次：2021 年 2 月第 1 版
◇印次：2021 年 2 月第 1 次印刷 2025年3月第2次印刷
◇书号：ISBN 978 - 7 - 5648 - 3998 - 7
◇定价：58.00 元

凡购本书，如有缺页、倒页、脱页，由本社发行部调换。
投稿热线：0731 - 88872256 13975805626 QQ:1349748847

序 言

当前，我国外语教育面临的机遇和挑战并存，国家战略和经济社会发展对外语人才培养提出了全新定位，新兴科技变革更是对外语教育的内容和方式产生了直接影响。重外语知识讲授、轻本土文化传播，重语言技能训练、轻话语方式培养，重知识积累、轻人文思辨等现实问题亟待解决。基于这一考量，湖南师范大学郑燕虹教授以《普通高等学校本科专业类教学质量国家标准（外国语言文学类)》《普通高等学校本科外国语言文学类专业教学指南（上）——英语类专业教学指南》为基准，依托湖南师范大学外国语学院比较文学与跨文化研究方向团队的教学、科研成果，坚持教师与学生互动、教学与科研融合、课堂与实践结合、语言技能训练与话语方式习得并重的原则，联合了国内外多位从事跨文化能力培养的专家学者，精心策划了这套"跨文化能力培养系列丛书"。丛书在以下方面做出了探索：

一是坚定文化自信，培养学生讲好中国故事，传播好中国声音。跨文化交流不仅是单纯的语言习得，更是文化的交融互鉴。优秀的跨文化人才不仅要具有良好的母语和外语运用能力，还须具备深厚的爱国情怀和文化自信。丛书注重对经典童话、民谣等的收集、整理和翻译，彰显以湖湘文化为代表的中华优秀传统文化特色，强化译学并重，推动全球语境下中国故事的对外传播。

二是深化教育内涵，彰显人文学科的本质属性。外语教育是一种人文教育，倡导培养学生的道德情怀，实现人的全面发展。在跨文化语境下，外语教育要融通中外话语体系，打造能力、知识与人格塑造相结合的全人教育，推动多元文明的交流、对话。丛书收录的湖南师范大学外国语学院学生创作的中、英文诗歌，充分展现了新时代中国青年宏大的全球视野和执着的家国情怀，彰显出学生在真实情景中开展跨文化交流的能力素养。

三是注重人文思辨，培养学生建立学术研究的角度和立场。思辨能力与跨文化能力相得益彰，两者的完美融合将促使外语教学朝更深层次发展。丛书紧扣新国标、新指南的要求，吸纳了世界一流建设学科教师团队多年来有关比较文学与文化研究的科研成果，以师为范，授人以渔，是新时期大学生跨文化能力培养理论与实践探索的一次生动呈现。

欧阳修诗云："北枝梅蕊犯寒开，南浦波纹如酒绿。"希望本丛书能像诗中"北枝梅蕊"一样在寒峭中绽放万紫千红，像"南浦波纹"一样在暖阳中呈现无限壮观。

是为序。

教育部英语专业教学指导分委员会主任委员
蒋洪新

目 录

博采中西　积力久入
——漫谈张隆溪与钱锺书学问之道

1980 年 6 月上旬某一天，荷兰学者佛克马（Douwe Fokkema）来北大访问，时在北大读研究生的张隆溪陪同并作翻译，佛克马要他陪同去见钱锺书，他自己也想借机见这位敬仰已久的大学者。临行前北大外事处一位办事员嘱告张隆溪：钱锺书学问大，脾气也大，若发现他对你脸色不好，你就中途开溜。张隆溪不以为然，心想学问愈大者应该愈平易近人，不会跟他这样的后生闹脾气。话虽如此，但他还是有点忐忑不安。抵达三里河南沙沟钱锺书寓所，钱先生亲自开门迎进，随后用一口漂亮的牛津英语和佛克马滔滔不绝。在会谈中他们谈到加拿大著名批评家弗莱的理论，张隆溪发表了与佛克马不同的看法，这引起了钱锺书的好感与注意，也许开始钱锺书以为张隆溪是外事处随员，还说不定附带监视"涉外"活动的任务（因当时"文革"才结束不久），听到张隆溪用英文谈弗莱《批评的解剖》的体会，钱先生立即表现出很大兴趣，并转过身来对张隆溪说，中国现在大概还没有几个人读过弗莱的书。当时国门才开，对西方当代批评的理论著作，国内学者能问津者不多，何况张隆溪已读出自己的见解，怎能不引起钱锺书对他的好感呢？会见完后，钱锺书把张隆溪叫到另一间房子，用毛笔题赠《旧文四篇》一书，并要杨绛先生将家里电话号码告诉张隆溪，对张隆溪说："以后你要来，尽可以先打电话。"① 从此张隆溪与钱锺书开始了长达十几年的学术交往。

鲁迅先生曾云："倘要论文，最好是顾及全篇，并且顾及作者的全人，

---

① 张隆溪："怀念钱锺书先生"，见《走出文化的封闭圈》，生活·读书·新知三联书店 2004 年版，第 222–223 页。

以及他所处的社会状态，这才较为确凿。"① 鲁迅先生此话是研究一个作者及其作品较为全面的论述。钱锺书的大名在海内外已是家喻户晓，这里不必赘述。如今张隆溪在国内外比较文学界也是大名鼎鼎，但对圈外的人可能还有些陌生。他们属于两代人，不同时代不同家庭背景出身的人理当有许多不同，但鲁迅先生所提及的社会状态以及他们在那种社会状态下如何作为，的确值得我们关注。钱锺书出身于书香门第，其父钱基博乃著名文史学家，从小国学童子功扎实，又进教会学校习英文，青年时入清华大学外文系，有吴宓、朱自清等名师教导，大学阶段其学问被师生称颂，誉为人中之龙。清华毕业后获奖学金负笈英国牛津大学，在此获文学学士学位（B. Litt. Degree），又到巴黎大学研读两年，回国到清华（当时为西南联大）做教授时还不到三十岁。此时钱锺书已是地地道道学贯中西的大家。美国哥伦比亚大学教授夏志清出版的英文著作《现代中国小说史》有专章研究钱锺书，其中讲钱锺书学成归来，已通晓英文、拉丁文、法文、德文和意大利文学。② 1983年，比利时汉学家李克曼（Pierre Ryckmans）在法国《世界报》上撰文说，钱锺书对中国和西方两方面文学和传统的了解"在今日之中国，甚至在全世界都是无人可比。"③ 通过与钱先生多年交往和深刻研究钱锺书著述，张隆溪对钱锺书横贯中西的学问非常了解并极为敬仰，他纪念钱锺书先生百年诞辰有一篇文章，题为"中西交汇与钱锺书的治学方法，"他在文中写道："在近代学人中，钱锺书先生堪称是真正了解中学与西学，以其独特方式探讨中西学问的大学问家。""中国不仅古代学人不通外文，就是现代学者对西方典籍也了解有限，而且通外文往往限于英文或法文，能兼通德、意、西、拉丁等多种文字，则非常少见。打通中西文化传统，在极为广阔的学术视野来探讨人文学科的各方面问题，可以说是钱锺书治学方法最重要的特点，也是他对中国现代学术最重要的贡献。"④

---

① 鲁迅：《鲁迅全集第六卷·且介亭杂文二集·"题未定"草（六至九）》，人民文学出版社2005年版，第444页。

② C. T. Hsia. A History of Modern Chinese Fiction. Bloomington：Indiana University Press，1999，p. 432.

③ 见 Simon Leys（Pierre Ryckmans）发表在 Le Monde 1983 年 6 月 10 日文章。

④ 张隆溪："中西交汇与钱锺书的治学方法"，《书城》2010 年 3 月号，收集在《一毂集》，复旦大学出版社 2011 年版，第 279 - 280 页。

相比钱锺书的家学与少年青年的教育背景，张隆溪就没有那样幸运了。张隆溪中学毕业正赶上"文化大革命"，美好的时光抛撒在田野与车间，但他发奋自强、好学不辍，高考恢复后他直接报考北京大学西语系的英美文学专业研究生，结果在众多高手较量中夺得第一名。李赋宁先生在他的回忆录《学习英语与从事英语工作的人生历程》说，"许同志把张隆溪的作品拿给我看，问是否能达到北大英语系硕士研究生的标准。我看后，立即鼓励他报考。他那年 31 岁，考试成绩在第一次录取的 12 名硕士生中名列第一。"① 到北京大学读书应该说是张隆溪人生中一个重要的转折点，在这里不但有充足的时间和丰富的藏书，而且名家云集，在西语系当时有朱光潜、杨周翰、李赋宁、赵萝蕤、田德望等著名教授，还有外籍教员。在北大读书期间尤为可贵的是，张隆溪经常得到朱光潜与钱锺书的入室指导，这影响了他一生的治学方向。张隆溪北大研究生毕业后留校任教两年，1983 年 10 月，他又到哈佛大学比较文学系攻读博士学位，这应该是张隆溪人生中又一个重要的转折点。"文革"十年的自学和北大五年的积累，他来哈佛做研究生时，觉得自己在阅历与学识方面不逊于周围同学，一些美国学者倒把他当做来自北大的学者，而不仅是研究生。在哈佛六年，他有充足的时间潜心读书，而且读到了大量国内没有读过的书。这里还有世界一流的名师，他说："在哈佛上课得益很多的是听一些造诣精深的学者讲他们自己最深入的研究。如詹姆斯·库格尔（James Kugel）讲《圣经》与文学批评，芭芭拉·卢瓦尔斯基（Barbara Lewalski）讲弥尔顿《失乐园》，杰罗姆·巴克利（Jerome Buckley）讲维多利亚时代文学批评，克劳迪奥·纪廉（Claudio Guillen）讲比较文学，斯坦利·卡维尔（Stanley Cavell）讲莎士比亚和精神分析等。……此外还有一些教授，虽然我没有正式上他们的课，但平时却颇多交往，得益很多。如英文系的丹尼尔·爱伦（Daniel Aaron）和摩顿·布隆菲尔德（Morton Bloomfield）教授，人类学系的张光直教授，东亚系的史华慈（Benjamin Schwartz）教授等。斯拉夫语系尤里·斯垂特尔（Jurij Striedter）教授生在俄国，长在德国，曾做过伽达默尔的学生，以研究俄国形式主义和

---

① 李赋宁：《学习英语与从事英语工作的人生历程》，北京大学出版社 2005 年版，第 146 页。

捷克结构主义理论著名。他知道我对阐释学有兴趣，愿意指导我的博士论文。尤里熟悉文学理论，做事一丝不苟，思想清晰而讲究逻辑联系，对我帮助很大。"① 他还有幸在耶鲁见到德里达先生，并与他就"道与逻各斯"等学术问题讨论两三小时。在哈佛学习期间，德国的阐释学大师伽达默尔恰好在邻近的波士顿学院讲学，与他探讨阐释学问题，这次见面与交谈坚定了他从中西比较的角度来深入阐释学研究。1992 年在哈佛举办的一次学术会议上，见到王元化先生，他们一见如故，此后有书信交往与面谈。

在哈佛阶段，张隆溪已经在美国的《批评探索》、《比较文学》、《得克萨斯语言文学研究》等刊物发表文章，并受邀到宾夕法尼亚大学、普林斯顿大学等作学术演讲。1987 年他在哈佛大学写博士论文时，同时在哈佛教专修西方文学二年级学生的文学课，这在留学生中亦属少有。1989 年他哈佛毕业后，在加州大学河滨分校任比较文学教授，在那里工作近十年。1998年，张隆溪在美国生活十六年之后回到中国香港，受聘在香港城市大学担任比较文学与翻译讲座教授，继续作跨越东西方文化的比较研究。从如上经历可以看出，张隆溪在青少年时期虽失之桑榆，但"文革"结束时还年富力强，可谓亡羊补牢，未为晚矣。我与张隆溪已有多年交往，他也博通古今中外，我多次听他演讲，中英文流畅优美，音色漂亮，往往讲到德国与法国文学时，德文、法文脱口而出。他的学术成果在近几十年如雨后春笋，不断涌现，迄今仍源源不断。这里我举一些他出版的主要著作：《二十世纪西方文论述评》（1986）、*The Tao and the Logos*（1992，中译《道与逻各斯》，1998，2006）、*Mighty Opposites*（1998）、《走出文化的封闭圈》（2000，2004）、《中西文化研究十论》（2005）、*Allegoresis：Reading Canonical Literature East and West*（2005）、《同工异曲：跨文化阅读的启示》（2006）、*Unexpected Affinities：Reading across Culture*（2007）、《比较文学研究入门》（2009）、《灵魂的史诗：失乐园》（2010）、《一縠集》（2011），在比较文学界当今中国学者中，能像他那样用中英文写作且在国际上有如此大影响者，可谓凤毛麟角。

---

① 张隆溪：《一縠集》，复旦大学出版社 2011 年版，第 49－50 页。

　　与张隆溪相比，钱锺书出学术成果的年代颇为艰辛，中青年时山河破碎，战火纷飞，中华人民共和国成立后政治运动迭起不休，学术研究受到干扰，"文革"结束时钱先生等已入古稀之年。好在他宝刀不老，厚积薄发，其旷世之作《围城》、《谈艺录》、《管锥编》面世后，被誉为中华文化瑰宝，此乃国家与民族之幸。钱锺书长张隆溪三十七岁，他们所处社会状态有不同和相同的时期。在他们令人瞩目的成就面前，人们也许会说他们有超常的记忆力，在我看来，这固然不错，但更重要的是他们对学问的热爱、对知识的追求非常人可比。钱锺书说过，"大抵学问是荒江野老屋中二三素心人商量培养之事，朝市之显学必成俗学。"读书人实乃"生平寒士，冷板凳命运"。又说，"读书人如叫驴推磨，若累了，抬起头来嘶叫两三声，然后又老老实实低下头去，亦复踏陈迹也。"钱锺书这样说，也是这样身体力行的。有关他的"钟爱书""书痴"的故事已经在许多传记和研究他的著述里描写不少，我不想重说，这里仅叙述一些他抗战期间在国立师院任教的故事。1939 年，钱锺书从昆明西南联大回到上海度暑假，然后去了湖南国立师院（国立师院乃笔者目前工作的湖南师范大学前身）就职。一路上颠沛流离，受尽饥饿折磨，还随时有日军轰炸之险，他旅途所见后来都写进小说《围城》里。《围城》有一段描写方鸿渐一行的遭遇，实乃钱锺书自身经历的真实写照：方鸿渐在金华"欧亚大旅社"一夜遭受跳蚤、臭虫叮咬，小说幽默地写道："外国人说听觉敏锐的人能听见跳蚤的咳嗽；那一晚上，这副耳朵该听得出跳蚤们吃饱了噫气。早晨清醒，居然自己没给蚤虱吃个精光，收拾残骸剩肉还够成个人，可是并没有成佛。"在鹰潭"大碟子里几块半生不熟的肥肉，原来红烧，现在像红人倒运，又冷又黑。旁边一碟馒头，远看黑点飞升而消散于周遭的阴暗之中，原来是苍蝇。"这段经历后来钱锺书在《谈艺录》里评论郑子尹《自沾益出宣威入东川》一诗时，被情不自禁插入再现："郑子尹《自沾益出宣威入东川》云：'出衙更似居衙苦，愁事堪当异事徵。逢树便停村便宿，与牛同寝豕同兴。昨宵蚤会今宵蚤，前路蝇迎后路蝇。任诩东坡渡东海，东川若到看公能。'写实尽俗，别饶姿致，余读之于心有戚戚焉。军舆兴而后，余往返浙、赣、湘、桂、滇、黔间，子尹所历之境，迄今未改。行蠃乃供蚤饱，肠饥不避蝇余；恕肉无时，真如士蔚所赋，吐食乃已，殊愧子瞻之言。每至人血我血，搀和一蚤之腹；彼病此病，交递一蝇之身。子尹诗句尚不能尽焉"。① 可见小说中方鸿渐此处遭受的痛苦，与钱锺书所遭的难是相当的。到吉安，方鸿渐等人"住定旅馆以后，一算只剩十来块钱"，"鸿渐饿得睡不熟，身子像没放文件的公事皮包，几乎腹背相贴"。"辛楣笑里带呻吟道：'饿的时候不能笑，一笑肚子愈掣痛。好家伙！这饿像有牙齿似的从里面咬出来，啊呀呀——。'"更滑稽的是，李梅亭躲着吃山薯的形态："鸿渐看见一个烤山薯的摊子的生意，想这比花生米好多了，早餐就买它罢。忽然注意有人正作成这个摊子的生意，衣服体态活像李梅亭；仔细一瞧，不是他是谁，买了山薯脸对着墙壁在吃呢。鸿渐不好意思撞破他，忙向小弄里躲了。"与钱锺书同行的徐燕谋在《纪湘行》写道："艰难抵庐陵，囊空如洗括。街头食薯蓣，饿极胜崖蜜。羞为识者见，背面吞且噎。"如此恶劣旅途，钱锺书却依然能"怡然自得，手不释卷"，② 哪怕在他同伴邹文海看来一本索然寡味的英文字典，在钱锺书读来都会津津有味。③ 2011年我陪张隆溪和赵一凡冒酷暑访问钱锺书曾经工作的地方——蓝田国立师院（今湖南涟源市一中），钱锺书在《围城》将此地写成"三间大学"，其中说"这乡镇绝非战略上的必争之地，日本人唯一豪爽不吝啬的东西——炸弹——也不会浪费在地方。"这里地处湘西，迄今还不算发达，当年更是穷乡僻壤，钱先生在这里度过近两年，寂寞而清苦，同时在此取得了丰硕的学术成果，他在国师完成了一半中国诗话里程碑作品《谈艺录》的写作，在国师季刊发表论文《中国诗与中国画》，并开始构思小说《围城》。诚如《谈艺录》序言所言："《谈艺录》一卷，虽赏析之作，而实忧患之书也。始属稿湘西，甫就其半。养疴返沪，行箧以随。……予侍亲率眷，兵罅偷生。如危幕之燕巢，同枯槐之蚁聚。"由此可见艰难困苦也未动摇钱锺书读书与研究学问的干劲。杨绛先生在三联出版的《钱锺书集》说道：钱锺书六十年前曾对我说：他志气不大，但愿竭毕生精力，做做学

---

① 钱锺书：《谈艺录》，中华书局1993年版，第183 – 184页。

② 邹文海："忆钱锺书"，见沉冰主编：《不一样的记忆》，当代世界出版社1999年版，第81页。

③ 参见拙文："《围城》内外的故事：钱锺书与国立师院"，见《文景》2006年第6期，该文收录在拙著：《大江东去与湘水余波》，岳麓书社2006年版。

问。① 此朴实言语道出了钱锺书的终身志向与追求。

同理，张隆溪能成为今天的张隆溪，好在他于文革特殊年代对知识的追求没有停歇。他中学毕业后插队到农村，那时不但物质生活极度贫乏，精神生活对于有思想的青年人也极为枯竭，用他自己话来说："从 1969 至 1972 年在农村插队落户的三年里，有许多和我一样的知青对书本和知识，都有如饥似渴的追求。"② 爱读书的人没有学上，甚至找些好书读都不容易，对于酷爱西方文学的张隆溪而言，要弄到原版的外国书更是困难。他自述在下乡做知青时，他中学英文老师潘森林先生将抄家劫余的两本书送给他，一本是希腊罗马文学的英译，另一本是英美文学选读。这对张隆溪而言可谓如获至宝，在微光如豆的煤油灯下，他常常诵读至深夜。下乡三年他白天种地，晚上苦读，靠煤油灯的墙壁被油烟熏成黝黑，积了厚厚一层油灰。韩愈《进学解》有名句"焚膏油以继晷，恒兀兀以穷年"，用来形容那时张隆溪的勤学是恰如其分的。1972 年春天，他从四川德昌的山村调回成都，在成都市汽车运输公司车队当修理工。他每天背着书包上班，就像学生背着书包上学，一有空隙，洗去满手油污，开卷就读。经同事介绍认识中华人民共和国成立前曾在《中央日报》当过记者的欧阳子隽先生，欧阳先生藏有很多英文原版书，他当时在百货公司做售货员，由于他为人谦和低调，未遭受冲击，这些好书也幸存下来。他结识张隆溪时真不敢相信，在如此动乱岁月还有这样好学的年轻人，且居然还能翻译莎士比亚的十四行诗。于是他跟张隆溪成为忘年交，他一屋子的英国文学经典书也就成为张隆溪的精神食粮。在大家不读书而且缺书的年代，张隆溪能较为系统地阅读莎士比亚全集、乔叟的《坎特伯雷故事集》、弥尔顿的《失乐园》、19 世纪浪漫主义诗人、小说家和散文家的主要作品。他还从欧阳先生那里借阅到钦定本《圣经》、泰纳的《英国文学史》、帕格瑞夫（F. T. Palgrave）所编的《英诗金库》(*The Golden Treasury*)。这些书是张隆溪最好的朋友，似乎是冥冥之中专门为他准备的。张隆溪本人后来深情地回忆说："我永远感谢欧阳先生在最困难的日

---

① 钱锺书：《钱锺书集·管锥篇（一）》，生活·读书·新知三联书店，2002 年初版，2004 年第 4 版，第 2 页。

② 张隆溪："锦里读书记"，《书城》2006 年 8 月号，收集在《一毂集》，复旦大学出版社 2011 年版，第 154 页。

子里，为我打开书的宝藏，提供精神的食粮，这对我后来的发展，的确起了关键作用。"① 我之所以花这么长的篇幅讲述张隆溪这段经历，因为这些事迹对现在许多年轻人说来，已是久远的故事。那个年代耽误了国家的发展，也误了一代人，许多人自此沉沦，唯有意志顽强者方能如此坚持不懈读书。古云："天行健，君子自强不息。"下乡与工厂的经历从某种意义看来，对张隆溪也是意志的磨炼。须知，在那荒唐的岁月，谁知道自己的未来与读书有多少联系呢！何况张隆溪偏爱读的是些洋书，当时的口号是："不读ABC，照样搞革命。"但天不丧斯文，好读书者自会有天助的。在那不幸的年代能有机会找到这些书已经不易，能读到这些好书更是幸运的，但幸运总是留给那些有准备的人。

"文革"结束后张隆溪凭着十年自学，一举考取北大研究生，以后留学哈佛，获博士学位后在美国加州大学河滨分校做比较文学教授，现为香港城市大学比较文学与翻译讲座教授。如今他在东西跨文化研究领域取得了一系列的辉煌成就与荣誉，这里举几例就知道他在国际学术界的地位：2005 年 2月底至 3 月初，他应加拿大多伦多大学邀请，作了四次亚历山大演讲，这个讲座传统上是治英国文学的欧美名家方有资格，近年来一些国际著名的文化批评学者与作家前来主讲，能受邀参加此讲座的莫不引以为荣。张隆溪是该讲座设立以来唯一受邀的亚洲学者。2007 年 3 月，他获教育部特聘长江讲座教授，为期三年，每年去北京外国语大学做短期讲学。香港城市大学在2007—2008 学年设立了全校教员公开竞争的研究奖，他获得了大奖（Grand Award）。我当时在香港城市大学做客座教授，参加了香港城大有史以来首次研究奖的颁奖仪式，场面非常隆重。那一年城大全校仅两人获奖，张隆溪获得唯一的大奖，第二名获得研究杰出奖的，是一位物理学讲座教授。香港城大是素以理工及工商管理见长，该校拥有多名院士、一大批世界级知名学者教授，张隆溪作为人文学科教授能脱颖而出，获此殊荣，证明了他确实做出了非凡成绩。2009 年春节刚过不久，张隆溪的学术生涯又增添喜讯，他被选为瑞典皇家人文、历史及考古学院外籍院士。这是一项极高的学术荣誉，入选的该国外籍院士有三十九人，其中绝大多数是欧美各国的学者，亚

① 张隆溪："锦里读书记"，《书城》2006 年 8 月号，收集在《一毂集》，复旦大学出版社2011 年版，第 157 页。

洲人只有两人。香港城市大学郭位校长为他专门举办了一个庆祝会，来参加的人很多，除本校同事之外，还有如李欧梵、陈方正、罗志雄、毛俊辉、钟玲、Henry Steiner、荣新江、傅杰等。2009 年 9 月底，他应邀到瑞典皇家学院演讲。2010 年是张隆溪学术演讲繁忙的一年，3 月中旬，参加瑞典皇家人文学院的庆典，并在斯德哥尔摩大学演讲，在此前后还到伦敦大学亚非学院和爱丁堡大学演讲。4 月 12 日在哈佛大学比较文学系作 2010 年的波吉奥里讲座（The Renato Poggioli Lecture），13 日在耶鲁大学东亚研究中心演讲，15 日在韦斯里大学曼斯菲尔德·弗里曼东亚研究中心作 2010 年的弗里曼讲座（The Mansfield Freeman Lecture）。2007 年 6 月，欧洲布里尔出版社（Brill）聘请他和德国学者施耐德（Axel Schneider）共同主编布里尔中国人文学术丛书。2010 年 5 月，美国《新文学史》（*New Literary History*）邀请张隆溪担任这份刊物的顾问编辑。该杂志在美国人文学科杂志中享有极高声望，其顾问编辑包括詹明信（Fredric Jameson）、乔纳森·卡勒（Jonathan Culler）、伊琳·希苏（Helene Cixous）、海登·怀特（Hayden White）等知名学者。2010 年 8 月，在韩国首尔召开国际比较文学学会第十九届大会，张隆溪获选为国际比较文学学会执委会委员。

自 1980 年张隆溪陪佛克马踏进钱门，此后他们交往频繁，钱先生给张隆溪的书信达五十多封，在张隆溪这一代学人中，能与钱先生如此联系密切并得到赏识的人为数不多。钱先生在中华人民共和国成立后没有教书与带学生，在某种意义上，他把张隆溪视为私淑弟子与同道，在他送给张隆溪一部书的题记里，钱先生用《论语》里的典故，以孔子和子夏来暗示他和张隆溪的关系①。张隆溪更把钱锺书视为自己的学问导师，这在他的言谈与文章

---

① 张隆溪在"怀念钱锺书先生"提到他去哈佛时到钱先生那里辞行，钱先生送他上下册的一套《全唐诗外编》作为纪念并题字云："相识虽迟，起予非一。兹将远适异域，长益新知。离情固切，期望亦殷。"这是用《论语·八佾》里的典故："子夏问曰：'巧笑倩兮，美目盼兮，素以为绚兮，何谓也？'子曰：'绘事后素。'曰：'礼后乎？'子曰：'起予者商也！始可与言诗矣。'"张隆溪看到这几句话，感到无限亲切，但又觉无比愧怍，他写道："尤其在钱先生面前，是连作学生的资格都没有的，然而钱先生对我却特别厚爱。记得有一次他告诉我，卞之琳先生开玩笑说我是'钱锺书的死党'。钱先生故意把这玩笑直解，大笑着对我说：'钱某还在，你活得还会更长，怎么能说我们两人是'死党'呢？我听了这话深为感愧，因为做这样的'死党'是要有条件的，而我还不够这样的条件。钱先生给我题的字里，'起予非一'当然是溢美之词，'期望亦殷'四个字，在我只觉得有相当的分量。"见《走出文化的封闭圈》，生活·读书·新知三联书店 2004 年版，第 236－237 页。

里常有提及。他的著作有题献给钱锺书的，如《同工异曲：跨文化阅读的启示》，还有专门研究、怀念甚至捍卫钱锺书的文章，如"钱锺书谈文学的比较研究"、"钱锺书的语言艺术"、"思想的片段性与系统性"、"怀念钱锺书先生"、"读《我们仨》有感"和"论钱锺书的英文著作"。① 不过张隆溪虽然与钱锺书先生过从甚密，又有许多书信往来，但在国内兴起"钱学"时，他却少有参与，绝不以"钱学"为依傍或标榜，而自己走一条中西比较研究的路。但在钱锺书先生辞世之后，一些人对这位大学问家毫无道理地评头品足，张隆溪则忍不住要起而捍卫曾经对他如此厚爱、他也如此尊敬的前辈。2010 年我访学加州大学河滨分校，这里曾是张隆溪工作过的地方，他的哈佛大学博士同学叶扬教授在此。这一年是钱锺书先生百年诞辰，面对这位大学者，海内外有不同反响，有纪念和颂扬的，也有不少批评甚至攻击的声音。针对轻诋钱先生之风，张隆溪当然拔剑而起，写出反驳文章"中西交汇与钱锺书的治学方法——纪念钱锺书先生百年诞辰"。② 因该文涉及一些学界大腕，有几位朋友不免为他担心，但张隆溪心怀坦荡，更有学术底蕴来迎接辩论。老友叶扬形象地描绘张隆溪学术性格说："隆溪的性格我是了解的，他像孟子所说的'千万人吾往矣'。"若钱先生此时地下有知，我想他也许会神秘地笑着说，此乃真吾死党也。在我看来，钱锺书与张隆溪投缘，除了好读书和中西学问大之外，主要是他们淡泊名利、坚持真理、卓尔不群的学术品格相似。

柯灵先生评论钱锺书的一段话颇为精到，他说，"钱氏的两大精神支柱是渊博和睿智，二者相互渗透，互为羽翼，浑然一体，如影随形。他博览群书，古今中外，文史哲无所不窥，无所不精，睿智使他进得去，出得来，提得起，放得下，升堂入室，揽天下珍奇入我襟抱，神而化之，不蹈故常，绝傍前人，熔铸为卓然一家的'钱学'。渊博使他站得高，望得远，看得透，撇得开，灵心慧眼，明辨深思，热爱人生而超然物外，洞达世情而不染一尘，水晶般的透明与坚实，形成他立身处世的独特风格。"③ 由此可见钱锺

---

① 张隆溪：《走出文化的封闭圈》，生活·读书·新知三联书店 2004 年版。

② 此文最初发表在《书城》2010 年 3 月号，后收集在张隆溪：《一毂集》，复旦大学出版社 2011 年版。

③ 周振甫、冀勤编著：《钱锺书〈谈艺录〉读本》，上海教育出版社 1992 年版，第 1 页。

书的学术视野与研究方法，那就是"博极群书，古今中外，文史哲无所不窥，无所不精"，同时他能做到"升堂入室，揽天下珍奇入我襟抱，神而化之，不蹈故常，绝傍前人"。钱锺书自己在《谈艺录》序说道："颇采二西之书，以供三隅之反。""其言曰：'盖取资异国，岂徒色乐器用；流布四方，可征气泽芳臭。故李斯上书，有逐客之谏；郑君序谱，曰'旁行以观'。东海西海，心理攸同；南学北学，道术未裂。"① 钱先生这些话在张隆溪看来，"相当准确地描述了他的学术视野与治学方法。不仅较早的《谈艺录》具有这样的视野，依照这种方法，其后论述更广的《管锥编》亦如是。这种开阔的视野不仅未见于中国传统著述，在现代学术著作中亦是凤毛麟角"。② 从这话可以看出，张隆溪非常赞赏钱锺书这些思想，并认为这奠定了东西方比较研究在学理上的基础。钱先生自己的实践已为大家树立了很好的楷模。

　　在张隆溪看来，当代的学术发展有两个趋势愈见明显，一方面诚如钱锺书先生所云专门学科愈分愈细，另一方面又逐渐有分而复合的趋势，即跨学科或科际整合研究的出现。③ 鉴于此，他主张向朱光潜和钱锺书那样的前辈学人学习，要有开阔的眼光与胸怀，绝不以做某一门学问的专家为满足，而总是超越学科、语言、文化和传统的局限，由精深而至于博大，由专门家而至于中国文化传统中所谓通人。他在《道与逻各斯》里说："打破学术领域的疆界，跳出自己熟悉的蓬蒿而看到更大的天地，尽管在一个高度专业化的世界中不可避免地是一种冒险，但在我看来却似乎始终是一件值得尝试的事情。"④ 他在《同工异曲：跨文学阅读的启示》一书中说得更为晓畅而富有警示作用："在今日的学术环境里，知识的发展已分门别类到相当细微的程度，不同门类的知识领域之间又各立门户，壁垒森严，结果是学者们都不能不成为专治一门学问的专家，眼光盯住自己专业那一块狭小的地盘，不愿意放眼看出去。专家们往往眼里只有门前草地上那一两棵树，看不到大森林的

---

① 钱锺书：《谈艺录》，中华书局1993年版，第1页。
② 张隆溪："中西交汇与钱锺书的治学方法"，《书城》2010年3月号，收集在《一毂集》，复旦大学出版社2011年版，第2280页。
③ 张隆溪：《走出文化的封闭圈》，生活·读书·新知三联书店2004年版，第2页。
④ 张隆溪：《道与逻各斯》，江苏教育出版社2006年版，第11－12页。

宏大气魄和美，反而对森林抱有狐疑，投以不信任的眼光。"① 然而，涉及东西文学或文化的比较研究，有两种倾向需要厘清与批判。一是文化对立说和文化相对主义，持文化对立说或者不可通约论者，认为东西方语言与文化的鸿沟无法跨越，把东西文化的差异尽量夸大，使二者形成一个非此即彼的对立，断言东西方完全没有任何比较的可能。然而除专家们对范围广阔的比较普遍表示怀疑之外，东西方比较研究还面临一个更大的挑战，那就是有许多人，包括许多学者，都常常习惯于把东方、西方或东方人、西方人当成建构思想的概念积木块，粗糙笼统地积累起来思考。习惯于用笼统粗糙的概念积木块来思考的人，不会去做认真细致的调查研究，而得出简单化、脸谱化的结论，抹杀个人的种种差别，把具体的个人都归纳在东方和西方、东方人和西方人这类粗鄙的概念积木之下。② 根据张隆溪多年的治学经验，他发现：往往是读书少，知识面较窄的人，反而勇气与眼界成反比，见识越小，胆子越大，越敢于一句话概括东方，再一句话又概括西方，把东西方描述成黑白分明、非此即彼的对立。③ 张隆溪认为，不同语言和文化之间当然存在差异，可是差异不仅存在于不同文化之间，也存在于同一文化之内。在同一传统甚至同一时代的诗人和作家们之间，确实也有各种差异。文化的完全同一和文化的决然对立，都实在是骗人的假象。④ 在西方汉学和整个亚洲研究中，文化相对主义可以说在当前占主导地位。美国亚洲研究学会的会刊《亚洲研究学报》主编巴克（David D. Buck）在 90 年代一篇引言指出，文化相对主义是美国大多数亚洲研究者所抱的信念，他们怀疑在不同语言文化之间"存在任何概念上的工具，可以用不同人都能接受的方式理解和解释人之行为和意义"⑤。这样一来，汉学或亚洲研究就形成了张隆溪所定义的"文化的封闭圈"，汉学家们往往强调中国文化的独特性和与西方文化之差

---

① 张隆溪：《同工异曲：跨文学阅读的启示》，江苏教育出版社 2006 年版，第 2 页。
② 张隆溪：《同工异曲：跨文学阅读的启示》，江苏教育出版社 2006 年版，第 2 页，第 4 页。
③ 张隆溪：《比较文学研究入门》，复旦大学出版社 2009 年版，第 48 页。
④ 张隆溪：《同工异曲：跨文学阅读的启示》，江苏教育出版社 2006 年版，第 3 页。
⑤ David D. Buck. "Editor's Introduction to Forum on Universalism and Relativism in Asian Studies." The Journal of Asian Studies 50（Feb. 1991），p. 31. 转引自：张隆溪：《走出文化的封闭圈》，生活·读书·新知三联书店 2004 年版，第 3 页。

异，使汉学成为西方学界一个特别的角落，非专门研究者不能入，于是这个领域与其他方面的文化研究隔得很远，也没有什么关联。汉学研究变成汉学家们自己关起门来说话的一个小圈子。①

张隆溪认为，我们另一方面需要警惕"东方文化优越论"的陷阱。西方理论家们在对西方传统作自我批判的同时，往往把中国或东方浪漫化、理想化，强调东西文化的差异和对立，把中国视为西方的反面。此时张隆溪提醒国人一定要首先清点一下自己的家当，切不可把别人的迷魂药当做宝贝，而呈现夜郎自大的姿态。中国上世纪初贫穷落后，到现在则初显繁荣，但随时都不乏高歌猛进者，断言"世界未来文化就是中国文化的复兴"②。"人类的前途岌岌可危，只有中国传统即东方文化历来提倡的'天人合一'，庶几可以对症下药，拯救濒于灭绝的自然和人类。"③ 这固然可以满足国人的虚荣心，但理论依据与现实的可能在哪里？张隆溪在他与德里达等许多西方学者对话以及近年来发表的一系列论文和著作中，都表现出理论的锋芒，并以具体的例证来正本清源。④ 那么，理清这些重要的理论分歧之后，我们以何种方法或者途径来展开跨文化的比较与研究呢？这是一个横亘在众人面前的难题。张隆溪认为：要展开东西方的比较研究，就必须首先克服将不同文化机械对立的倾向，寻求东西方之间的共同点。只有在此基础上，在异中见同，又在同中见异，比较研究才得以成立。⑤ 他在《道与逻各斯》中说得清楚了然："发现共同的东西并不意味着使异质的东西彼此等同，或抹杀不同文化和文化固有的差异。"⑥ 当代西方文化批评过分强调文化、种族、性别等种种差异，张隆溪却另辟蹊径，集中在对同一性的强调，把不同的文学传

① 张隆溪：《走出文化的封闭圈》，生活·读书·新知三联书店 2004 年版，第 3 - 4 页。
② 梁漱溟：《东西文化及其哲学》，《梁漱溟全集》第一卷，山东人民出版社 1989 年版，第525 页。转引自：张隆溪：《走出文化的封闭圈》，生活·读书·新知三联书店 2004 年版，第 7 页。
③ 参见季羡林、张光璘编选的上下两册《东西文化议论集》，经济日报出版社 1997 年版。转引自：张隆溪：《走出文化的封闭圈》，生活·读书·新知三联书店 2004 年版，第 8 页。
④ 这方面的文章有："非我的神话：论东西方跨文化理解问题"，"文化对立批判：论德里达及其影响"，"经典与讽寓：文化对立的历史渊源"，"汉学与中西文化的对立"。著作有：《道与逻各斯：东西方文学阐释学》、《走出文化的封闭圈》、《中西文化十论》、《强力的对峙》、《同工异曲：跨文化阅读的启示》、《讽寓解释：论东西方经典的阅读》。
⑤ 张隆溪：《中西文化研究十论》，复旦大学出版社 2005 年版，第 2 页。
⑥ 张隆溪：《道与逻各斯》，江苏教育出版社 2006 年版，第 8 页。

统聚集在一起，使之有可能展开跨文化的对话，因此寻求东西方之间的共同点有着深远文化意义，正如赫尔博斯所说："我们总爱过分强调我们之间那些微不足道的差别，我们的仇恨，那真是大错特错。如果人类想要得救，我们就必须着眼于我们的相通之处，我们和其他一切人的接触点；我们必须尽可能地避免强化差异。"① 在避免强化差异的同时，我们还要避免把中国与西方的文学作品随意拼凑在一处，做一些牵强附会、肤浅浮泛的比较。我们不仅要熟悉中国和西方的文学和文学批评，而且要在更广阔的思想和文化传统背景上理解这些文学和文学批评演化变迁的历史。换言之，文学研究不能仅限于文本字句的考释，我们要有范围广阔的知识准备，不仅了解文学，而且要了解与之相关的宗教、哲学、艺术和历史。② 其实，要真正做到如此境界，就要朝钱锺书先生所说的"通人"看齐。

近来有人评价钱锺书，说他只是学问家，但不是思想家。③ 我认为，持这种看法者未必深入研读过钱锺书的著作，试看钱锺书无论是英文写的《英文文集》，还是现代文写的《七缀集》，或是用文言文写的《谈艺录》、《管锥编》；无论是像《中国诗与中国画》长达几万字的论文，还是如《谈艺录》与《管锥编》著作中分条评点式的短文，都无不厘清问题，凸显思想与智慧的光芒，且在论证过程中，常常纵横中西、旁征博引、具体入微，文字充满机趣与感染力。事实上许多时候一个人的学问与思想并不是相互割裂的，而是相辅相成的。这里我举庞德研究为例：钱锺书在他的著述里有几处提到庞德，他在 1945 年《中国年鉴》发表英文文章"中国文学"，提到中国文字与中国文学风格的关系，他指出庞德总认为中国文学是具体的，源于中国文字的具体性，因此，庞德想以表意法来写诗，将意象浇铸在视觉想象上。庞德自以为所有意象都是视觉的，而不知表意法在中国文字传统构造中仅是六种之一，在中文诗中听觉意象与嗅觉意象并不像视觉意象那么具体，但也并不少。因此钱锺书认为庞德对中国诗与中国文字的了解是一知半

---

① Jorge Luis Borges. "Facing the Year 1983", Twenty-Four Conversations with Borges, Including a Selection of Poems. Trans. Nicomedes Suarez Arauz et al. Housatonic：Lascaux Publishers，1984，p. 12. 转引自张隆溪：《同工异曲：跨文学阅读的启示》，江苏教育出版社 2006 年版，第 1 页。

② 张隆溪：《比较文学研究入门》，复旦大学出版社 2009 年版，第 55 页。

③ 李泽厚、刘再复："共鉴五四新文化"，《万象》11 卷 7 期，2009 年 7 月。

解和自以为是，他说 "Pound is construing Chinese rather than reading it, and, as far as Chinese literature is concerned, his 'A B C of Reading' betrays him as an elementary reader of mere A. B. C."① 请看钱先生此话说得多么中肯而又机智。钱锺书在《谈艺录》中有将《文心雕龙》与庞德的诗论进行比较："文字有声，诗得之为调为律；文字有义，诗得之以佛色揣称者，为象为藻，以写心宣志者，为意为情。及夫调有弦外之遗音，语有言表之余味，则神韵益然出焉。《文心雕龙·情采》篇云："立文之道三：曰形文，曰声文，曰情文。"按 Ezra Pound 论诗文三类，曰 Phanopoeia，曰 Melopoeia，曰 Logopoeia，与此词意全同。惟谓中国文字多象形会意，故中国诗文最工于刻划物象，则稚骏之见矣。"② 这两处文字说明钱曾研读过庞德的理论著作，而且批判庞德的话语不多，却能一语中的。钱先生把中文诗歌追求的形、声、情与庞德的形象诗、音乐诗、意义诗对读比较，虽然仅是行文中偶附的片言只语，但也开了中文诗学与庞德诗学相比较的先河，这在前人的介绍中是找不到的。③ 另外，钱先生在此按语末尾说："惟谓中国文字多象形会意，故中国诗文最工于刻划物象，则稚骏之见矣。"实际上是在批评庞德，因为后者在上述两部著述中都认为，中文由于自己文字的特殊性，能够最大限度地实现形象诗。④ 这应该是中国庞德研究中对庞德的汉语言观提出质疑的最早案例。改革开放之后，钱先生在中美首次比较文学学者双边讨论会致开幕词说到庞德："假如我们把艾略特的说话当真，那么中美文学之间有不同一般的亲切关系。艾略特差不多发给庞德一张专利证，说他'为我们的时代发明了中国诗歌'。"⑤ 钱先生一提到庞德，就往往带点调侃："庞德对中国语文的一知半解、无知妄解、煞费苦心的误解增强了莫妮克博士探讨中国文化的兴趣和决心。……庞德的汉语知识常被人当作笑话，而莫妮克博士能成为杰出的汉学家；我们饮水思源，也许还该把这件事最后归功于庞德。可惜

---

① 钱锺书：《钱锺书英文文集》，外语教学与研究出版社 2005 年版，第 283 页。

② 钱锺书：《谈艺录》，中华书局 1993 年版，第 42 页。

③ 当然，把中国古诗的"情"等同于庞德 Phanopoeia 还有待商讨。

④ Ezra Pound. ABC of Reading, New Haven: Yale University Press, 1934, p. 29.

⑤ 钱锺书：《钱锺书集·写在人生边上的边上》，生活·读书·新知三联书店 2001 年版，第 158 页。

她中文学得那么好，偏来翻译和研究我的作品；也许有人顺藤摸瓜，要把这件事最后归罪于庞德了。"① 这是钱先生为《围城》德译本所写的前言，文中提到的莫妮克是位汉学家，她研究过庞德与中国的关系，后译《围城》和研究钱锺书。从以上文字可以看出，钱锺书在上世纪四十年代就注意到庞德，据此不得不佩服钱先生之学术视野，而且他不局限蜻蜓点水，而是细致研究庞德的书，三言两语就能指出庞德对中国文化的理解和翻译之谬误。钱先生将庞德的理论与中国古代文论进行比较，挥洒自如，充满机智与幽默。近十年我读过关于庞德研究著作不下百部，我认为钱锺书的这种片断式点评与分析绝不逊于某些鸿篇巨制。

钱锺书的主要学术著作《谈艺录》与《管锥编》采用中国传统著述方式，分列条目评点古代经典与前人著述，行文是典雅的文言文，却又大量引用西方著述，以中西文本之具体比较来阐发中国古典著作的思想意蕴。② 对钱锺书这种独特的文体，也许会有人纳闷，钱先生为何不把这些丰富深邃的思想发展成系统的理论？张隆溪在其论文"思想的片段性和系统性"中做了翔实的论证，他认为"这种写法毫无疑问体现了钱先生对理论系统和方法的怀疑"，③ 因为钱先生本人在"读《拉奥孔》"一文谈到过："许多严密周全的思想和哲学系经不起时间的推排销蚀，在整体上都垮塌了，但是它们的一些个别见解还为后世所采取而未失去时效。好比庞大的建筑物已遭破坏，住不得人，也唬不得人了，而构成它的一些木石砖瓦仍然不失为可资利用的好材料。"张隆溪对此有一段精妙的论述："片断和系统本无所谓优劣，我们没有理由一概否认系统理论的价值，更不能藉口重视片断思想，偷懒不去认真读大部头的著作。钱先生的著作虽然写法是非系统的，但却基于对古今中外许多系统大著作深切的了解之上。没有钱先生那样博富的学养和深刻的洞见，也就写不出《管锥编》、《谈艺录》那样处处闪烁思想光芒的著

---

① 钱锺书：《钱锺书集·写在人生边上的边上》，生活·读书·新知三联书店 2001 年版，第171 页。

② 张隆溪：中西交汇与钱锺书的治学方法，《书城》2010 年 3 月号，收集在《一毂集》，复旦大学出版社 2011 年版，第 279 页。

③ 张隆溪：《走出文化的封闭圈》，生活·读书·新知三联书店 2004 年版，第 216 页。

作。"① 张隆溪觉得钱锺书的著作可像一般系统性的学术著作那样从头到尾读，也可像字典、辞典那样随时查阅，挑选某部分某章节来读。钱先生的著作没有空话，却处处给人启发。张隆溪自己每次阅读，均有收获，"使我愈来愈认识到钱先生著作丰富的意蕴似乎取之不尽，用之不竭，是天下读者可以共同享用的真正的精神财富"②。大诗人艾略特曾有一段高论："未成熟的诗人摹仿，成熟的诗人窃取，手低的诗人糟蹋他所拿取，高明的诗人使之更好或与原来相当。高明的诗人把他窃取的熔化于一种独一无二的感觉之中，与它脱胎的原物完全不同，而手低的诗人把它投入一团没有黏合力的东西。高明的诗人往往会从年代久远的、另一种文字的或兴趣不同的作家借取。"③艾略特在此提出借鉴他人同时，要融会贯通，不要限于模仿，而是要善于"窃取"。我通读钱锺书与张隆溪的著作之后，除了佩服这两座学术高山之外，并好奇地比较他们行文的风格。张隆溪目前出版的主要学术著作，中英文大致各占一半，他所处的时代与钱锺书不一样，当然不是条目评点的文言文，而是按照西方严格要求系统的学术著作方式，但他高屋建瓴、横跨东西的学术视野，细致入微、绝不空疏的文风是与钱锺书一脉相承。

张隆溪对钱锺书的继承与发扬还在于"阐释之循环"的研究方法，钱锺书在《管锥编》论乾嘉"朴学"一节时说道："积小以明大，而又举大以贯小；推末以至本，而又探本以穷末；交互往复，庶几乎义解圆足而免于偏枯，所谓'阐释之循环'（der hermeneutische Zirkel）者是矣。《鬼谷子·反应》篇不云乎：'以反求覆？'正如自省可以忖人，而观人亦资自知，鉴古足佐明今，而察今亦俾识古，鸟之两翼、剪纸双刃，缺一孤行，未见其可。"④ 钱先生是中国学者中最早提到阐释学，且与中国文论思想相比较的。在张隆溪看来，钱先生的看法与当代德国阐释学名家伽达默尔不谋而合。钱先生在自己的文章与著述中，不正是反复运用古今相察、积小明大、举大贯小的阐释循环吗？张隆溪深得钱锺书与伽达默尔两位大师文章之道，他早在

---

① 张隆溪：《走出文化的封闭圈》，生活·读书·新知三联书店 2004 年版，第 219 页。
② 张隆溪：《走出文化的封闭圈》，生活·读书·新知三联书店 2004 年版，第 216 页。
③ Alasdair D. F. Macrae. York Notes on the Waste Land, London：Longman York Press, 1980, p. 51.
④ 钱锺书：《管锥编》第 1 册，中华书局 1986 年版，第 171 页。

1982 年受钱锺书之命为参加在北京举行的第一次中美比较文学研讨会的英文论文《诗无达诂》（后用中文改写，发表在《文艺研究》1983 年冬季第一期）就初现这种文风，他后来一系列学术著作更是"阐释之循环"的系统展现。1992 年由美国杜克大学出版社出版了张隆溪的英文专著，题为 *The Tao and the Logos*：*Literary Hermeneutics*，*East and West*，后有中文与韩文译本，中文本为《道与逻各斯：东西方文学阐释学》。这本书可以说多年来在世界范围里，对东西方比较文学颇有影响。该书绝不是机械地套用德国阐释学来解释中国文学，而是把阐释理论还原到它所以产生的基本问题和背景，即深入到语言和解释之间的关系中去，看看西方批评传统和中国古典诗学是怎样理解这种关系的。这样做一方面可以为西方读者和学者引入一种来自不同文化语境的阐释角度；另一方面，通过把卷帙浩繁的中国哲学、诗歌、批评著作中零散的洞见和说法汇集在一起，也有助于使我们对中国文学批评传统的理解变得更有系统。① 张隆溪这样富有创见进行东西方文学阐释学至少有如下方面的积极意义：避免长期以来东方与西方文化的分割，尤其有可能避免文化研究中种族优越论，避免把一种文化中的价值和概念强加给另一种文化的不良做法，也避免把中国和西方的文学作品随意拼凑在一处，做一些牵强附会、肤浅浮泛的比较。全书的中西资料都很有逻辑的层层推进，组织在一种批判的跨文化对话之中。尽管中西文学的历史和文化背景完全不同，但通过把历史上互不关联的文本和思想聚在一起，就可以找到一个可以被理解为彼此相通的共同基础，并从中西文学与文论的阐释与比较过程中，逐渐理出中国诗学有一条一以贯之的阐释学思路。当然，这样富有开拓的学术研究是非常不易的，从中我们可以看到张隆溪高屋建瓴、囊括四海的学术胸襟与视野，更发现其中所蕴含的纵横东西、跨越学科的深厚学术功力。全书主要有四个部分：对书写文字的贬责；哲学家·神秘主义者·诗人；无言之用；作者·文本·读者。每个部分都有可以单独发表的篇章构成，但通读全文，就会发现这些貌似散而神不散的篇章都指向书的主旨——东西方文学阐释学。每一篇章都从东西典籍中披沙拣金、旁征博引并娓娓道来，例证皆实

---

① 张隆溪：《道与逻各斯》，江苏教育出版社 2006 年版，第 5 页。

实在在，如讲"道"与"逻各斯"的中西起源，其中批判德里达依据费诺罗莎和庞德对中文不准确的理解，将东西方语言文化对立，认为逻各斯中心主义乃西方独有的错误观点。同样，中国诗文与绘画讲究简约意蕴，强调意在言外、言尽而意无穷，我们不能一言蔽之以为吾国独有，西方文学亦有如此传统，从《圣经》到哪怕是以叙述见长的荷马史诗，也都有简练描写的片断。不仅陶渊明和中国诗文传统，而且西方的诗人和作家如莎士比亚、T. S. 艾略特、里尔克、马拉美等，也都深知如何运用语言之比喻和象征的力量，以超越语言本身达意能力的局限。这些好篇章段落在全书俯拾即是，美不胜收。该书在上世纪 90 年代在美国出版后引起国际比较文学界的赞扬，后被译为韩文和中文。

近年来张隆溪将他的阐释学理论与研究深入到中西经典的对读中，他 2005 年由美国康奈尔大学出版社出版的英文著作：*Allegoresis: Reading Canonical Literature East and West*（《讽寓解释：论东西方经典的阅读》）又是东西跨文化研究的一项重要成果。所谓"讽寓"，是指文本在字面意义之外，还深藏着另一层关于宇宙和人生的重要意义。即一个文本表面是一层意思，其真正的意义却是另外一层。讽寓解释（allegorical interpretation）就是在作品字面之外找出另一层精神、道德、政治或宗教的非字面意义。① 例如，《圣经》中的《雅歌》，从字面看这是一首艳丽的情诗，语言中有许多描写少女身体之美和欲望之强烈的意象，通篇无一字道及上帝。教父们为了维护宗教经典的地位，用讽寓解释的办法，说《雅歌》并非表现男女之爱，而是讲上帝与以色列之爱，或上帝与教会之爱，具有宗教的精神意义。在中国，《诗经》的评注也有许多类似情形，如以《关雎》为美"后妃之德"，《静女》为刺"卫君无道，夫人无德"等，把诗之义都说成是美刺讽谏，成为一种超出字面意义的讽寓解释。② 这种讽寓解释一方面使类似《雅歌》、《诗经》等许多情歌得以保存下来，但另一方面不顾文本字面意义，甚至强加外在意义，亦会导致牵强附会的"过度解释"。张隆溪在这本颇有分量的著作里广泛涉猎东西经典，从宗教、道德、政治等角度解释文学作品的相关问题，按主题展开比较，探讨东西方文本与评注传统，相互对照，超越东西

---

① 张隆溪：《比较文学研究入门》，复旦大学出版社 2009 年版，第 60 页。
② 张隆溪：《比较文学研究入门》，复旦大学出版社 2009 年版，第 61 页。

语言与文化的局限，以栩栩如生的大量例证来说明东西跨文化研究的可能性和意义。①

诚如前面所论及的，张隆溪早年在北京大学读研究生时同佛克马、钱锺书谈过加拿大批评家弗莱，弗莱的原型批评在不同的文学作品里寻求表面差异之下一些最根本的意象。弗莱的博识与开阔视野在当代西方批评应该说富有开创意义，但他基本上仍局限在西方文学的范围，因他不通东方。张隆溪从弗莱这里得到启发，同时打通东西，在主题比较方面来考察中西文学传统在意象、构思、主题、表现方式等各方面的对应、交汇与契合。他在加拿大多伦多大学做了四次亚历山大演讲，内容集成一本专著，题为《异曲同工：跨文化阅读启示》(*Unexpected Affinities*：*Reading across Cultures*) 由多伦多大学出版社 2007 年出版，又是另一本具有标示意义的主题比较的佳作。该书以一些基本的概念性比喻和意象，如人生如行旅的比喻、珍珠的比喻、药与毒的象征、圆形和反复的意象等等，举证中西文学、哲学、宗教的文本，论证东西方跨文化比较的价值。②

孟子曰："源泉混混，不舍昼夜，盈科而后进，放乎四海。有本者如是，是之取尔。苟为无本，七八月之间雨集，沟浍皆盈；其涸也，可立而待也。"庄子曰："且夫水之积也不厚，则其负大舟也无力。覆杯水于坳堂之上，则芥为之舟，置杯焉则胶，水浅而舟大也。风之积也不厚，则负大翼也无力。"荀子曰"真积力久则入。"由此可见一个人的学问道德如水，积之厚，方能不舍昼夜、放乎四海；如风，积之厚，方能负鲲鹏展翅高飞、纵横万里。二十世纪的中国文化昆仑钱锺书虽已逝去，但他的学术思想与精神不竭之源泉，永远激励一代又一代学人奋进。张隆溪的学问之道师承钱锺书，并发扬光大，为我们在跨东西文化的研究树立又一楷模，而今他步入花甲之年，但他的学术生命如充满活力的青年，正奋马扬鞭，疾驰朝前，我们衷心祝愿他生命之树长青。

（作者：蒋洪新，原载于《东吴学术》2012 年第 5 期）

---

① Zhang Longxi. Allegoresis：Reading Canonical Literature East and West, New York：Cornell University Press, 2005, p. 1.

② 张隆溪：《比较文学研究入门》，复旦大学出版社 2009 年版，第 62 页。

·

肯尼斯·雷克思罗斯的中国文化情结探因

在美国现代诗坛中，肯尼斯·雷克思罗斯（Kenneth Rexroth，1905—1982）可谓推介中国文化的佼佼者。他翻译出版了4部中国诗集并写有许多中国文化研究的文章。在他的作品当中我们常能感受到他对中国文化不由自主的赞美和向往。当他看到美丽的风景时，便联想到中国的锦缎。即便那粗糙、不规则的宋代壶瓶，在他眼里也仿佛是在天国多风的野地里的篝火中烧制而成。而《三国演义》、《金瓶梅》、《水浒传》等古典小说更是他心目中的世界百佳图书。雷克思罗斯不仅翻译介绍中国文化还在诗歌创作中吸纳佛家、道家思想，模仿中国古诗的创作技巧，成为美国诗坛中吸收、介绍中国文化成就最大的作家之一。①

雷克思罗斯孩提时代常随母亲去芝加哥的一所剧院看广东大戏。戏中色彩艳丽的戏服和演员婉转缠绵的唱腔都深深地吸引着他。母亲的熏陶，在他幼小的心灵中播下了喜爱中国文化的种子。但是，雷氏对中国文化的兴趣并不仅仅源自幼时的爱好，更主要是他在诗歌艺术探索过程中观念革命的结果。

雷氏不到20岁就开始诗歌创作，曾尝试过印象派、象征派等多种流派的诗歌创作技巧。T. S. 艾略特（T. S. Eliot）是雷氏早年模仿的对象，20世纪20年代初他开始诗歌创作之时，正值艾略特《荒原》发表。那时，雷氏

---

① 可参见拙文，此处不再赘述。郑燕虹：《论中国诗对肯尼斯·雷克思罗斯诗歌创作的影响》，《外国文学研究》2006年第4期，第160页。郑燕虹：《肯尼斯·雷克思罗斯诗歌中的禅佛意蕴》，《外国文学研究》2008年第1期，第49页。郑燕虹：《论肯尼斯·雷克思罗斯悼亡诗风格的原型》，《四川外语学院学报》2007年第6期，第66页。

对艾略特的诗歌成就非常仰慕，他在自传中描述了他第一次读《荒原》时的情形："我们坐在草地上，我翻开《日晷》，里面刊有《荒原》……艾略特揭示了西方欧洲文明中的道德沦丧，这是西方欧洲社会中的典型缺陷。其模仿自阿波利奈尔的脱离情感的风格，对我们来说是彻底的革新，它展示的衰败的图景——当然是西方欧洲文明——是如此震撼人心，仿佛这诗就是一场革命。"雷氏折服于《荒原》的革命性，艾略特成为他心中的偶像，其重要性堪比莎士比亚和柏蒲，其"发自肺腑的话语说出了人们心之所想"。①

雷克思罗斯学习艾略特在诗歌之中运用典故，引用其他作家的诗行，还模仿艾略特诗歌中绝望的语调。在 20 世纪 50 年代以前，雷氏创作的长诗的形式和技巧受艾略特的《荒原》的影响很深。以《龙与独角兽》为例，该诗中引用了许多作家的作品：有亚里士多德（Aristotle）有关诗歌与历史的讨论，有约翰·曼德维尔（John Mandeville）的《游记》（The Travels）和威尔士的《马比诺吉昂》（Mabinogion）中的引文，还引用了陀思妥耶夫斯基（Fyodor Dostoevsky）、兰道夫·伯恩（Randolph Bourne）、乔叟（Geoffrey Chaucer）等作品以及 30 首日本诗歌中的诗句，还出现了拉丁文和法文的引文。然而，诗歌中大量跨文化背景的引文、人名、地名、典故和多种语言的使用，给普通读者的阅读带来了困难。雷克思罗斯渐渐地发现自己的模仿很不成功，晚年他回忆自己的创作生涯时说："那时《荒原》对我的影响是负面的，我写的长诗中曾引用弗雷泽（James Frazer）、简·哈里森（Jane Harrison）、杰西·韦思彤（Jessie Weston）的诗行，效果不好。我还模仿艾略特那孤僻、困顿、绝望的语调。艾略特从古尔蒙（Remy de Gourmont）处承传了这一点，但古尔蒙的散文中掺杂着讥讽。当我第二手或第三手地借用时，其传染性已经很强，而其中的讥讽已经蒸发消失了。"②

在诗歌创作实践中，雷克思罗斯发现，"恐怕《荒原》习气是我们这一代年轻作家的严重问题。我们都写类似的东西，从南希·库纳德（Nancy Cunard）到塞穆尔·贝克特（Samuel Beckett）乃至朱科夫斯基

---

① Kenneth Rexroth. An Autobiographical Novel. New York：New Directions，1991，p. 257.
② Kenneth Rexroth. An Autobiographical Novel. New York：New Directions，1991，pp. 257 - 258.

(Zukofsky)"①。这已成为美国现代诗坛的一大弊病。如果过于狭窄地理解艾略特的理论，就可能束缚诗人的创作，限制抒发主观感情，使诗歌缺乏个性而趋于单调的模式。尤其因为过度强调"非个性化"，使诗人不能放手表达主观感情。另外，过分依赖"传统"，用典过多，会导致读者的阅读困难而失去读者。雷克思罗斯在其诗歌"遗嘱修改附录"（"Codicil"）中写道：

> "世界中的大部分诗歌/都是虚假构造物。/除了学者没人读。/经过一代人之后/诗已被烹饪太久，/不能消化。/大部分诗我都/读了，枯燥乏味。/拉马丁——高尔——塔索/或者剑桥玄学派的诗人们，及其/过去和现在的追随者。/当然多年来英语诗坛的/统领阶层已经认定/诗歌就是这样，非个性化/构建，不允许使用人称代词。/如果精密无误地奉行此道，/这种理论/在实践中只能走向/反面。艾略特和瓦莱里的诗/就像柏蒲的诗一样，非常/个性化，感情强烈，/主观幻想/私密而暴露/如同精神分析学家的/不谨慎的表达，/令人尴尬。/总有足够的理由/让人害怕使用代词，'我'。"②

从这首诗中我们可以看出雷氏对艾略特及其追随者的揶揄。诗歌的标题"遗嘱修改附录"便隐含了讽刺。众所周知，艾略特的诗歌用典频繁。以《荒原》为例，其中涉及 30 多位作家，50 多部作品，使用了英、法、德、西班牙、希腊、拉丁等多种语言。该诗发表之后普通读者无法读懂，诗人不得已给诗加了 50 多条注释。而在雷克思罗斯看来，这种充满典故和注释的诗歌就像是遗嘱修改附录，是对已逝诗人的遗言的修改和注释，缺乏生命力，枯燥乏味。

从雷克思罗斯早期和晚期对待艾略特的不同评价，我们可以看出他的诗歌创作思想的转变。他早期追随艾略特是因为艾略特大胆革新的诗风所具有的独特魅力。而到了晚年，经过多年的诗歌创作实践和思考，他发现艾略特

---

① Kenneth Rexroth. An Autobiographical Novel. New York: New Directions, 1991, pp. 257-258.

② Sam Hamill and Bradford Morrow, ed., The Complete Poems of Kenneth Rexroth. Washington: Copper Canyon Press, 2003, pp. 599-600.

的成功之处在于他说出了人们心之所想。他在自传中反思道："尽管艾略特有许多缺点，他已是掌握话语权的权威人士。在语录汇编中占有篇幅最多的英语作家是莎士比亚和柏蒲，这与他们作为诗人的优点无关，他们发自肺腑的话语说出了人们的心声，于是人们会说，'这正是我说过的！'或'这正是我想说的！'……但艾略特的话听起来就像'我们'一起在说——仿佛你自己在写每一行诗。"① 事实上，雷克思罗斯认为，只有发自诗人内心深处的诗句才能打动读者，才能引起他人的共鸣。而诗人发自肺腑的诗句便是诗人充满个人情感的个性表达。尽管艾略特提倡非个性化，但雷氏认为"艾略特是美国现代诗人中最个性化的诗人。"②

在雷克思罗斯诗歌创作转变的过程中，他对中国古诗的翻译工作为他提供了强有力的精神支撑。20 世纪 50 年代，他开始翻译《汉诗百首》（100 *Poems from the Chinese*）。为了翻译这些中国古诗，雷氏参阅了多种中国古诗译本。《汉诗百首》中选译的诗作大多表现爱情、友情、亲情、思乡之情等各种复杂细微的个人情感，其中以杜甫的诗居多，共 35 首。这些中国古诗，尤其是杜诗的翻译对雷氏的诗歌创作影响深远。雷氏在自传中回忆道："我30 年来一直沉浸在杜甫的诗中，我确信他使我成了一个更为高尚的人，一个道德的代言人，一个有洞察力的生命体……杜甫的诗回答了'艺术为何？'之类的问题。"③ 杜甫的诗生动地展示了其个人生活经历，把个人生活置于社会现实的庞大背景之中，在深刻、广泛地反映现实的基础上抒发自己的主观感情，具有浓烈的个人色彩。在杜甫的诗中，雷克思罗斯读到了其"置于现实的无法分割的中华民族责任感"④。诗中散发的爱国爱民之热情，令雷氏感受到个性化抒情诗歌的强大震撼力。可以说，杜甫诗歌中抒发的情感深切地感染了他，成为了他批评"非个性化"理论的支撑。⑤

---

① Kenneth Rexroth. An Autobiographical Novel. New York：New Directions，1991，p. 257.

② Kenneth Rexroth. American Poetry in the Twentieth Century. New York：Herder and Herder，1971，p. 63.

③ Kenneth Rexroth. An Autobiographical Novel. New York：New Directions，1991，p. 319.

④ Kenneth Rexroth. Classic Revisited. New York：Avon，1969，p. 129.

⑤ 参见郑燕虹：《肯尼斯·雷克思罗斯与杜甫》，载《中国文学研究》2009 年第 1 期，第 65 页。

50年代以后雷克思罗斯直接描写个人经历、表达个人情感的诗歌明显增多，如"她走了"（"She Is Away"）、"寂寞"（"Loneliness"）、"五十"（"Fifty"）等等。这些诗歌，或借景抒情将自然景物描写和诗人的个人情感经历相结合，或直接呈现诗人的个人情感体验。这一时期的雷氏已明显摆脱了艾略特非个性化观点的束缚，他在诗歌"成长"（"Growing"）中写道：

"你是谁？我是谁？/被死者，被死者和过去以及/不现实的衰退的惯性，已死的/人和事，困扰不宁。/为那不承认个人的/非个性化的威胁/而提心吊胆，/封闭僵化的世事。你/是谁？生长自/矿物丰富的大地，一片苍白的叶子/与众不同，/而另一片叶子，陌生，新鲜，/完全不同，出乎意料，/生长自我心脏的血液中。/完全崭新，完全陌生，完全不同。/你自己的叶形，你自己的/花和果实，但营养来自/同样的根，我们熔融的肉体。/我和你，由一个变成/两个，由两个变成/其他，精彩，/无止境，莫测高深的过程/由我们自己变成他人。"①

这首诗发表在1956年的诗集《保卫地球》（*In Defense of the Earth*）中，"遗嘱修改附录"亦收录其中。这一时期雷氏开始公开质疑艾略特的"非个性化"理论。虽然那时艾略特的"非个性化"理论赋予了诗歌更多的社会历史责任和历史传统意义，已成为诗歌界的普遍公识，但对诗歌中诗人个人情感的过分否定也留下了巨大的隐患。雷克思罗斯意识到这种隐患。他认为，如果过分强调非个性化，局限于从历史和传统中发掘素材，诗人会"被死者，被死者和过去以及/不现实的衰退的惯性，已死的/人和事，困扰不宁"。同时，诗歌也因缺乏感染力而枯燥乏味。在50年代以前，雷氏也曾发表过一些表达个人感情的诗歌，但那时他的大部分诗歌，尤其是他的长诗，如《大马士革山庄》、《凤与龟》、《龙与独角兽》等均受到艾略特的影响。那时在诗中他对个人情感的抒发可以说是"犹抱琵琶半遮面"，受到艾略特"非个性化的威胁/而提心吊胆"，不够理直气壮。那时的雷克思罗斯

---

① Sam Hamill and Bradford Morrow, ed., The Complete Poems of Kenneth Rexroth. Washington: Copper Canyon Press, 2003, p. 530.

处于一种尴尬境地，一方面从他希望能在诗歌中自由地表达个人情感，但另一方面英美诗坛笼罩在"非个性化"的大气候之中，许多诗人追随艾略特，竭力在诗歌中逃避个人感情，抒情诗几乎被当成过时的表达而遭抛弃。在这种尴尬中，诗人开始了自己的角色调整。50 年代雷氏开始大量地翻译诗歌。1955 年他翻译出版了《日语诗百首》（One Hundred Poems from the Japanese），1956 年又翻译出版了《三十首西班牙爱情诗和流放诗》（Thirty Spanish Poems of Love and Exile）和《汉诗百首》。这些译诗大多是表达诗人个人情感的抒情诗，也是源语国的优秀经典之作。在这些译诗中雷克思罗斯找到了依托和支撑。在他看来，这些诗歌是对艾略特"非个性化"理论的最好反驳。

60 年代和 70 年代雷氏继续翻译中国诗：1970 年翻译出版了《爱与流年：续汉诗百首》（Love and the Turning Year：100 More Poems from the Chinese）；1972 年和 1979 年分别翻译出版了《兰舟：中国女诗人诗选》（The Orchid Boat：Women Poets of China）和《李清照诗词全集》（Li Ch'ing-chao，Complete Poems）。大量的翻译工作，使他长期浸淫于中国文化的熏染之中，那散发在中国古诗中的一丝一缕的中国文化精神都深深地触动其心灵，令其欣喜若狂。他指出："可以这样说，在今天，中国和日本的古典诗歌对美国诗歌的影响堪与以往任何时期英法诗歌对美国诗歌的影响相媲美，对 1940 年以后出生的人来讲，影响几乎压倒一切。这里，我想说明一下其中的原委。远东的古典诗歌宣扬的是一个完美文化的方方面面，或者说，人类心灵的种种要素以及最完善的人的种种品质。而所有这一切，却被西方文明压制或歪曲了。"[①] 可以说，大量翻译工作，使他在更为深层的审美层面上了解中国文化，因此，六、七十年代后，雷克思罗斯创作的诗歌更具中国古诗简约、飘逸的神韵。他从中国文化中吸取营养并在此基础之上有自己的建树。1970 年，雷氏在接受钟玲的采访时说："我认为中国诗歌对我的影响，远远大过其他诗歌。我自己写诗时，也大多遵循一种中国式的法则。"[②]

---

① Kenneth Rexroth. The Elastic Retort：Essays in Literature and Ideas. New York：Seabury Press, 1973，p. 157.

② 参见雷克思罗斯与钟玲于 1970 年在加州的谈话。转引自钟玲：《经验与创作——评王红公英译的杜甫诗》，郑树森编：《中美文学因缘》，台北：台湾东大图书公司 1985 年版，第 144 页。

这主要表现在以下几方面：（1）他召回了诗歌的灵魂——"情"，在诗歌创作中大胆地抒发个人情感。（2）他善于从自然景物中表达情趣，以景来营造诗境，使其诗歌富于简约美和自然美。（3）他的诗蕴含了丰富的佛家和道家思想。

当然，雷克思罗斯喜爱中国文化并不意味着中国文化是他唯一的选择。他在诗歌创作中吸收中国古诗的一些创作技法，也并不意味着他一味模仿中国古诗，而成为刻板的模仿者和教条主义者。可以说，雷克思罗斯不仅喜爱中国文化，他还热爱日本文化、印度文化和印第安文化，他在创作中常常将多种文化因素糅合到诗歌中。实际上，中国文化中的一些传统思想并非中国文化所独有，在其他一些文化传统中也有类似的思想。比如，人与大自然和谐相处的思想、二元对立与统一的思想、诗歌抒情的思想等，在中国以外的其他的文化中我们也能探寻到踪迹，这些都是人类思想宝库中的精华。雷克思罗斯以其惊人的阅读面和广博的学识发现了这些共同点，发现了它们的普遍性，并将其展示在作品中。可以说，雷氏创作的最大特点在于，他擅长从各国文化中吸收养分，能很好地将不同文化的元素糅合在一起。这一点已得到美国诗坛的公认。肯·纳伯（Ken Knabb）曾评价说："他是一个具有历史意义的人物，堪与过去最伟大的思想家和幻想家相媲美。他跨越东方与西方、文明与自然、神秘主义与怀疑主义……他能包容一切。没人能做到这一点。"摩根·吉布森（Morgan Gibson）也认为："他对西方和亚洲传统有着非常好的感知，能将其融入到现实的工作、写作及一切事务之中。"①

雷克思罗斯对异域文化的欣赏和汲取，源于他对现实社会文化问题的反思，他对异域文化的兴趣离不开其本土的社会文化处境。当他看到自身社会主流文化中出现的种种弊端时，他将目光转向异域文化，在他国文化中寻求灵感，用异文化材料来构建自己的理想国。而他从异域文化中汲取的又常常是他自己认同的、与其自身的思想观念相似的东西。他在异文化中获取支持，以证明自己所认同的思想观点的正确性和普适性。

（作者：郑燕虹，原载于《外国文学研究》2010年第2期）

---

① David Meltzer, ed., San Francisco Beat: Talking with the Poets. San Francisco: City Lights Books, 2001, pp. 268 – 269.

风筝之线

——评王红公、钟玲翻译的李清照诗词

在美国现代诗坛中，王红公（Kenneth Rexroth，1905—1982）是推介中国文化成就卓著的诗人之一。他翻译的中国诗曾受到国内外学者的赞誉，引起了学者们的研究兴趣。目前，国内外学者对王红公英译汉诗的研究大多关注其"创意英译"，对此评论较多。①

李清照是王红公喜爱的诗人，他翻译的中国诗集都选了李清照的作品。在《汉诗百首》里选译了7首李清照作品，在《爱与流年：续汉诗百首》中选译了6首李清照作品，在《兰舟：中国女诗人诗选》中选译了7首。王红公与钟玲合译的《李清照诗词全集》是根据中华书局1962年版的《李清照集》进行翻译的。该译本得到了学界的高度评价，威廉·洛克伍德（William Lockwood）在《王红公的李清照译本》一文中说："我们很感激王红公的能耐，他再创了李充满想象的诗歌之光辉，并因此把她（李清照）明亮、丰富的个性带到我们生命之中。"② 这本诗集共选择了67首诗词，其中有50首词、17首诗。因为原编者无法确定有些诗词是否属李清照所作，译者在这些诗词的后面加注"归于李清照名下"。译本按诗词的内容主题编排：青春（Youth）14首；寂（Loneliness）16首；流离（Exile）9首；悼（His death）7首；讽（Politics）13首；玄（Mysticism）3首；暮年（Old

---

① 参见钟玲：《体验与创作——评王红公英译的杜甫诗》，载郑树森编《中美文学因缘》，东大图书公司印行1985年版，第141页。钟玲：《美国诗与中国梦》，广西师范大学出版社2003年版，第34页。刘岩：《雷克思罗斯的杜甫情结》，载《广东外语外贸大学学报》2004年第3期，第8页。李永毅：《雷克思罗斯的诗歌翻译观》，载《山东外语教学》2006年第1期，第88页。

② 钟玲：《美国诗与中国梦》，广西师范大学出版社2003年版，第41页。

age）5 首。王红公在前面 3 个译诗集里选择的李清照的诗词在该书中全部选录，这些译文有的没有多大改变，有的作了部分调整，有的几乎脱胎换骨，重新翻译了。比较这些译文的变化，对考察王红公的翻译实践非常有意义。

一、不同译本比较

我们比较王红公独译及其王红公后来与钟玲合译的李清照《武陵春》（风住尘香花已尽）两个译本：

原文：风住尘香花已尽，日晚倦梳头。物是人非事事休，欲语泪先流。闻说双溪春尚好，也拟泛轻舟。只恐双溪舴艋舟，载不动许多愁。

王红公独译的《爱与流年：续汉诗百首》中的译文：To the Tune "Spring at Wu Ling"：The gentle breeze has died down / The perfumed dust has settled. / It is the end of the time / Of flowers. Evening falls / And all day I have been too / Lazy to comb my hair. / The toilet articles are here, / But the man is gone away. / All effort would be wasted. / When I try to sing, my tears / Choke me. I dreamed my flower boat / Carried me to him, but I / Know so fragile a vessel / Won't bear such a weight of sorrow. ①

王红公与钟玲合译的《李清照诗词全集》中的译文：Spring Ends：To the tune "Spring at Wu Ling" / The gentle breeze has died down. / The perfumed dust has settled / It is the end of the time / Of flowers. Evening falls / And all day I have been too / Lazy to comb my hair. / Our furniture is just the same. / He no longer exists. / All efforts would be wasted. / Before I can speak, / My tears choke me. / I hear that Spring at Two Rivers / Is still beautiful. / I had hoped to take a boat there, / But I know so fragile a vessel / Won't bear such a weight of sorrow. ②

---

① Kenneth Rexroth, ed. and trans. , Love and the Turning Year: One Hundred More Poems from the Chinese. New York: New Directions, 1970, p. 94.

② Kenneth Rexroth and Chung Ling, ed. and trans. , Li Ch'ing-chao: Complete Poems. New York: New Directions, 1979, pp. 48 – 49.

《李清照诗词全集》中的译文根据中华书局 1962 年版的《李清照集》中的校记加译词题《春晚》（Spring Ends）。对比以上两个版本的译文，可以看出其中的不同：独译本中对"物是人非"的翻译是"The toilet articles are there，/ But the man is gone away"；合译本中的译文是"Our furniture is just the same. / He no longer exists"，合译本中译文更加准确，因为这首词是宋高宗绍兴五年（1135），李清照避难浙江金华时所作。① 那时，她丈夫已去世，内心深感孤独。原文中的"物是人非"意为"物是原物，而人已死了"，表达她睹物思人，孤独凄凉的境况。此两处译文在译"物"字时都以具体的物件来代替总称"物"，独译本中译为 toilet articles（梳妆用具），合译本中译为 our furniture（我们的家具）。Toilet articles 多为女性所用，our furniture 常是夫妻共用。看到两人曾经共同拥有的东西，更容易唤起对逝去丈夫的思念，因而 our furniture 比 toilet articles 要更为妥当一些。独译本中对"人非"二字的翻译是"But the man is gone away（但人已离开）"，合译本译为"He no longer exists（他已不再人世）"，合译本更贴近原文的意思。"欲语泪先流"一句，独译本中译为"When I try to sing，my tears / Choke me"，译文中将"语"字译为 sing（唱），不准确。合译本中则译为"Before I can speak，/ My tears choke me"，将"语"字译为 speak（说），较前者准确。"闻说双溪春尚好，也拟泛轻舟"两句意为：听说双溪的春景尚好，打算去那里泛舟游览。独译本中译为"I dreamed my flower boat / Carried me to him（我梦见一叶花舟把我载到他身边）"，译文完全与原文意思不符。合译本中的相应译文是"I hear that Spring at Two Rivers / Is still beautiful. / I had hoped to take a boat there"，译文较为准确。分析可见，王红公与钟玲合译的译文比王红公独译的译文更忠实于原文。

再考察李清照《凤凰台上忆吹箫》（香冷金猊）的两个不同译本。

原文：香冷金猊，被翻红浪，起来慵自梳头。任宝奁尘满，日上帘钩。生怕离怀别苦，多少事欲说还休。新来瘦，非干病酒，不是悲秋。休休！这回去也，千万遍《阳关》，也则难留。念武陵人远，烟锁秦楼。惟有楼前流

---

① 郑孟彤：《李清照词赏析》，黑龙江人民出版社 1984 年版，第 180 页。

水，应念我终日凝眸。凝眸处，从今又添一段新愁。

王红公独译《爱与流年：续汉诗百首》中的译文：To the Tune "A Lonely Flute on the Phoenix Terrace"：I let the incense grow cold / In the burner. My brocade / Bed covers are tumbled as / The waves of the sea. Idle / Since I got up, I neglect / My hair. My toilet table / Is unopened. I leave the / Curtains down until the sun shines / Over the curtain rings. / This separation prostrates me. / The distance terrifies me. / I long to talk to him once more. / Down the years there will be only / Silence between us forever now. / I am emaciated, but / Not with sickness, not with wine, / Not with Autumn. / It is all over now forever. / I sing over and over / The song "Goodbye forever" / I keep forgetting the words. / My mind is far off in Wu Ling. / My body is a prisoner / In this room above the misty / River, the jade green river, / That is the only companion / Of my endless days. I stare / Down the river, far off, into / The distance. I stare far away. / My eyes find only my own sorrow. ①

王红公与钟玲合译《李清照诗词全集》中的译文：Thoughts from the Women's Quarter / To the Tune "Nostalgia of the Flute on the Phoenix Terrace"：The incense is cold in the gold lion. / My quilts are tumbled like red waves. / I get up lazily. / Not yet myself, I comb my hair / My toilet table is unopened. / I leave the curtains down until / The sun shines over the curtain rings. / I am afraid of this idleness / Which permits dark sorrow to overcome me. / There are so many things I would like to write / But I let them go. / I have become thinner this year / Not due to sickness, not to wine, / Not to the sorrow of Autumn. / Finished. Finished. / This time he is gone for good. / If I sang The Sunlight in the Pass / Ten thousand times / I could not hold him. / I think of him far-off at Wu-ling Springs. / Alone in my Ch'in pavilion, / Locked in by fog, / Only the green flowing water / In front of the pavilion / Knows my eyes that stare and stare, /

① Kenneth Rexroth, ed. and trans. , Love and the Turning Year：One Hundred More Poems from the Chinese. New York：New Directions, 1970, p. 96.

Where new layers of sorrow pile up. ①

李清照的这首词作于婚后不久，其夫赵明诚离家远行，她写词抒怀，表达她对丈夫的思念之情。合译本译出词题《闺情》（"Thoughts from the Women's Quarter"）。两处译文将原词牌名中"忆吹箫"分别译成 A Lonely Flute 和 Nostalgia of the Flute，合译本中的 nostalgia（怀旧）一词比独译中的 lonely（孤独）一词更为贴近原词牌中的"忆"字，更准确。该词中第一句"香冷金猊"（狮子形状的铜香炉里的香已熄灭），起笔一个"冷"字，给人以冷漠凄清的感觉。独译 "I let the incense grow cold / In the burner" 是"我让香炉里的香变冷"的意思，I，let，grow 等词主动意味较强，不妥。合译改为 "The incense is cold in the gold lion（金狮香炉里的香已变冷）"，删去了 I let，将 grow 改为 is，把 burner 换成 gold lion，合译本将主动性的动作变为客观事物的呈现，而且把"金猊"的意思译了出来，此句的合译比独译更简洁，意味更贴近原文。

原词第 2 句"被翻红浪"指诗人难以入睡，辗转反侧，被子像红色波浪一样。独译为 "My brocade / Bed covers are tumbled as / The waves of the sea"，译文将 4 个字译成 3 行，而且还漏译"红"字，合译 "My quilts are tumbled like red waves" 更为简洁准确。

原词第 7 句"多少事欲说还休"的翻译，两种译文的差别很大。独译为 "I long to talk to him once more. / Down the years there will be only / Silence between us forever now（我期待再次与他交谈，多年后我们只有永远的沉默）"，译文的意思与原文意思大相径庭，译文给读者的感觉是，多年后恋人之间关系变淡，已无话可说，原文的意思是"许多事想说而没有说"，合译改为 "There are so many things I would like to write / But I let them go" 与原文意思更近。

原词下篇几句"这回去也，千万遍《阳关》，也则难留"，两种译文的差别也很大。独译为 "sing over and over / The song "Goodbye Forever" / I keep forgetting the words（我一遍又一遍地唱《永别》曲，不停地忘词）"，

① Kenneth Rexroth and Chung Ling, ed. and trans. , Li Ch'ing-chao: Complete Poems. New York: New Directions, 1979, p. 30.

译文漏译"这回去也"一句，对"也则难留"一句的翻译是自由发挥。合译则较忠实原文，将"这回去也"译为"This time he is gone for good"。曾有学者考察指出，赵明诚离家远行，是奉皇帝之命去上任。① 合译本此句的翻译与此解意思贴近。合译"If I sang The Sunlight in the Pass / Ten thousand times / I could not hold him"，将原词中的"千万遍"和"也则难留"较为准确地译出，而且合译中《阳关》译为 The Sunlight in the Pass 较独译更妥切，独译 The Song "Goodbye Forever" 有"永别"之意。词中《阳关》是指《阳关》曲，王维作《送元二使西安》："渭城朝雨浥轻尘，客舍青青柳色新。劝君更尽一杯酒，西出阳关无故人。"该诗表达深挚的惜别之情，后来编入乐府成为送别曲。合译中译出"阳"和"关"两个汉字的意思，并标以斜体，与前文 sang 联系在一起，读者便知是歌曲名。

独译本最后几句"惟有楼前流水，应念我终日凝眸。凝眸处，从今又添一段新愁"的译文，把原词"流水"、"凝眸"、"愁"等字眼加以发挥创作，译成：River, the jade green river, / That is the only companion / Of my endless days. I stare / Down the river, far off, into / The distance. I stare far away. / My eyes find only my own sorrow. （碧绿的河水，是我漫漫长日的唯一伙伴，我顺着河水望向远方，眼里只有我的悲伤），译文虽然优美感人，但与原文的意思差异较大。合译本对此修改，译为：Only the green flowing water / In front of the pavilion / Knows my eyes that stare and stare, / Where new layers of sorrows pile up（惟有楼前绿色的流水知道，我反复凝望处又堆上了数段新的悲伤），译文的文辞和语法结构基本与原文对应。对比分析可见，合译比独译更准确地传达出原文的情境。

在其他一些译本中，也可以看到王红公与钟玲合译的译文比其独译本更忠实于原文：

《生查子》（年年玉镜台）中"泪向愁中尽"一句，独译本为"But the Autumn has drunk up all my tears"，② 将"愁"译为 Autumn（秋），不准确。合译本为"But sorrow has drunk up all my tears"（Rexroth & Chung Ling

---

① 郑孟彤：《李清照词赏析》，黑龙江人民出版社1984年版，第78页。
② Kenneth Rexroth, ed. and trans. , Love and the Turning Year：One Hundred More Poems from the Chinese. New York：New Directions, 1970, p. 92.

1979：34），"愁"正确地译为 sorrow。

《醉花阴》（薄暮浓云愁永昼）中"瑞脑销金兽"一句，独译本为 "Rare incense smoke curls from the / Mouth of the gold animal"，[①] 合译本为 "Auspicious Dragon on incense / Rises from the gold animal"，[②] 两处译文对 "瑞脑"的翻译不同，"瑞脑"又名"龙脑"，是一种香料名称。独译 rare incense（珍贵的香料）是泛指。合译取"瑞"的"吉祥"之意，将"瑞脑"译为大写的专有名词 Auspicious Dragon，更为具体。原词最后一句"人比黄花瘦"，独译 "I am more frail than the orchid petals"，合译 "And I am frailer than than the yellow chrysanthemums"，合译中的 yellow chrysanthemums（黄菊花），比独译 orchid petals（兰花）更准确。

二、译文中的典故处理

典故翻译是诗歌翻译的难点，因为中西方文化之间具有差异，要使译文既能表达原诗典故内容，又要使译文符合诗歌特点，使读者易于理解接受，实非易事。所以，王红公独译的《汉诗百首》、《爱与流年：续汉诗百首》及其与钟玲合译的《兰舟：中国女诗人诗选》中尽量选择典故较少的诗词。王红公与钟玲合译的《李清照诗词全集》中，为了保证全集的完整性，一些用典多的诗词无法避免，他们也进行翻译。通过对比前后期译文对典故的处理发现，王红公后期与钟玲合译的译文更忠实原文。

王红公在《汉诗百首》中曾翻译苏东坡的《念奴娇·赤壁怀古》，他在译注中简要介绍苏东坡，评论非常中肯。王红公提及苏东坡关于赤壁的几篇诗词和散文，指出在 Cyril Drummond Le Gros Clark 编的《苏东坡赋》（The Prose Poetry of Su Tung P'o）中选了两篇关于赤壁的诗词。他在注解里还写道"赤壁很著名，据悉在这里曹操——《三国演义》中的奸臣——的水军

---

① Kenneth Rexroth, ed. and trans. , Love and the Turning Year: One Hundred More Poems from the Chinese. New York: New Directions, 1970, p. 93.

② Kenneth Rexroth and Chung Ling, ed. and trans. , Li Ch'ing-chao: Complete Poems. New York: New Directions, 1979, p. 14.

·

被摧毁，战争中战船起火将崖壁烧红。这段故事在中国戏剧里已家喻户晓"。① 可见，王红公在翻译苏东坡的这首诗词时，做了认真考证和研究。由于他不精通中文，尽管已尽心调研，但不可避免地出现误译，如原词"故垒西边，人道是三国周郎赤壁"，原意为"人们说那座残旧城营的西边，就是三国时周瑜的赤壁战场。"王红公译为"To the West of the ancient / Wall you enter the Red Gorge / Of Chu Ko Liang of the / Days of the Three Kingdoms",② 这里他将原文的"周郎"译成 Chu Ko Liang（诸葛亮），把周瑜误认为诸葛亮。苏东坡这首诗里歌颂周瑜，王红公将下面描写周瑜的"雄姿英发。羽扇纶巾，谈笑间，樯橹灰飞烟灭"继续误认为描写诸葛亮：shining in splendor, / A young warrior, and the other / Chu Ko Liang, in his blue cap, / Waving his horsetail duster, / Smiling and Chatting as he / Burned the navy of Ts'ao Ts'ao。③

在王红公与钟玲合译的《李清照诗词全集》中则避免了此类错误，诗词中对人名典故的翻译较为准确。例如，李清照的《多丽》（小楼寒）中用典频繁，试看以下几句：也不似、贵妃醉酒，也不似、孙寿愁眉。韩令偷香，徐娘傅粉，莫将比拟未新奇，细看取、屈平陶令，风韵正相宜。王红公与钟玲合译的译文是：Your face is not like Yang Kuei-fei flushed with wine, / Nor like Sun Shou's worried brow. / You should not be compared to Chia Wu / Who stole the imperial incense for her lover, / Nor with the lewd Lady Hsü / Who powdered only half her face / To make fun of her one-eyed husband, the Emperor. / These comparisons are not apt. / After careful consideration, / I think your charm is that / Of the poets Ch'ü Yüan and T'ao Ch'ien. / In the breeze your perfume is as / Subtle as the odor of blackberry blossoms. ④ 原文运用一系

---

① Kenneth Rexroth, ed. and trans., One Hundred Poems from the Chinese. New York: New Directions, 1956, p. 142.

② Kenneth Rexroth, ed. and trans., One Hundred Poems from the Chinese. New York: New Directions, 1956, p. 65.

③ Kenneth Rexroth, ed. and trans., One Hundred Poems from the Chinese. New York: New Directions, 1956, p. 65.

④ Kenneth Rexroth and Chung Ling, ed. and trans., Li Ch'ing-chao: Complete Poems. New York: New Directions, 1979, p. 15.

列历史人物的比喻，赞扬菊花的高洁品质。"贵妃醉酒"指唐玄宗的宠妃杨贵妃，醉酒后娇媚作态。"孙寿愁眉"，孙寿是东汉权臣梁冀之妻，好故作愁眉惑人。据《后汉书·梁冀传》："妻孙寿，色美而善为妖态，作愁眉，啼妆，堕马髻，折腰步，龋齿笑，以为媚惑。"① 原文用此两典说明被风雨揉损后的菊花不似杨贵妃的妖媚也不似孙寿的愁态，另具风采。王红公与钟玲的译文用韦氏拼音直接将人名译出，将"贵妃醉酒"译成 Yang Kuei-fei flushed with wine，把"孙寿愁眉"译成 Sun Shou's worried brow，译文直接明了，把"醉酒"和"愁眉"等重要信息传达出来。此外，译者还在译著后附录的注解中分别简要介绍杨贵妃和孙寿，便于读者了解其身份，清除读者理解困难。

"韩令偷香"，东晋韩寿，外貌俊美，贾充的女儿贾午看中了他，设法引韩寿逾墙与其暗通。贾午将皇帝赐给其父的西域奇香偷来给韩寿。后贾充闻到韩寿身上有奇香，怀疑韩寿与女儿贾午私通，后便将贾午嫁给韩寿。韩寿习称韩掾，无称韩令者，该词中的韩令疑有误。② 王红公与钟玲的译文用意译法把"韩令偷香"的内容译出来：Chia Wu / Who stole the imperial incense for her lover（贾午偷来皇帝的香料给她的情人），译文舍弃典故里的字面表达，避免原文存疑之处。在附录的注解中对韩寿与贾午的故事也有较为详细的介绍，以利于读者对译文的理解。

通观王红公与钟玲合译的《李清照诗词全集》，诗词中的绝大部分典故均有较为恰当的处理，不难看出钟玲在翻译过程中发挥重要作用。通过细读王红公与钟玲合译的作品，也可以看出，尽管他们合译的作品更忠实于原文，有时为了使译文更富有诗意，王红公依然会不惜更改原文的意思进行翻译。例如，在《李清照诗词全集》中，对"东君"就有两种译法，李清照《小重山》（春到长门春草青）的结尾一句"二年三度负东君，归来也，著意过今春"。"东君"，据《楚辞·九歌》指太阳，③ 后演变为春神。此句意为：两年来我多次辜负春神，没有尽情享受春神带来的美好时光，今年夫君

---

① 郑孟彤：《李清照词赏析》，黑龙江人民出版社 1984 年版，第 69 – 70 页。
② 郑孟彤：《李清照词赏析》，黑龙江人民出版社 1984 年版，第 69 – 70 页。
③ 靳极苍：《李煜、李清照词详解》，四川文艺出版社 1985 年版，第 110 页。

回来了，一定要好好地赏春。王红公和钟玲的译文是 "Three times in two years / My lord has gone away to the East. / Today he returns, / And my joy is already / Greater than the Spring（Rexroth & Chung Ling 1979：7）"。译文与原文的意思相差较远：将原文 "东君" 译成 "夫君远去东部"。李清照《怨王孙》（梦断漏悄）中 "拟托行云，问东君" 一句的译文为 "This time I will ask the moving clouds to seek my lord / in the East"，将 "东君" 译成 "远在东部的夫君"。此两处均是王红公的故意改译，因为译李清照《庆清朝慢》（禁幄低张）中 "长殢东君" 一句时，译文是 "The God of Spring falls in love with you forever"，此句译文准确地将 "东君" 译为 "春神"（The God of Spring），依此推断，钟玲在解释 "东君" 时，曾给出其准确意义，王红公也知道 "东君" 的意思，而《小重山》（春到长门春草青）和《怨王孙》（梦断漏悄）中对 "东君" 的翻译是他为了使译诗富于诗意而改译。

　　王红公和钟玲都是诗人，使译诗富于诗意是他们追求的目标，在选择《李清照诗词全集》的原文时，他们参考的是上海中华书局 1962 年版的《李清照集》，但有时为了在译诗中展现更好的诗歌意境，他们也会参照其他版本的李清照诗词原文。例如，在《小重山》（春到长门春草青）中有一句 "碧云笼（龙）碾玉成尘"，上海中华书局 1962 年版的《李清照集》的校记中写有："『笼』，《月府雅词》、《花草粹编》均作『龙』。"① 如依上海中华书局 1962 年的版本，此句应是 "碧云笼碾玉成尘"，国内学者大多认为此句与茶有关。郑孟彤对此句的解释为："碧云" 形容茶团的颜色，这里代指茶团。"玉成尘" 即将茶碾碎像粉末一样。② 靳极苍的解释为："碧云笼" 当是绘有碧云的茶笼。"碾" 指用茶碾碾茶。③ 两人的解释有点出入，但有一点一致，即该句描写的是煮茶时的情景。王红公与钟玲合译的《兰舟：中国女诗人诗选》和《李清照诗词全集》中的译文是 "Blue-green clouds carve jade dragons. / The jade powder becomes fine dust"，译文是对 "碧云龙碾玉成尘" 的字面翻译。钟玲曾解释说：当时译此书时，我用的版

① 中华书局上海编辑所：《李清照集》，中华书局 1962 年版，第 16 页。
② 郑孟彤：《李清照词赏析》，黑龙江人民出版社 1984 年版，第 53 页。
③ 靳极苍：《李煜、李清照词详解》，四川文艺出版社 1985 年版，第 105 页。

本是上海中华书局的《李清照集》（1962）。注释中有解释碾茶和茶笼。但是我们采用的是"笼"字的另一个版本，就是《花草粹编》，文津阁四库全书本《月府雅词》作"龙"。用"龙"字有好几个效果：第一，碾茶入诗太生活化，世俗化，李清照亦用意象比喻语，不用茶字。第二，"碧云龙碾玉成尘"宇宙视野大，又有神秘主义色彩，一条天龙正在成形。第三，以玉匠碾玉龙，落下玉尘，比喻碧云渐成龙形，春日空中有香尘，是非常有创意、细致的比喻，再加上茶的比喻，是多余。第四，此句之前后多大自然意象语，如春草，江梅，花影，淡月。用碧云与香尘，不加茶，比较统一及有美感。① 钟玲还曾回忆说："1971 年，雷克思罗斯与我翻译《中国女诗人》快完稿之时，在决定书名这件事上我们意见有所不同。因为李清照的词《一剪梅》里有'轻解罗裳，独上兰舟'之句，雷克思罗斯主张用'Orchid Boat'为书名。当时我们都知道'兰舟'是指木兰树之木做的船，而非指'兰花船'，但雷克思罗斯坚持用'Orchid Boat'为书名，因为它比以'Magnolia Boat'为书名更富诗意。与他合作译诗时，每当他坚持诗意至上时，我往往是会让步的。于是 1972 年刊行的版本书名是：*Orchid Boat：Women Poets of China*。"② 当时有人质疑"兰舟"翻译的准确性，在钟玲的坚持下于 1982 年新方向出版时该书名改为《中国女诗人》（*Women Poets of China*）。可见，王红公的"创意英译"并非是一种信马由缰的自由翻译，从他翻译的作品中可以看到他努力兼顾对原文的忠实和对译文文学美感的追求。

考察可见，王红公与钟玲合译的中国诗词比他独译的中国诗词整体上更忠实于原文。这种重视程度的提高，与钟玲的介入有极大的关系。笔者在采访钟玲时曾问及她在与王红公合译时所发挥的作用，她打了一个比方说："王红公像是一只风筝，我的作用则像是拉着风筝的线，当他飞得太高时（指他在翻译时偏离原文太远），我会对他说：'不行，不能那样'，把他拉回来一些。但诗人总体上来说还是很难改变的。"③ 钟玲的这个比方非常恰当。

（作者：郑燕虹，原载于《外语学刊》2011 年第 3 期）

---

① 2008 年 4 月 12 日钟玲教授发给笔者的电子邮件。
② 钟玲：《美国诗与中国梦》，广西师范大学出版社 2003 年版，第 40 页。
③ 2007 年 11 月 7 日笔者对钟玲教授的采访笔录。

论梭罗《瓦尔登湖》对苇岸创作的影响
——以《大地上的事情》为镜像

　　苇岸曾在自己的散文《我与梭罗》中这样写道："《瓦尔登湖》是我唯一从版本上多重收藏的书籍，以纪念这部瑰伟的富于思想的散文著作对我的写作和人生的'奠基'意义。"① 由此可见，梭罗的《瓦尔登湖》对苇岸的影响是极其深远的。在梭罗《瓦尔登湖》的影响下，苇岸开始了自己的环境文学创作。在散文集《大地上的事情》中，苇岸将全身心的爱与关怀都倾注在了土地与星空、山川与河流、草木与鸟兽之中。细读其作品，我们就会发现，苇岸的散文创作除了表现出与梭罗《瓦尔登湖》相似的主题之外，他在写作模式、思想内涵、语言特色等方面显然也受到了梭罗的影响。

一、特定的自然空间建构与无限的时间循环模式

　　现代文明将我们带进了钢筋水泥结构的房屋之中。一方面，它可以坚固而安全，可以因为花样繁多的装修技艺而美轮美奂；但另一方面，我们的居住空间因为四周的墙壁，繁密的高层划分而显得断裂而封闭。被禁锢的住宅外是车水马龙的大街，鳞次栉比的高楼大厦，拥挤而令人眩晕。生活在城市空间，我们孤独而疲惫，没有安逸感、没有家园感。这就是现代文明给予我们的生存空间，在这里我们的身体与心灵仿佛失去了生命力与活力。

　　梭罗对空洞的城市空间感到厌倦，所以他来到了瓦尔登湖，一个不同于城市空间的自然空间。瓦尔登湖位于波士顿西北不远处，离康科德镇仅千余

---

①　苇岸：《大地上的事情》，广西师范大学出版社 2014 年版，第 160 页。

米，周边森林密布，湖区千米范围内人烟稀少。相比于嘈杂的城市，这里保持了相对原生态的自然环境面貌。梭罗走回了人类最初的、自由而充满生命力的庇护所。在《瓦尔登湖》中，梭罗笔下的一切都是在这个自然空间的背景下展开的。在这里，没有水泥墙壁的隔离感，郁茂的树木与静谧的湖水就是这里的天然屏障，"矮橡树丛生的高原升起在对岸，一直向西去的大平原和鞑靼式的草原伸展开去，给所有的流浪人家一个广阔的天地"。① 在这里，也丝毫没有城市空间的闭塞之感，广袤的自然空间首先带来的就是视线的开阔，继而带动了所有的感官，身心的愉悦来自于不受束缚的自由姿态。他将瓦尔登湖作为整个自然界的一个缩影，为我们展现自然空间广博无垠的物理广度。"当我们的天空连成一片，家宅就有了屋顶。"② 在这个没有嘈杂与拥挤的湖区，人的身心得到舒缓，自由的天性得以复归。那是一种回归原始的安逸，自然本就是人类最初的家园，梭罗只是带我们找回了归属。

密集的住宅区、各种完善化的城市设施、整齐而又规范的市政规划，让城市空间以稳定性自居。但在一成不变与一板一眼中，生命只是在机械地运转，人的自主性与原始的生命力被日益磨损。而自然空间中的一切却时刻都处于动态的变化之中。走向自然，不仅是找回自由，更是帮助我们在这个空间中的其他生物身上感受大地的脉搏、生命的律动。梭罗在林间聆听画眉、东部鸫鸟、碛䴗的良宵雅歌，静观黑蚂蚁与红蚂蚁的战争，记录下冬日里瓦尔登湖结冰前后的每一个微小的变化……他为我们展现出自然空间特有的生机盎然，帮助我们找回人类原有的野性的生命力，在感受生命的脉动中使自我的存在重新完整起来。

梭罗通过对特定自然空间的选取来表现环境文学主题的写作样式影响了苇岸。苇岸发现，通过对一个熟知的自然空间的构建与描摹，既能够给读者尽可能真实的还原自然环境本真的样貌，又能够使读者以小见大，在有限的自然空间中体味自然的无限之美。于是，在他的作品《一九九八　廿四节气》中，苇岸集中地运用了这种写作样式，并以那个地方每一节气的早上九点为固定观察的时刻，记录下那里的天气情况及周边的自然景物。与梭罗

---

① 亨利·戴维·梭罗：《瓦尔登湖》，徐迟译，人民文学出版社 2018 年版，第 83 页。
② 加斯东·巴什拉：《空间的诗学》，张逸婧译，上海译文出版社 2009 年版，第 39 页。

相同，苇岸笔下的自然空间也是空旷且辽远的，"它们（光线）投在空阔的地面上……天空已经微微泛蓝，它为将要到来的积云准备好了圆形舞台"。①苇岸虽然只选取了一片田野作为特定观察的对象，但无论是大地还是天空都在他的描写之下极具画面感，给读者一种仿佛可以由目之所及向远处无限延伸的视觉审美体验。苇岸继承了梭罗对特定的自然空间进行描写的写作方式，更是同他一样借助出色的景物描写强化了自然空间宁静而辽阔的特性，不动声色的与文本中未出场的城市空间形成了鲜明的对比，让读者在阅读中暂时舒缓处于压抑空间的紧张情绪，在欣赏、感受自然之美中重新回到人类生命本该栖息的那一片自由而闲适的家园。

梭罗笔下的湖区有各种灵动的生命，它们是梭罗笔下的自然空间中最必不可少的描写对象。苇岸也同样关注到了自然环境中生态的多样性与生物旺盛的生命力，那是地球运转、生生不息的奥秘。工业文明让人类远离了自然，我们的生命转轴减速了，甚至濒临停滞，人类面临被工具异化的威胁。面对这种现状，我们急需再一次感受生命的活力，找回人的完整性。苇岸说，"梭罗的本质……在其对'人的完整性的崇尚'"。② 在梭罗的感召下，苇岸用其灵动的双眼捕捉那片田野中所有悦动的元素：缓缓过渡的光线、逐渐减弱光泽的雪、变淡了的水体色彩、返青的小麦……苇岸用静态的文字竭力地向我们展示动态的自然图景。他笔下的自然空间仿佛每一刻都在发生着变化，微小的，惊人的。苇岸将读者带入了一种审美体验的参与模式，自然空间中那源源不断的生命力通过苇岸的描写被传递给了读者，他与梭罗一样，呼唤人类在自然的启示中重新找回自我，时刻保持向上的生命力。

现代人是靠机械钟表来确定时间的。居室、办公室、教室或是城市的任何一个地方，我们凭着时针分针的挪动来掌握时间。时针转过两圈，提醒我们度过了又一个日升日落的周期。但除此之外，我们对于时间的流逝没有任何感性的认知，每日重复机械化工作的我们已然麻木。我们被追赶着，无暇环顾四周，也就没有任何生动的参照物记住生命中每一个珍贵的时刻，只能在垂暮老矣时哀叹，身体与精神总归是在没有知觉到的消逝中显得短暂而无

---

① 苇岸：《大地上的事情》，广西师范大学出版社 2014 年版，第 68 - 69 页。
② 苇岸：《大地上的事情》，广西师范大学出版社 2014 年版，第 170 页。

意义。

瓦尔登湖区中的时间却每一分每一秒都有意义。出现在湖面上的潜水鸟告诉我们秋季的来临、蔓越橘与葡萄的丰收提醒着我们收获的十月已经来到、开始结着碎冰的湖面预示着冬季将要为这一年收尾了……在这里，时光的流逝从不会单调而匆忙，自然界中的万物帮我们充盈了每一个珍贵的时分。在自然与时间的结合中，单向度的时间被填充进去了人与动物嬉闹的喜悦，收获的满足与对新的一年到来的盼望。时间有了厚度，生命也是。梭罗的《瓦尔登湖》有着鲜明的时间线索，他在四季变换的纵轴上描写自然景物。冬季来临，自然界中的生命凋零，但春天却让一切进入了下一个循环，万物又得以复生，大自然中的生命在时间的循环中也形成了一个个生生不息的圆环。梭罗将时间与自然融合在了一起，让我们看到在时间的长河中，唯有与自然相协和，人类生命才能得以生生不息地绵延下去。

苇岸吸纳了梭罗用时间表现自然的写作样式，并采用了二十四节气这种比四季更细致，也更具中国特色的时间维度。立春、惊蛰、霜降……每一个节气的到来都伴随着自然景物的悄然变化，每一个不同的时间节点上都能找到一个变化着的参照物：田野中的麦苗从惊蛰时的返青到谷雨时的拔节再到立夏时的抽穗，田野中流淌的时间是立体的，被自然赋予了不同的形态。苇岸用这样的方式让我们看到了生命的价值与意义：虽然时间流逝，我们无法阻挡它的脚步，但我们可以慢下来，去观察一片麦田，看时间给它带来的每一个微小的变化，细细的体味生命的过程，感受生命带给我们的喜悦，感受生命脉搏的跳跃。二十四节气，一个轮回，自然界的景色也随之轮换一圈，然后冬去春来，又是新的一年。与梭罗一样，苇岸也向我们展现了自然在时间维度上的无限。他让我们更清晰地体悟到了自然的力量，让我们重新认识人类自己，放下因为科技文明的一时胜利而抱有的不可一世的自傲。他让我们将永恒的生命力与自然联系起来，不仅着眼于当下，也教导我们需要带着代际的伦理关照，尊重生命，爱护自然，以维护人类的延续。

在梭罗的影响下，苇岸用细腻的笔触创造出了一个广博而又富有野性活力的自然空间。在这个空间中，时间是循环且无限的，生命在这里得以永恒的延续。从瓦尔登湖区到远郊的田野，从四季到二十四节气，可以说，苇岸从梭罗那里继承了对自然、时间、生命的绝佳表现方式，成功地将读者——每一个独立的普通生命体拉入了一个诗意的时空，反思自然与人类的共生共存问题。

二、宣扬环境伦理观与提倡绿色生态观

内茨利在《环境文学：一部关于环境文学作品、作者及主题的百科全书》一书的序言中说："环境文学就人们如何与自然和谐相处、如何看待自己在自然界中的位置等问题提出了一些富有启发意义的思想。在这些方面，人们的观念已经发生巨大变化，部分得归功于环境文学家的努力及其作品的影响。"[①] 环境文学除了向我们展现环境之美，具有较强的表现性之外，还具有一定的批判性与引导性，引导我们如何看待自然，反思人与自然的关系，启发我们如何与自然和谐相处。在《瓦尔登湖》中，梭罗除了向我们展示了湖区的美好风光，生态多样性外，也同样在行文过程中表达了对人类与自然的关系的思考。从欣赏喜爱大自然到反视人类野蛮的破坏生态和谐的行为，再到最终对如何与自然和谐相处问题的反思，这些理性哲思使整部作品的内在逻辑层层递进，在重塑人们形成新的绿色理念方面具有较强的说服力。阅读《瓦尔登湖》的苇岸也受到了梭罗在环境表现之外引导人们理性思考的写作方式的影响，"思想不是直陈而是借助与之对应的自然事物进行表述（以利于更多的人理解和接受），表现了精神世界人与万物原初的和谐统一"。[②] 在具体的散文创作中，苇岸也接受并借鉴了这种方式，并对梭罗的伦理思想、生态理念、人类存在哲思等方面有着不同程度的承袭，以达到通过环境文学的书写倡导人与自然和谐共存的绿色发展理念，继而切实地引导读者改变旧有生活观念的目的。

传统认识论坚持二分法原则，人类曾在这种认识论的指导下认识自然，认为人与自然是两个绝对对立的存在物。而人类中心主义又将人的利益作为道德原则的唯一相关因素，强调人是唯一的道德代理人，只有人才有资格获

---

① Patricia D. Netzley. Environment Literature: An Encyclopedia of Works, Authors, and Themes. California: ABC-CLIO, 1999, p. xii.

② 苇岸：《大地上的事情》，广西师范大学出版社 2014 年版，第 164 页。

得道德关怀。这两种观点相加持，为人类对自然的掠夺找到了强有力的理论支撑，人的利益上升到无以复加的程度，而自然的存在价值则成为了人类的附庸。

对此，梭罗是持反对态度的。与他用无比热情的笔触描写湖区之美，讴歌野性淳朴的自然环境不同，在描写到人类破坏环境的行为时，梭罗是愤懑及感伤的。他是如此厌恶和抗拒现代文明与工业文明，并对人类中心主义进行抨击。"文明人不过是更有经验、更为聪明一些的野蛮人"，① "可是我跨过铁路，好比我走过林中小径。我不愿意我的眼睛鼻子给它的烟和水汽和唿唿声污染了"，② "砍伐木材的人竟大砍大伐起来了，从此要有许多年不可能在林间的甬道上徜徉了……森林已被砍伐，怎能希望鸣禽歌唱。"③ 梭罗为我们勾画出湖区优美的画卷，让我们看到自然是如此美丽而神奇。他自己建造房屋，耕种粮食和果实，用原始的方法生活，为的是向我们证明，人类是可以在不破坏生态的前提下与自然和谐共处的。从隐居湖区到自给自足，他都在向我们传达一种理念：强调非人类中心思想，呼吁人们从环境伦理角度关怀自然。

"这些运动（平整土地、建设水利工程），改变了古老田野的原始风貌……田野的平坦和整齐，给世代繁衍其间的鸟兽带来了灭顶的危机。"④ "但是今天，在我的家乡，除了留鸟麻雀和喜鹊，已经很难见到其他鸟类了。"⑤ 人类文明的铁蹄踏入了自然界，苇岸与梭罗一样，毫不掩饰的揭开了人类世界繁荣发展之下的伤疤。人类怎么可以因为自己的发展诉求就肆意的破坏自然，造成环境无法逆转的伤害？苇岸以其略带哀伤的笔调同样对人类中心主义进行了批判和反思。在《海日苏》这篇散文中，苇岸记录了自己驱车到海日苏，一个蒙地东部地区的所见所闻。苇岸说："三个季节牧人在外放牧，冬天他们回到岛上歇息"，"这是生活在大自然心脏的兄弟，有着阳光

---

① 亨利·戴维·梭罗：《瓦尔登湖》，徐迟译，人民文学出版社 2018 年版，第 37 页。
② 亨利·戴维·梭罗：《瓦尔登湖》，徐迟译，人民文学出版社 2018 年版，第 118 页。
③ 亨利·戴维·梭罗：《瓦尔登湖》，徐迟译，人民文学出版社 2018 年版，第 184 页。
④ 苇岸：《大地上的事情》，广西师范大学出版社 2014 年版，第 38 页。
⑤ 苇岸：《大地上的事情》，广西师范大学出版社 2014 年版，第 43 页。

与风的肤色……他们离人的根最近"①。这里的牧人在戈壁滩上以放牧的方式与自然共存，人向自然索取生存的权利（以放牧为生）也同样遵守着不破坏自然环境的义务。苇岸通过自己在自然环境的体验为我们强调了梭罗宣扬的那种环境伦理思想：人如果能够关怀自然，有节制地开发利用自然，人是完全可以不与之对立，与自然和谐共存的。在《我的邻居胡蜂》中，苇岸用平实的语言详细地讲述了自己观察胡蜂筑巢、繁殖、越冬的整个过程。胡蜂也叫做马蜂，在大多数人口中它是人类的敌人，它的刺极具杀伤力，严重时会夺去人的生命。但在苇岸那里，他会被胡蜂的筑巢过程所震撼，会因为胡蜂的陪伴而欣喜，会因为胡蜂的消失而哀伤。苇岸真诚地将胡蜂当作是自己的一个亲切的邻居，不打扰、不惧怕并且抱有关怀之情。他用亲身经历告诉我们自然以及自然环境中的一切生物绝不是人类的对立物。他引导我们改变人类中心主义价值观，放弃征服者之剑，将道德关怀的雨露洒向广袤的大自然，实现人与自然的和谐。可以说，怀抱生态意识，宣扬环境伦理思想是苇岸从梭罗那里继承的"宣传工具"，他呼唤读者转变将自然对象化的传统思维模式，重新摆正人类在生态环境中的位置，将自然看作是我们生活中一个不可缺少的部分并给予关怀。

扭转观念、关怀自然不应该只停留在意识层面，在实践中不过度耗费自然资源、自觉地选择绿色的生活方式才是将观念转化为行动。从维持生存到追求奢靡，步入现代文明的人类的消费观逐渐偏离了合理的轨道。消费已不仅是为了生存，而是在更多的时候成为了一种符号，象征着经济实力、社会地位。这种沉迷于商品符号象征意义的畸形消费观造成了人的异化，更是让人类在疯狂的贪欲中直接消耗着大自然中有限的资源储备。

"大部分的奢侈品，大部分的所谓生活的舒适，非但没有必要，而且对人类进步大有妨碍。"② 梭罗对这种扭曲的消费观与以经济主义为核心的价值观进行了直接的批判。面对放纵的贪欲与不合理的消费观、价值观，梭罗告诫我们要回到自然，"如同大自然一样，逐去我们的眉头上垂挂的乌云，

① 苇岸：《大地上的事情》，广西师范大学出版社 2014 年版，第 157 – 158 页。
② 亨利·戴维·梭罗：《瓦尔登湖》，徐迟译，人民文学出版社 2018 年版，第 12 页。

在我们的精髓中注入一点儿小小的生命"①。如大自然一般的生活就是摒弃财富对人类的异化，简单而朴素，从生活中的每个细节入手，一切从简。在《瓦尔登湖》中，梭罗的衣食住行都仅以维持生存为标准，既不会过度损耗资源，又可以不用为追求生活必需品的附加价值而苦于奔波，利己也利于自然。这是梭罗一生都在身体力行的绿色生态的生活方式，也是他为我们找到的与自然和谐共生的方法。

苇岸踏着梭罗的足迹也走上了一条反思现代人生存观念，倡导人们从简生活的道路。苇岸曾写到自己的家乡要修建一家水泥厂，村中的人们都很欣喜，因为从农民到工人的身份转换，预示着他们将获得更大的经济效益。但苇岸却对即将到来的环境污染问题而担忧。他也曾感叹过："在神造的东西日渐减少，人造的东西日渐增添的今天，在蔑视一切的经济的巨大步伐下，鸟巢与土地、植被、大气、水，有着同一莫测的命运。"② 显然，苇岸也看到了经济中心主义对自然带来的巨大伤害，并表达了自己的担忧与怅惘。中国是一个发展中国家，以经济建设为中心是很长一段时间中国家发展的主题。为此，从城市到乡村都无不坚定地奉行利益最大化原则。苇岸生在乡村，又长时间居住远郊，他的家园从鸟语花香到开垦林地，从人迹罕至的简朴到开发建厂的喧嚣带给他的是震惊与悲哀。巨大的环境转变带来的负面效应使他扛起了梭罗的批判精神旗帜，将人类贪欲的泛滥比作野兽，比作火，对现代文明催生下的经济中心主义进行反思，也为人们过度追求经济利益的功利主义进行了批判。如何抑制住人们的贪欲，如何在不以环境的损害为前提下生存，苇岸在梭罗从简生活倡议的影响下提出了相类似的主张。梭罗在《瓦尔登湖》中说自己不喝茶，不喝咖啡，不吃牛油，不喝牛奶，也不吃鲜肉，而苇岸的散文中有一篇直接以《素食主义》为题，表达了对梭罗的这一生活习惯的认同与赞扬。不仅如此，苇岸还在自己的生活中积极践行这一极简的饮食方式，甚至在弥留之际为自己在生病期间没有坚持素食主义而反思愧疚。在苇岸看来，梭罗提倡的从简主义就是一种节制，一种自律的生存准则。只有遵守了这个准则，人们才可能与功利主义相抗争，不以破坏生态

---

① 亨利·戴维·梭罗：《瓦尔登湖》，徐迟译，人民文学出版社 2018 年版，第 74 页。
② 苇岸：《大地上的事情》，广西师范大学出版社 2014 年版，第 74 页。

环境为前提生存，节约资源，形成一种绿色的生活观念与发展理念。

苇岸看到了人类在现代文明中不断膨胀的贪欲，他为环境破坏的现状而感伤，也为人类的未来而担忧。在这紧要的时刻，梭罗返回自然，通过以俭朴的生活方式对自然施与道德关怀的行为鼓舞了他，号召了他。作为响应，苇岸亲近自然，记录自己与自然之间的点滴互动，引导人们消弭自然与人类的对立，将自己当作是自然的一部分。他还用自己的实际行动教导人们克制自律，从简生活，尽量减少对大自然的掠夺与侵害。海德格尔曾经在自己的存在论中表述，人的有限性要求我们人类必须与自然万物共在，自然大地是我们的家园，因此人在本质上应该是自然的看护者而非征服者，人终究应该是诗意栖居在大地之上的。从梭罗到苇岸，他们无不是引导我们去践行这样一种生存方式：持有一种简约的生活态度，不仅利于自己、更是在与自然和谐共生中维护了人类的可持续发展。

三、双重语言模式与有机语言特色

长久以来，不同体裁的文学作品中都不约而同地出现自然景物、自然场景。在作家们的精心描绘下，他们都富有独特的审美价值。但是，作为审美客体，这些自然景物不是仅仅充当了文学作品中的背景，就是"一切景语皆情语"，在作者的情感内涵或文化内涵的赋予下从具体的实物成为了抽象的意象。在自然景物客体化后，读者往往便会忽略其本身的审美价值。而环境文学的重要主题之一是歌咏自然之美，自然也成了一个独立的审美对象。作家们往往用自己独特的语言技巧真实而客观、全面而细致地为我们表现自然之美。梭罗的散文语言在环境文学写作中是独树一帜的，他的语言精确而又富有诗意，简洁优美而又富有哲思，为读者带去了独特的审美体验。因为梭罗而"弃诗从文"的苇岸自然也在语言特色、叙述模式上受到了他不小的影响。

梭罗的语言是诗化的艺术描写和精确的科学阐释混合的双重语言模式。以"湖"这一章为例。"我们康科德地方的水波，至少有两种颜色。"[1] 自

---

[1] 亨利·戴维·梭罗：《瓦尔登湖》，徐迟译，人民文学出版社 2018 年版，第 170 页。

此开头，梭罗诗化的语言体现在他描写湖水时浪漫的笔触：山峰与森林环绕下的湖幽秘且古老，在不同景物映衬下的湖变换着色彩，湖水如晴天一角、如丝绸……大自然神奇的触手将瓦尔登湖安放在了一个最适宜它存在的位置，与周边的景色一起组成了一幅动态的瑰丽画面。湖水的颜色是梦幻的，也是变动不居的。蔚蓝色、淡蓝色、草绿色、天蓝色、深绿色，在不同的角度去看，湖水的颜色也在发生着变化。而湖水的颜色发生变化的原因，梭罗也在描述的过程中用光学、地理学等相关知识为给我们作出了科学的解释。这种艺术描写的语言与科学阐释的语言混合叙述带给读者的审美效果也是有层次的，使读者既通过生动的景物描写感受到了大自然的独特之美，又从科学的解释中深刻、全面地了解了大自然。

　　苇岸曾说，"我称梭罗是一个复合型作家……优美的、睿智的散文作家；富于同情心，广学的博物学家。"① 这说明，苇岸看到了梭罗作品中对环境之美展示与对生态知识普及相并存的行文特色，也领会到了将优美的文学性文字与力求精确的科学性文字相结合的写作技巧。在散文作品《放蜂人》中，苇岸运用了这种复合的表现模式。他用诗性的语言首先描写了蜂场周围的自然风光：满载谷粒色泽与婴儿般清新的阳光、到处闪烁着生气的大地、神情宁静的放蜂人，一切的元素组合在一起，一幅清丽的养蜂图就这样呈现在了读者的眼前。养蜂是人与自然的互动，必须遵从蜜蜂的生活习性，于是苇岸忠实地为读者呈现出了一组严谨的数据。在这组数据中我们可以清楚地看到在一日龄、三日龄，十五日龄、三十日龄不同的阶段，一只工蜂是如何度过劳作的一生的。自然界是美丽而神秘的，苇岸用自己的描写不仅让我们看自然的美，更为我们揭开了自然的奥秘。

　　在《一九九八　廿四节气》这篇散文中，苇岸不仅用优美的文字生动地描画了晴雨清风中植物生长的画面、鸟兽空灵婉转的乐音，更辅以当日的温度、天气、风力等科学数据，为我们展示了远郊田野的真实环境状况。这使得苇岸的散文在观感上达成一种自然之美与自然之真的融合，有助于给读者带来对自然全面可感的审美愉悦。

---

① 苇岸：《大地上的事情》，广西师范大学出版社 2014 年版，第 256 页。

苇岸曾评价说梭罗的文字是"有机"的，这是他喜欢梭罗作品的原因之一。据他自己解释，所谓"有机"的文字就是生动而又富有温度的文字。梭罗那丰富且智慧的哲思通过这样有机的文字如耳语一般，柔声细语，字字入心。梭罗文字的有机其实来源于美国环境文学中一种"劝导式"或"说服式"叙述模式。其要义在于"一是以说明事理为叙述动力；二是叙述不以情节为重点……三是叙述功能在于引起作者共鸣"。①

在梭罗那里，这一模式具体体现为富有对话性的劝导式话语与富有哲思性的寓言式说理相结合的模式。瓦尔登湖是以第一人称叙述的，这决定了它并不是以情节为重点，而是向读者讲述自己的所见所闻，从而达成与读者进行交流的对话机制。"我们如大自然那样过一天吧！""简单，简单，简单啊！"② 梭罗常常从自己的叙述中跳脱出来，自然流畅地说出劝诫式的话语，直接呼唤读者，聆听他的醒世箴言。这种交流模式直接而亲切，达到了环境文学特有的劝导式效果。梭罗还是一个喜爱寓言式讲述的人，这些寓言往往取材于他自己所身处的自然环境，虽简短朴素，却又在不经意间发人深省。红蚂蚁与绿蚂蚁的战争寓意着贪婪本性的疯狂，而砍伐疯长的树枝才能让树更好地生长，这寓意着摒弃陋习在生活中的重要性等。他将那些生活的哲理生动的展现出来，使环境书写显得智慧而灵巧。这种满含趣味又带着哲思的片段延长了读者的审美时间，让读者在阅读中进行思考，认识自己、认识自然、认识世界。

苇岸是在梭罗的影响下开始散文创作的，他喜爱梭罗这种有机的文字，也在学习散文创作的过程中为自己的文字增加了温度。他同梭罗一样，常常跳出第一人称的叙述程式，或采用设问的语式与读者交流，引发读者思考："你为什么要捣毁一个无辜的家呢？显然你只是想借此显示些什么。"③ 他在一问一答中谴责用火烧蜂巢的人，引导读者谴责人类破坏生态的野蛮行为；或直抒胸臆，以短小精悍的文字简洁地向读者传达他的呼吁，"告诫人类：

---

① 龙娟：《美国环境文学：弘扬正义的绿色之思》，外语教学与研究出版社 2010 年版，第 194 页。

② 亨利·戴维·梭罗：《瓦尔登湖》，徐迟译，人民文学出版社 2018 年版，第 113 页。

③ 苇岸：《大地上的事情》，广西师范大学出版社 2014 年版，第 13 页。

在背离自然，追求繁荣的路上，要想想自己的来历和出世的故乡"。① 他告诫读者，必须停止对自然的肆意损毁，人类永远是环境的一分子，以此唤醒读者的生态意识。这种呼告直接而充满力量。苇岸承袭梭罗有机的文字的另一个表现形式也是将厚重的哲思浓缩进简洁的叙述中。"每一匹新驹都不会喜欢给它套上羁绊的人"②"在众多的鸟类中，真正令我们心醉神迷的鸣啭，一般与羽色华丽的鸟类无关"③ "在生命世界，一般来讲，智慧、计谋、骗术大都出自弱者"④。这些带有哲理性的表达虽不如呼告与耳提面命那样直接而震撼，但寓言式的说理方式婉转而亲切，增加了作品的趣味性与生动性。

环境文学除了展现自然之美，给读者带来审美愉悦之外，还因为其特殊的文体具有一定的社会价值与教育价值。苇岸在梭罗的影响下将描写环境之美与还原环境真实面貌相结合，使环境书写真实而打动人，又将感性的劝导式呼告与理性的寓言式哲思联系起来，使得环境书写慧巧而富于感召力，最终在自己的作品中形成了"抒发喜爱自然之情→引导读者认识自然的价值→引导读者反思自我行为→帮助读者树立生态意识、建立环境伦理思想"的内在逻辑链，更好地达到了环境文学的伦理目标。

结语

从上文的分析来看，苇岸在具体的创作中确实有很多方面受到梭罗的影响，这是一个不争的事实。但《瓦尔登湖》作为一个开放性的文本，在时空的流转中永远具有一种潜对话性，即以一种永未完成的存在样态向后来的所有对话者敞开自己。苇岸作为一个异域的接受者，他对梭罗的接受并非是被动性的，更是对话性的。巴赫金称对话性为具有同等价值的不同意识之间相互作用的特殊形式，从异域文学的相互影响来看，它决定了存在事实影响的接受者一方的文本创作也可在承继的前提下存在变形化、本土化、个人化的改造。应该看到的是，在坚持非人类中心论，唤起人类的生态意识、强调

---

① 苇岸：《大地上的事情》，广西师范大学出版社 2014 年版，第 142 页。
② 苇岸：《大地上的事情》，广西师范大学出版社 2014 年版，第 7 页。
③ 苇岸：《大地上的事情》，广西师范大学出版社 2014 年版，第 46 页。
④ 苇岸：《大地上的事情》，广西师范大学出版社 2014 年版，第 30 页。

环境伦理的共同主题之下，苇岸的创作在跨越中西的文本对话中仍表现出了自己的个人化特色。

在向读者呈现自然时，苇岸较之梭罗表现出了浓厚的土地意识。相较于梭罗选取的林区、湖区，苇岸在作品中更多地选取了土地、田间村野来展开对环境问题的思考。中国拥有着历史悠久的农耕文明，是一个农业大国，而土地赋予中国人最基础也是最重要的，无疑是生命支撑价值。但随着时代的发展，人口的急速膨胀，土地与国人之间的矛盾对立越来越尖锐，我们所面临的环境问题不单单威胁着整个生态系统，更有可能直接威胁到国人的生存。这也就使得我们与环境的冲突变得更加棘手而迫切。面对这一问题，苇岸更多地将目光关注到了牧区、小镇，田野乡村等这些国人与环境必须得以共生的地方。因为人与土地的交合如此紧密，所以对大地的描写与对人地关系的讨论在中国读者中更易引起共鸣。苇岸在《一九九八　廿四节气》中用大量的笔墨描写了麦田的景象，麦子的生长，这是大地赋予中国农民最宝贵的财富；在《美丽的嘉荫中》中苇岸描写了一个黑龙江村庄，屋舍俨然，人与自然怡然共处；《天边小镇》描写的是在一个新疆边陲小镇中，人与自然在对抗中找寻平衡，以求和谐共生……作为一名中国环境文学作家，苇岸将对农业、农村、农民的关注与对环境问题的思索联系在一起，成为了他对环境问题进行思考的原点，这不得不说是中国几千年来的农耕文明在其意识中的深刻烙印。这是梭罗所不可能具有的。苇岸作品中的土地意识在拉近中国读者与其作品的审美距离的同时，也更有助于读者将其作品中所要传达的生态意识升华为家园意识，引发读者在保护家园的维度上更迫切地在生态文明与物质文明之间展开思考。

在展望人与自然未来的关系走向上，苇岸表现出了积极的乐观主义精神。对于人与自然紧张关系的现状，苇岸在作品中是认同的。但关于人类的未来，苇岸却在与梭罗的文本对话中变现出了对抗性意识。我们注意到，在《瓦尔登湖》中出现的人大都是作为环境的"对立面"而出现的，梭罗更多的是带着理性的、批判的眼光去看待人类的行动的。梭罗对人类对环境的漠视，对自然资源的过度消耗，人的物化等问题进行了揭露。无疑，这种批判的眼光引起了读者的心灵震颤，也引发了读者的自省，但悲观的主旋律也始终萦绕在读者的心头。苇岸虽然也对环境问题表示出了愤懑，但在他的散文中也常出现这样的表达："它（土地）用纯正的农民暗示我们：土地最宜养育勤劳、厚道、朴实、所求有度的人，"① "有一生乡村经验与阅历的祖父、祖母、依然保持着人的最初的心，"② "三月的人们满怀信心，仿佛远行者上路那样"③。这些表达无不满怀着抗击眼前困境的昂扬斗志以及对人性、人情的讴歌。尤其是当苇岸游行至某个村镇、乡间时，还会着重笔墨地去写人与自然和谐相处的生活场景，写到在一些条件相对艰苦的地方，人与自然虽然存在矛盾，但在抗争中人类不仅没有破坏自然，还找到了与自然保持平衡的方法，最终与自然和谐相处的场景。可以看到，面对眼前人与自然的困境，苇岸依然不忘怀抱着对人性的坚守、对人类理性的坚信、对未来的信心，始终以乐观昂扬的精神给予读者鼓舞。我们反对人类中心论，但在世界高速发展的今天，过度强调完全的生态中心论也是一种倒行逆施。地球最终的命运还是取决于人类的选择，苇岸的乐观精神无不鼓舞、激励着人类，只要我们保持理性，坚守人性、人情中善的一面，将环境中的一切都视为我们的关怀对象，在具体的实践行为中不忘保护自然，我们就能够最大限度上与自然和谐共存，使人类生生不息地绵延下去。

从美国到中国，从 19 世纪到 20 世纪，梭罗与苇岸穿越时空有了一场绿色的邂逅。苇岸的散文中所表现出的创作模式、主题内涵、语言特色等方面，都有梭罗的影子。但正如约瑟夫·肖所说的那样："一个作家所受的影响，最终将渗透到他的文学作品中，成为作品的有机组成部分。"④ 苇岸早就将梭罗对自然的关怀与返回自然的质朴愿望融入进自己的作品中，始终关注着中国大地上的事情，带着中国作家的质朴与纯真，将对大自然的热爱、对环境的忧思、对人与自然和谐共处未来的期盼传递给读者，给予后来人以绿色的启示。

（作者：龙　娟　张　曦）

---

① 苇岸：《大地上的事情》，广西师范大学出版社 2014 年版，第 27 页。
② 苇岸：《大地上的事情》，广西师范大学出版社 2014 年版，第 29 页。
③ 苇岸：《大地上的事情》，广西师范大学出版社 2014 年版，第 36 页。
④ 张隆溪：《比较文学译文集》，北京大学出版社 1982 年版，第 38 页。

白璧德对中国传统儒家思想的借镜

欧文·白璧德（Irving Babbitt，1865—1933）是 20 世纪初美国文学批评界的泰斗，"新人文主义"运动的首倡者和奠基人。"新人文主义"是一场基于东方与西方的文学和哲学思想资源的文化复兴运动。该文化思潮企图通过复活古代人文主义精神来拯救现代社会的混乱与危机。在白璧德的研究理路里，他不仅将中国传统儒家思想纳入他知识考察的范围，而且将孔子誉为"东方的亚里士多德"，认为其思想与西方传统哲学可以帮助西方文明走出现代困境。"古老的东方经验用一种有趣的方式完成并确认了西方欧洲的经验，如果我们期待找到真正普遍的智慧来批判我们目前自然主义中可恶的片面性，那我们万不可忽略远东经验。从目前实用的目的看，远东经验主要集中在两个人的教谕与影响里，这两个人便是孔子与释迦牟尼。"① 需要指出的是，白璧德对于儒家思想的阐释与借镜，主要集中在以孔子为代表的古代儒家人文思想传统上。

由于白璧德的人文主义思想丰富厚重，涉及文学、哲学、历史、教育、宗教等多个方面，限于篇幅，本文从哲学观、领袖观与教育观三个方面来探讨白璧德对中国传统儒家思想的借镜，以此说明以孔子为代表的中国传统儒家思想极大地影响并丰富了白璧德的人文主义思想体系。

一、白璧德的"节度法则"与儒家的"中庸之道"

节度（measure/balance）是白璧德人文主义哲学思想的内核之一。在白

---

① Irving Babbitt. Rousseau and Romanticism. Austin：University of Texas Press，1977，Preface.

璧德看来，人类社会存在一系列二元关系：一与多，常与变，普遍性与特殊性，传统与创新，永恒与暂时，同情与选择等。然而人们常常走向一个极端，让个体的本性无限扩张，成为泛滥的人道主义者，只有采取节度的方式，避免趋向极端，才能成为人文主义者。白璧德指出现代社会存在的两种趋向的代表：其一是以培根为代表的功利自然主义者，他们迷信机构与效率，将机器视为达到效率与道德目标的手段，一味追求物质进步，认为物质进步便是通向文明的进步；另一种是以卢梭为代表的情感自然主义者，他们主张回归"自然"，以一种不加选择的同情来取代道德意义上的工作。白璧德坚决反对这两种自然主义者，认为前者对自己的才智不加节制与选择，混淆了物质进步与道德进步，一心营求物质利益，导致西方文明表现出离心式的个人主义症状；后者对自己的欲望不加约束和限制，放纵情感，美化德性，卢梭主义者的"性本善"理论与"回归自然"观恰恰引发了人类欲望的无限扩张。对此，白璧德坚决反对卢梭的"在万有（everything）与虚空（nothing）之间没有中间词"的表达，引出节度法则（the law of measure），指出人应该在"普通自我"（ordinary self）与"更高意志"（the higher will）之间协调，"普通自我"体现为情感的放纵，"更高意志"也不能任意行事，必须遵行一定的标准。人们应该用"制约意志"来约束放纵的情感，即"普通自我"。在白璧德看来，真正的人文主义者既要反对过分的同情与过分的选择，又要防范过分的自由与过分的约束，要在两个极端之间进行协调，填充二者之间的空白。他认为"一个好的人文主义者应该是中庸、敏感与得体的"①。这里的中庸主要指克己、节制；敏感指不麻木不仁，也非好奇立异；得体指合乎标准，不随心所欲。

显然，白璧德的节度法则与孔子的中庸之道不仅在表述上存在惊人的一致性，其内涵在某种程度上也存在一致性。中庸思想是贯穿孔子儒家思想的一条主线，其中"过犹不及"则是孔子中庸思想的理论核心。在《论语·先进》篇中，子贡问："师与商也孰贤？"子曰："师也过，商也不及。"曰："然则师愈与？"子曰："过犹不及。"孔子认为，"过"与"不及"均为事物的两个极端，其产生的后果是一样的。因此孔子反对用这两种方式处理事

---

① Irving Babbitt. Rousseau and Romanticism. Austin：University of Texas Press，1977，Preface.

情，同时将"无过无不及"的适度视为一种最佳的状态，就是他所主张的"中庸"。孔子的中庸之道在为人处世上要求做到"克己复礼"与"爱人"，"克己"强调加强内心修养，"爱人"则要求将内心修养达于外，做到立己立人，达己达人。与孔子的中庸哲学稍有不同的是，白璧德的"节度"不提及"爱人"，更注重对于内在生命的自我克制，即按照节度法则来抑制自然人的欲望，怀着敬畏与谦卑来仰望某种更高意志，通过遵循某种标准来约束、规训自然意志，从而保持中和。对于孔子的中庸之道，白璧德高度肯定，认为孔子将此世的生活艺术发挥到了极致，"孔子本人对'人之所何以为人'这个问题有着深刻的、真切的洞察，他称之为'内在制约的原理'（principle of inner control）。坚持儒家传统中的东西，就会获得一种内在的力量"①。

需要强调的是，无论是"节度法则"还是"中庸之道"不仅体现为一种生活哲学，同时也是一种政治伦理，不仅适用于个人，也适用于国家。正如个人需要更高意志来约束自然意志，国家同样需要更高意志（体现为制度）来限制它的自然意志（体现为大众意志）。白璧德运用节度法则来抨击第一次世界大战的产生，他认为战争爆发的原因在于人性的蒙蔽与欲望的扩张。白璧德认为现代人在人性上的自我膨胀也体现在国家层面上，个人的生存扩张意志由战争的发起者演变为民族的权力扩张意志，正是"个人内心泛滥着的道德混乱"产生"无限制的权力欲望"，从而"取代了国际关系上的伦理控制"。② 白璧德试图在政治、经济之外，从哲学、伦理角度解释国际之间的权力与利益的争斗，从认识论与实践论的层面上，也与孔子的政治伦理观存在呼应之处。孔子生活在战事频仍的春秋时期，在孔子看来，当时各诸侯为争夺土地、开拓疆土而发起的战争均为统治者个人私欲膨胀所导致的，是"天下无道"的表现。孔子的中庸之道同样适用于他的政治主张，其伦理思想的核心"仁"便体现了"无过无不及"的中庸适度原则。

二、白璧德的人文主义领袖与孔子的为政者素质

正如白璧德在《民主与领袖》（*Democracy and Leadership*，1924）的导言中所指出的，"经济问题研究到相当的深度，总会归结为政治问题，而政

---

① 欧文·白璧德：《民主与领袖》，张源、张沛译，北京大学出版社 2011 年版，第 26 - 27 页。
② 欧文·白璧德：《人文主义：全面反思》，三联书店 2002 年版，第 61 页。

治问题又将转化为哲学问题。"① 所以白璧德的人文主义思想贯穿始终，既是人生哲学，也是政治哲学。《民主与领袖》是白璧德的最后一部专著，也是唯一一部进入政治学领域来探讨人文主义实现的可能性的著述。在该著中，"领袖"是其研究的重要关键词，在他看来，一个国家的前途与命运取决于领导者的品质。

在阐述理想的政治家标准之前，白璧德援引了历史上有影响力的几种领袖类型，并逐一进行了评析与反思。白璧德抨击了马基雅维利的领袖观，马基雅维利在《君主论》中指出，统治者应该遵循权谋与力量法则（the law of cunning and the law of force），统治者要想成功，自身必须兼具狮子与狐狸的优点，马基雅维利的领袖观影响可谓深远，产生了从腓特烈大帝到俾斯麦等诸多政治领袖。白璧德指出马基雅维利式的领袖是自然主义式的现实主义者，只会将国家领入帝国主义的梦幻。对于卢梭的理想主义领袖观，白璧德更是嗤之以鼻，认为卢梭堪称人类最具影响力的空想家，"卢梭进而开始相信有这么一位几乎具有超人智慧的人，此人卓尔不群，绝无自私之心，他拟定了一套理想的法规以便对公意进行指导"。② 卢梭将领袖等同于公正的立法者，在此类领袖的领导下，法规得到人们的信任，公意在法律的压制下得到限制，法律作为国家的更高自我来抵抗普通自我与个人欲望。白璧德认为卢梭的空想主义激发了诸如罗伯斯庇尔等追随者的自负与狂妄，他们认为自己完全可以成为立法者。相较之下，白璧德对于柏克的政治家标准持认同态度。他认为柏克将"一种健全的个人主义的因素和他对传统秩序的崇拜结合了起来"，柏克理想的政治家标准是"既有保守的倾向，又有改进的能力"。③ 很明显，柏克的领袖观与白璧德的节度之律存在精神上契合。

在此基础上，白璧德引出他心目中理想的领袖，他认为真正的领导人一定是人文主义精英，必须是公正的、正当的人（the right man）。纵观《民主与领袖》一书，白璧德理想的人文主义领袖要符合四条标准：1. 要具备远见卓识；2. 能调和内在与外在控制，即能在意志与欲望之间协调；3. 要遵守和忠于健全的标准；4. 具有高尚的道德。而其中领导者的道德品性是

---

① 欧文·白璧德：《民主与领袖》，张源、张沛译，北京大学出版社2011年版，第1页。
② 欧文·白璧德：《民主与领袖》，张源、张沛译，北京大学出版社2011年版，第67页。
③ 欧文·白璧德：《民主与领袖》，张源、张沛译，北京大学出版社2011年版，第79－80页。

白璧德设立的最重要的一重标准。在领袖的道德品质论述上，白璧德也深受孔子的影响。白璧德引用了《论语·颜渊》中关于君子的论述"君子之德风，小人之德草，草上之风，必偃"，指出真正的领袖乃是有高尚品格的人。在白璧德看来，"民主制（以及其他各种政府形式）的好坏只能通过其领袖的品质来加以判断"。① 政府拥有权力，而权力的正确行使取决于行使权力者的品质。只有"把握权柄的少数人"（an important minority）在道德上积极进取并因此变得公正且具有表率作用时，道德国家（the ethical state）才有可能实现。在道德领袖与治国观念上，白璧德肯定孔子儒家思想的巨大影响："整个儒家传统带来的结果便是，中国在过去与现在尽管有那么多腐败的官吏，依然比其他任何国家都更为一贯、持久地根植于道德观念之上，这一事实恐怕与中国能够存续至今不无关系。"②

关于政治问题，孔子甚少谈及，唯一例外的便是关于为政者的素质问题。《论语·子路》中，孔子说："其身正，不令而行，其身不正，虽令不从。"意思是当管理者自身端正，作出表率时，不用下命令，被管理者也就会跟着行动起来；相反，如果管理者自身行为不正，而要求被管理者端正，那么纵然三令五申，被管理者也不会服从的。在《论语·为政》中孔子再次强调为政者德行的重要性，他说："为政以德，譬如北辰，居其所而众星共之。"意思是以道德教化来治理政事，就会像北极星那样，自己居于一定的方位，群星则环绕在其周围。此语体现了孔子对为政者"德"的强调，"德"是区分仁君与暴君的标准，为政者具备良好美德，"以德治国"，便会产生一种民心归服的无形的向心力和影响力。白璧德在《民主与领袖》中高度评价了孔子以舜为例阐述为政者德行的重要性，他说："孔子这样说到舜，他心目中的理想统治者：'舜没有做任何事情，但是统治得很好。而他到底做了什么呢？虔诚地注意着自己，庄重地坐在王座上，如此罢了。'孔子在这里要说的全部意思就是内行优于外行。"③ 此话对应的是《论语·卫灵公》中"无为而治者，其舜也与？夫何为哉？恭己正南面而已矣"。需要指出的是，白璧德不懂中文，无法直接阅读中文原著，更多的是通过其中国

① 欧文·白璧德：《民主与领袖》，张源、张沛译，北京大学出版社2011年版，第13页。
② 欧文·白璧德：《民主与领袖》，张源、张沛译，北京大学出版社2011年版，第27页。
③ 欧文·白璧德：《民主与领袖》，张源、张沛译，北京大学出版社2011年版，第149页。

弟子解释来对儒家思想进行深入研究的，因此他对于中国儒家思想体系的整体掌握并不完整，很多时候是通过自我阐释来借鉴并拓展孔子的思想。但对于理想的人文主义领袖标准，孔子的为政者素质观无疑为白璧德提供了历史语言资源与证据，同时也给了他极为重要的精神启发。

三、白璧德与孔子的人文主义教育理念

教育是白璧德倾注最多心力的领域，这与他的个人职业不无关系。白璧德自 1894 年起至 1933 年逝世，一直任教于哈佛大学。也因为此，白璧德更多关注大学教育，其教育内容、方法与理念均与孔子存在诸多契合之处。

白璧德认为他所处的时代受到卢梭的情感人道主义与培根的科学人道主义两面夹攻，前者鼓励个人放任自然，发展个性教育，后者沉迷于物质，以新建摩天大楼的数量来衡量文明程度的标准，两者都鲜少对古代智慧加以吸收；与此同时，随着内战后美国经济蓬勃发展，实用主义大行其道，肤浅的现代主义思想使许多人疏离了古典。在此背景下，白璧德出版了他的第一部专著《文学与美国的大学》（*Literature and the American College*，1908），阐述其教育理念，呼吁人文主义教育的回归。

就教育内容而言，白璧德倡导合理的古典研究，认为接受高等教育的人都应当研习古典文学、哲学，大学也应该"用更加广阔和开放的精神来向美国的大学生们阐释古典作品"，把"自己正在塑造未来共和国公民的心灵和性格"这一意识带入生活与工作中。① 白璧德认为上乘的古典作品会诉诸我们更高的理性与想象，能带领其研读者离开并超越自身，帮助完善自我，在行为上做到克制含蓄、讲求分寸与处处严谨。除了在生活上的普遍教益，古代经典作品中蕴含的崇高讯息需要研读者运用自身的最佳官能、知解力和想象力来实现，贺拉斯、莫里哀等古典作品的精神无论在哪里出现都能产生有益的、塑造心灵的作用。对于古典作品具体的学习方法，白璧德认为研习的主要目的不是积累知识，而是消化知识，要运用历史方法与比较方法在古代与现代世界一脉相承的发展链条上予以研究。由此可以看出，白璧德认为大学教育是一种博雅通识的教育，其目的不是进行纯粹专门知识的训练，将

---

① 欧文·白璧德：《文学与美国的大学》，张沛、张源译，北京大学出版社 2011 年版，第 109 页。

人局限于一隅之地，而是在于塑造具有人文素养的完善之人。

在教育的内容、方式与实现的结果上，白璧德与孔子的儒家思想同样存在共同的选择。孔子提倡文化经典教育，《论语·述而》中载孔子所言："我非生而知之者，好古，敏以求之者也。"孔子认为古典作品是古人积累起来的精神财富，他本人的知识便是通过勉力追求经典所得。因此作为教育者，孔子将传授古典文化知识作为自己的主要教学内容。他的私学教育也主要以中国古典文化中的"六经"即《诗经》、《尚书》、《周礼》、《周易》、《春秋》和《乐书》为主要内容。《礼记·经解》中记载："孔子曰：入其国，其教可知也。其为人也，温柔敦厚，《诗》教也；疏通知远，《书》教也；广博易良，《乐》教也；絜静精微，《易》教也；恭俭庄敬，《礼》教也；属辞比事，《春秋》教也。"很明显，"六经"所教的内容及其成效，最终都体现在人的言谈举止与道德素养上。一言以蔽之，孔子所推崇的实乃人文主义教育，教育的目的是培养体现儒家文化价值的知识分子，成为"君子儒"，即有道德、有文化、有知识的德才兼备之人。

尽管对于古典的限定不同，白璧德所定义的古典乃是古希腊罗马保存下来的经典，孔子所界定的古典是中华民族文化体系中具有原创意义与久远影响的早期经典。然而他们的教育理念却如出一辙，即教育的理念是人文的、伦理的，是在于"人"，而不只是简单的知识积累与外向的探索。白璧德认为，高等教育只有在"东方的寂静主义思想"与"西方式的勤勉"、"纯粹的行动"与"纯粹的休息"之间保持均衡，才能实现"无为而有为"的人文主义教育。①

结语：白璧德对中国传统儒家思想借镜的意义

早在白璧德之前，西方的汉学研究已经达到一定的高度，以马礼逊（Robert Morrison，1782—1834）与理雅各（James Legge，1815—1897）为代表的传教士们来到中国传教，从而发现了博大精深的中国文化，他们具备深厚的学术造诣，一方面通过翻译、注释中国传统文化经典来"破译"中国

---

① 欧文·白璧德：《文学与美国的大学》，张沛、张源译，北京大学出版社 2011 年版，第 6 页。

文化，另一方面通过阐明中国思想来"启蒙"西方对中国的认知。这些传教士的中国研究对于白璧德对儒家思想的接触起到了最初的启发意义。作为一个具有世界文化眼光的学者，白璧德在广泛汲取古希腊、古罗马及其随后的人文主义思想传统中，将眼光投向了被 19 世纪初传教士们所阐释的中国文化经典，并发现其经验可以被用来证明自己对卢梭与浪漫主义的批判的合理性。白璧德在《卢梭与浪漫主义》的序言中指出，"如果我因为那些具体经验中所得出的结果而反对卢梭主义的话，我还必须提供相应的东西作为替代，并将其置于积极的位置上。"白璧德认为可以替代卢梭与浪漫主义的"相应东西"便是远东的经验，"认识孔子教谕中的真精神，就等于去认识三千多年前约占人类一半人口中所产生出来的最好的与最具代表性的伦理经验"。① 由此可见，孔子的"真精神"从某种意义上对于白璧德抨击卢梭主义具有工具性的意义。

然而白璧德对于孔子儒家思想借镜的意义不止于此，更重要的是他在东西方人文传统思想中发现并阐释了儒家思想，认为儒家思想不仅可以作为批评西方经验的依据，用来补充或纠正西方目前所走的道路，同时儒家思想中所包含的哲学、政治、教育等经验也为他的批判思想体系提供了精神依凭。他认为"儒学与亚里士多德的主张是一致的。［…］儒学是一场伟大的人文运动，它在对人文主义与宗教的思想作出自然主义平衡的运动中，显示出与我正在从事的这场运动的惊人的相似之处"。② 至此，白璧德将以孔子为代表的儒家思想视为东方的人文主义传统，将其与以古希腊思想家亚里士多德为代表的西方人文主义传统分别视作为东西方人文主义传统的源头，进而构建了自己的人文主义思想体系。白璧德正是从这个意义上发现了儒家思想的价值及其现代意义。

（作者：刘白，原载于《中国文学研究》2017 年第 1 期）

① Irving Babbitt. Rousseau and Romanticism. Austin：University of Texas Press，1977，Preface.
② Irving Babbitt. Rousseau and Romanticism. Austin：University of Texas Press，1977，Preface.

奥登对中国现代派诗歌的影响

威斯坦·休·奥登（Wystan Hugh Auden，1907—1973）出生于英国的约克镇，被认为是继叶芝和艾略特之后最重要的英语诗人，对 20 世纪的诗歌产生了重要影响。奥登从 20 世纪 20 年代后期起在英语诗歌界渐露头角，30 年代诗名盛极一时。他在 1948 年获得普利策奖，1953 年获得美国博林根诗歌奖，1956 年获得美国国家图书奖，这些都奠定了奥登在现代英美诗坛中举足轻重的地位。

1937 年夏，奥登和小说家衣修伍德（Christopher Isherwood）接受伦敦费伯出版社（Faber and Faber）和纽约兰登书屋（Random House）的邀约，写一本关于东方的旅行杂记。1937 年 7 月中日战争爆发，给了奥登一个旅行的目的地，他和衣修伍德决定一同前往中国。中国对于那时的奥登而言，是个遥不可及的名字，他们对中国之行充满了期待，正如奥登所言，"我们会有一场属于我们自己的战争。"①

1938 年 1 月，奥登和衣修伍德从伦敦出发，在南安普顿登上远行的客轮前往中国，2 月经香港到广州，3 月初抵达汉口，之后去了徐州、西安、金华、温州等地，最后于 6 月经由上海离开中国。

当时的汉口是全国的交流中心，社会名流汇聚，外国友人聚集。在这里，奥登和衣修伍德访问了蒋介石夫妇，奥登还有幸见了周恩来。另外，奥登二人还拜见了艾格尼丝·史沫特莱（Agnes Smedley）这位集记者、作家

---

① Humphrey Carpenter. W. H. Auden：A Biography. New York：Oxford University Press，1992，p. 225.

和社会活动家身份于一身的杰出的女性。史沫特莱于 1928 年底来华，在中国一待就是 12 年。抗战初、中期，她目睹日本对中国的侵略，向世界宣传了中国的革命斗争，向世界发出了正义的声音。

在一次为奥登和衣修伍德举行的招待会上，云集了当时在汉口的文化名流，有戏剧家田汉、翻译家洪深、诗人穆木天等，将军诗人冯玉祥也在座。田汉当场吟诗一首，高度赞扬奥登访华的重要意义，将奥登和同行的衣修伍德比作拜伦：

> 信是天涯若比邻，
> 血潮花片汉皋春，
> 并肩共为文明战，
> 横海长征几拜伦?!①

奥登和衣修伍德在数月内几乎横穿大半个中国，亲眼见证了战争的残酷与悲惨，他们把在中国的经历写成《战地行纪》（Journey to a War）一书，其中包括战地诗《在战争时期》（In Time of War）。奥登文学遗产的执行人、美国奥登研究的旗帜爱德华·门德尔松（Edward Mendelson）教授在其专著《早期奥登》中指出，《在战争时期》是奥登"30 年代诗歌中最有深度、最大胆的篇章，也是 20 世纪 30 年代最伟大的一组英语诗歌"②。《在战争时期》共有 27 首十四行诗，由两部分组成。第一部分采用象征手法，积极地考查了人类文明发展史，其时间跨度从失乐园和耶稣降生一直到现代科学兴起和工业革命；第二部分浓墨重彩地描画现实中的中国抗日战争和世界范围内的第二次世界大战，将中国抗日战争扩展至全人类，生动展现了人类在 30 年代的生存困境。

奥登在《战争时期》的组诗中表达了他对战争的强烈控诉，在第十四首诗中他阐明了人类好战的天性造成了杀戮与暴力，而战争带来的恐惧扭曲

---

① 详见 W. H. Auden. Journey to a War, Volume Ⅰ（1926—1938）. Edited by Edward Mendelson, New York：Princeton University Press, 1996, pp. 574 – 75.

② Edward Mendelson. Early Auden. London：Faber and Faber, 1981, p. 348.

了人们的生活，人们轻易就死去，性命不值一钱：

> 是的，此刻我们已准备去承受，天空
> 如发烧的额头在抽搐；痛苦如此真实；
> 搜索着的探照灯会突然揭示
> 那些小小天性，直令我们哭泣哀恸。
> 我们从来不相信它们会存在，也不信
> 它们就在我们身侧。它们出其不意地
> 令我们凛然一惊，如久已忘却的不堪回忆，
> 如所有枪炮武器抗拒的一个良心。

> 每一双友善而眷恋家乡的眼睛后面
> 那些秘密的屠杀正在发生；
> 女人，犹太人，富人，所有的人。

> 群山不会评判我们，当我们说出了谎言：
> 我们栖居于大地之上，而大地将隐忍
> 狡黠之徒和罪恶，直到它们一命归天。①

　　战争的爆发根源于人类小小的天性，为了获得巨大的利益，为了满足好战的欲望，那些统治者发动起了战争。而战争对于普通人而言，却是措手不及，原本过着安乐日子的他们，从不相信飞机会炸毁他们的家园，枪炮会打散他们的亲人，他们会如此哀痛哭泣。在战争中，有些人会忏悔曾经犯下的错误，而有些人则被枪炮的轰炸毁了良心。但是无论什么样的人，战争都能让他们轻易就送命，屠杀随时随地都在发生，尸体在战场上堆积如山，不值一文。塑造这一切的狡黠之徒和万恶的罪人，他们到最后也会一命呜呼，战争之下无人可以真正掌控自己的命运，所有的人都将成为牺牲品。

---

① W. H. 奥登、克里斯托弗·衣修伍德：《战地行纪》，马鸣谦译，上海译文出版社 2012 年版，第 275 页。

战争也许是少数人的游戏，却要多数人陪葬，无论是出于何种目的，哪怕是正义之战，伤亡依然让人心痛不已。奥登在第十六首诗中描绘了一个战时指挥部的情形，在这里似乎看不见直接的伤亡，战争也不过是地图上的对弈，但不曾想到一个错误指令的发出可能会让一支部队丧命。而那些听从于安排的士兵们，会因为各种各样的原因死去，而那些手无寸铁的平民，更会莫名其妙地就被射杀：

> 这里，战争单纯得如一座纪念碑：
>
> 有人正在接听一个电话；
>
> 地图上的小旗表明部队已经就位；
>
> 勤务兵端来几碗牛奶。有个计划
>
> 却让活着的人为其性命心惊胆战，
>
> 该中午口渴，九点钟就口渴的人，或许
>
> 迷了路果真已迷路的人，还有那些想念
>
> 妻子的人，与某种思想不同，很快都会死去。
>
> 但思想正确无误，尽管有人会死，
>
> 而我们会看到千百张的脸
>
> 被一个谎言撩拨得激动不已：
>
> 地图会确切地指向那些地点，
>
> 此刻，那里的生活意味着霾耗：
>
> 南京；达豪。①

指挥部里的忙碌看上去和战场相距甚远，这里炮声很远，有温热的牛奶，用电话沟通战况。指挥官们都有一个计划，而千万将士的生命与此相连。在战场上，如果不幸不被炮火击中，依然会因为饥渴、伤病、迷路，甚至思乡等各种原因而一命呜呼。但是尽管有很多人会死，为了斗争，为了他

---

① W. H. 奥登、克里斯托弗·衣修伍德：《战地行纪》，马鸣谦译，上海译文出版社 2012 年版，第 276 页。

们被鼓吹相信的坚定信念，他们依然会坚守岗位，慷慨就义。他们按照计划去行动，不论那个计划将他们送往哪里，即便是一个亟待宰杀的屠场，就像日本在南京展开的屠杀，或是纳粹在德国达豪建立的集中营，他们别无选择，只能心甘情愿地前去送死。这就是战争的真相，奥登将所谓正义之战的谎言一把戳破，他赞同改变旧有社会中的不合理秩序，但他并不支持战争，他希望以更为和平的方式去进行社会变革。

20 世纪 40 年代，中国诗坛对新诗艺术的探索进入多元化格局，中国现代主义诗派异军突起，他们都深受西方现代派诗歌的影响，从叶芝（William Butler Yeats）、艾略特（T. S. Eliot）、里尔克（Rainer Maria Rilke）到奥登、燕卜荪（William Empson），都是他们学习和仿效的对象。

燕卜荪是英国著名文学批评家、诗人，曾在昆明西南联大任教授，讲授英国文学，由于燕卜荪先生的绍介，早在奥登访华前，他的诗名就已经在中国为人所知，因而一批学生"完全为奥登所倾倒，以至于学他译他"。[①] 中国著名诗人、翻译家王佐良先生在回忆西南联大求学的情景时说："当时我们都喜欢艾略特——除了《荒原》等诗，他的文论和他所编的《标准》季刊也对我们有影响。但是我们更喜欢奥登。原因是他的诗歌更好懂，他的那些掺和了大学才子气和当代敏感的警句更容易欣赏，何况我们又知道，他在政治不同于艾略特，是一个左派，曾在西班牙内战战场上开过救护车，还来过中国抗日战场，写下了若干首令我们心折的十四行诗。"[②]

除了燕卜荪之外，另一位为奥登在中国的介绍和传播作出巨大贡献的主将是卞之琳先生。卞之琳是最早译介奥登的译者之一，20 世纪 40 年代初，卞之琳在昆明翻译出奥登《在战争时期》十四行诗组中的六首，这些译作当时在昆明、桂林发表。在《重新介绍奥登的四首诗》一文中，卞之琳称赞奥登："不用风花雪月也可以有诗情画意；不作豪言壮语也可以表达崇高境界。"[③] 作为西南联大的教师，卞之琳这种对奥登的喜爱在学生当中自然

---

① 王佐良：《英国诗歌史》，译林出版社 1993 年版，第 456 页。
② 王佐良：《穆旦：由来与归宿》，杜运燮等编《一个民族已经起来》，江苏人民出版社 1987 年版，第 2 页。
③ 王家新：《奥登的翻译与中国现代诗歌》，《中国现代文学研究丛刊》2011 年第 1 期，第 103 页。

起到了推波助澜的作用。

具体而言，奥登对中国现代派诗歌的影响突出表现在以下几个方面。

第一，对社会现实的热切关注。

奥登曾经获得一个"左翼宫廷诗人"的称号，而他在很长一段时间也以左翼诗人自居，甚至组织了一个左翼诗人的联盟，后称"奥登一代"（The Auden Generation）。奥登曾说一个诗人应该去关注事物的深层，应该去感知那些饱受痛苦的人们。国内学者江弱水就曾引用布莱尔（John G. Blair）的话评价到，奥登的卓绝之处，是他一身兼具两种禀赋："对语言的爱与对公众世界的体己观察。"① 可以说，奥登的诗歌创作正是建立在他对社会现实持续一生的关注之上，或者说奥登对于公共社会的持续性关注铸就了他诗歌的特色。

奥登的经典作品《美术馆》，依据现实主义画家勃鲁盖尔的绘画来创作，充分体现了诗人对公共社会的关注，体现了诗人的人道主义关怀。一开始诗人就指出，"关于苦难他们总是很清楚的"，由此奥登以悲切的口吻叙述着这一切的苦难：悲惨的殉道日终究还是会完结，之后狗依旧过着日子，马依旧无辜，而人却会被悲痛击中，难以苟活。第二段诗中是对《伊卡鲁斯》的描摹，"在勃鲁盖尔的《伊卡鲁斯》里，比如说：一切是多么安闲地从那桩灾难转过脸"，当伊卡鲁斯不幸落水之时，农夫或许听到了绝望的喊叫，但他却无动于衷。而行驶而过的海船，必然会遭遇到落水的男孩，却依旧漠然驶过。在这样的悲惨的年代，悲惨之事太过常见，人心已经麻木，谁都想自保就好，绝不会再伸手救人，这就是奥登想要表达的人性的失落，社会的悲哀。

二十世纪三四十年代，中国处于巨大的混乱与动荡当中，人们面临严峻的社会现实和尖锐的社会矛盾，中国现代主义诗人们心存奥登似的人道主义关怀，对公共社会进行特别的关注。九叶派诗人杜运燮受奥登的影响非常大，他创作的《善诉苦者》、《老人》、《盲人》等诗歌通过奥登式的反讽效果对社会现实进行了深刻的描写和辛辣的讽刺。同为九叶派诗人的袁可嘉在

---

① 江弱水：《伪奥登风与非中国性：重估穆旦》，《外国文学评论》2002 年第 3 期，第 131 页。

其诗歌《难民》中写道："要拯救你们必先毁灭你们，这是实际政治的秘密；死也好，活也好，都只是为了别的，逃难却成了你们的世代专业。"①通过对难民处境的深刻刻画，展现了诗人的内心之痛，表达了诗人关注社会现实并力求改变社会现实的崇高心境。

第二，心理分析手法的运用。

对于年轻的奥登而言，心理学打开了一扇他重新看待世界的大门，这扇门外的世界是理性的、医学的，但也是自我的、阴郁的。实际上，奥登通过研读大量的心理学理论，很早就洞悉了处于现代社会之中的人的本性，他也试图通过诗歌创作来表达他在心理学方面的看法。他描绘各类病态的人生，表现各式异化的心理，撰写各种精神的困顿，以此吸引观众的眼球，唤起读者的共鸣，点醒人们的心理危机意识。

在 1930 年创作的《简便的知识》中，奥登用拟人和暗喻的手法描摹那些被"道德风俗"压抑的"渴望"。"打开窗户，掩上门扉，开启，关闭，却既不想结束也不想挽回……"，奥登将渴望拟人化，形象地描写出进退两难的内心挣扎，并以"简便的知识"来暗讽那些将自我渴望让渡于传统道德束缚的心理，它们之所以不敢打开门走出去，只是因为它们所能接受的仅仅就是这样一种现成的、简便的知识而已。

杜运燮在其诗歌《善诉苦者》中写道，

> ……
>
> 后来又受弗洛伊德的洗礼，
>
> 对人对己总忘不了"自卑心理"；
>
> 又看过好莱坞"心理分析"的
>
> 影片，偷偷研究过犬儒主义，
>
> 对自己的姿态有绝大的信心。②

在诗歌里，杜运燮直接借用奥登的心理学分析方法，深刻剖析了人物的

---

① 袁可嘉：《袁可嘉新诗作品九首》，《诗探索》2010 年第 1 辑作品卷，第 102 页。
② 杜运燮：《善诉苦者》，http://www.shigeku.org/shiku/xs/duyunxie.html。

内心思想活动。在《追物价的人》中，杜运燮也采用了奥登常用的心理分析手段，把隐藏在追物价者心里的精神活动作了细致逼真的描绘，对此，袁可嘉先生认为，这种种心理相互作用，导致了一个荒诞的结论：必须拼命追上物价，即使丢掉一切，甚至生命，也在所不惜。

第三，轻松幽默的诗风。

奥登对中国现代主义诗歌的影响也表现在诗歌的艺术风格上。杨周翰曾这样评价奥登的诗歌艺术："技巧的纯然之中一点孩提的天真。"① 的确，奥登早期诗歌中带有很明显的轻松幽默笔触，他早年的短诗诗行浓缩，语言简洁明快，充满了锋利的机智。奥登 1937 年创作的《吉小姐》，显得荒诞不经：那个"把衣服纽扣扣到了脖子上"的老姑娘，却"在梦中成了法国女王"，并有牧师"邀请她这个陛下共舞一场"，此外，她还梦到"一头公牛，长着牧师的脸，低耸着牛角直冲向前"。在奥登的《战争时期》组诗中，第十八首写的是一位无名士兵："他被使用在远离文化中心的地方，/又被他的将军和他的虱子所遗弃。"这种黑色幽默式的笔法使这首诗在凝重中透出苦涩的幽默。

杜运燮曾承认，"他当年写轻松诗（如《游击队歌》、《善诉苦者》）是受奥登的启迪"。② 特别是《善诉苦者》这首诗的语气充满了嘲弄和讽刺的幽默感，与奥登的《小说家》一诗如出一辙。此外，杜运燮在《狙击兵》中描写，年轻的狙击手行动犹如"捉迷藏要用枪声代替笑声结束"，而夜鸟"常常忍不住进出扑哧的怪笑"，给人"一个美丽而危险"的紧张；在《无名英雄》中写道，无名英雄"你们才是历史的生命，人性庄严的光荣的化身。太伟大的，都没有名字，有名字的才会被人忘记"。③

第四，"鹰的视域"。

对于社会现状的描写，奥登提出并充分运用了"鹰的视域"，即站在鹰的高度，以鹰的视野俯瞰众生，体现出统摄全局的全描式效果。这么做的目

---

① 黄瑛：《中西诗艺的融会与贯通——论"奥登"风与中国现代主义诗歌》，《中国文学研究》2007 年第 4 期，第 105 页。

② 袁可嘉：《西方现代派诗与九叶诗人》，《文艺研究》1983 年第 4 期，第 39 页。

③ 黄瑛：《中西诗艺的融会与贯通——论"奥登"风与中国现代主义诗歌》，《中国文学研究》2007 年第 4 期，第 105 页。

的是能够更加客观、真实地呈现诗人眼中的世界，同时也表达了他对社会诸多问题的高度关注。

最早在 1927 年的《分水岭》中，他就开始尝试这种描写方式，对衰弱的矿产行业做了客观冷静的描述："分水岭左面的十字荒野，谁在棘草间的泥路上驻足眺望？他的脚下，废弃的冲积矿床，通向树林的几段电车道。"在 1929 年创作的《迷失》中，他也用这种宽广的视角描摹了那些以瞻仰英雄为名的富豪游客们观光享乐的奢靡场景。在之后的《关注》中，他直接在诗中提出了请读者关注现实中这一幕——富人们在度假酒店觥筹交错，而农夫们却在风雨中为了生计辛勤奔波。

穆旦的《赞美》从俯视的角度对灾难深重的祖国大地进行全方位的扫描，扫视着"荒凉的亚洲的土地"和这片土地上繁衍生息的人们。杜运燮在《滇湎公路》中充分运用了奥登"鹰的视域"创作手法，滇湎公路"航过绿色的田野，蛇一样轻灵，从茂密的草木间/盘上高山的脊梁，飘行在云流中/俨然在飞机的座舱里，发现新的世界/而又鹰一般敏捷，画了几个优美的圆弧/降落到箕行的溪谷"。①

第五，"奥登式"比喻与词汇。

奥登的诗歌中充满了具有奥登特色的奇特的比喻，正如袁可嘉指出的那样：他总能在表面极不相关而实质有类似的事物间发现比喻关系；象"欧洲及群鸟，众多河流，河面皱缩如犁者的手掌"这样的比喻，就有所谓"惊人的离奇、新鲜和惊人的准确、丰富"，它既能高度刺激读者，又能强化喻体间的内在意蕴，对九叶诗人很有启发；杜运燮的比喻方式在构成上"接受奥登的影响"就"十分显然"：如《月》中的"一对年青人花瓣一股飘上河边的草场"和《露营》中的"叶片飘然飞下来，仿佛远方的面孔"等。

同时，具有现代性的语言是奥登诗歌一个明显的特征，他的诗歌当中充满了现代科学和工业化的语言。"奥登式"词汇与其家庭背景密切相关。奥登的父亲乔治·奥登（George Auden）曾就学于剑桥大学自然科学专业，毕

---

① 杜运燮：《杜运燮 60 年诗选》，人民文学出版社 2000 年版，第 4 页。

业后做了医生。在父亲的影响下，奥登从小喜欢科学，并学会了用一种心理学家的方式冷静而客观地观察事物，开始写诗以后，现代科学和工业化词汇就成了他诗歌当中随处可见、信手拈来的存在。在奥登 1930 年的诗歌《这地方没有变》当中，"铁轨在太阳下面磨得锃亮或已锈迹斑斑，从城镇到城镇，信号灯一路故障频仍"；在奥登 1940 年创作的诗歌《迷宫》之中，甚至还用到数学公理，"所有的数学公理都表明一条连续的直线最为切近，但左和右轮流交替才与历史符合一致"。

同样，这些丰富的现代词汇在穆旦等九叶派诗人的诗作中也并不少见。穆旦在诗歌《五月》中写道，"而谋害者，凯歌着五月的自由／紧握着一切无形电力的总枢纽"；杭约赫的诗歌《复活的土地》中有这样的诗句，"世界的列车，颠簸在／剧烈的痉挛里"；辛笛在诗歌《夏夜的和平》中这样描写，"最后一列列车回厂了／都市心脏停止它不自然的抽搐"。这些充满现代特色的词汇的运用，赋予了诗歌鲜明的时代特征。

（作者：梁　斌）

加里·斯奈德《大棕熊经》的后现代性

确定一位文学家之文学作品的诗学属性有着重要的学术意义，这有助于从根本上理解与把握该文学家本质性的诗学立场与文化态度。加里·斯奈德（Gary Snyder）的诗歌是现代性的，还是后现代性的呢？在该研究领域颇有建树的学者们大都忽视了这一问题，因而在解读斯奈德的文学作品时难免出现困惑与误解。鲍勃·斯特丁（Bob Steuding）的《加里·斯奈德》（*Gary Snyder*）一书详细阐述了斯奈德诗歌风格的形成，论及现代派诸位诗人对斯奈德的影响，但是对于斯奈德诗歌本身的诗学属性却没有明确的认定与阐述；帕特里克·墨菲（Patrick Murphy）的《解读加里·斯奈德》（*Interpretation of Gary Snyder*）更多关注斯奈德各部诗集的诗学特征，对于其诗歌的宏观、整体属性却没有做出清晰的划定。其他学者如蒂莫西·格雷（Timothy Gray）、安瑟尼·亨特（Anthony Hunt）等或是关注斯奈德与环太平洋文化圈的关联性，或是专注于斯奈德《山河无尽》（*Mountains and Rivers Without End*）的诗集研究。国内诸多学者的研究也都在这一点上有所缺陷。

本文认为，加里·斯奈德的诗歌具有明确的后现代性，《大棕熊经》（*Sutra of Smokey the Bear*）可谓其典型代表。此后现代性主要表现在斯奈德对基督教—资本主义文明决绝式的否定态度，其诗作中的多元文化融汇与众语喧哗之特征以及他在诗作中创造性建构新的神话，并提出新的深层生态文明模式。

一、对基督教—资本主义文明的决绝式否定

伊哈布·哈桑（Ihab Hassan）在论及后现代主义文学时指出："新文学

中有一种逃避或者无视传统的力量，这种力量相当激烈，它摧毁了文学之树的根基，引出了一种隐喻意义上的巨大沉默。这种力量还沿着它的主干向上，直达枝叶，绽放出一簇音调混乱嘈杂的花朵。在这许多杂乱的音调中最响亮的是愤怒的呼喊和启示录式的调子。"① 之所以"逃避或者无视传统的力量"会出现，实际上是因为传统濒临崩溃，传统宗教的、政治的、社会文化的理想国在残酷的本质性现实面前都暴露出其虚伪性。在此情形下文学必然尝试以新的方式发声，揭示与传统背道而驰的叛逆，但也常常陷入"隐喻意义上的沉默"。这种沉默只是隐喻性的，文学终究会以某种方式表达，或是愤怒的，或是呼喊的，或是异域的，或是癫狂的。"嘈杂的花朵"只是它的表象，其真实的指向或者是更为深远的虚无，或是某种确定性的重建。哈桑进一步指出："就最近其他的文学类型而言，在启示录式的隐喻之后往往表现出更为复杂的情绪，隐含着某种近乎全盘否定西方历史和文明，甚至全盘否定人的本质特征和人为万物尺度的倾向。"② 在后现代主义的文化视域中，这是对西方"逻各斯"中心主义的彻底抛弃，是对人文主义的彻底厌恶，这种隐喻是对"上帝死了"之后的人类精神世界的状态描述，同时也喻示着重新寻求新的精神支撑的艰难行程。

与现代主义文学不同，后现代主义文学对西方统治性的主流意识形态与主流文化是决绝式的否定，而现代主义则是对之展开激烈的批评、质疑、反思，其终极性的旨归其实是维护与修复，并最终恢复庞德所谓的儒家式的"秩序"或艾略特的英国国教式的高贵而优雅的统治，恢复"逻各斯"中心主义"君临天下"的"荣光"。后现代主义则与之相反："逻各斯"的存在本身就是个笑话，上帝早就死了，世界的本质就是一场虚空。文学的讲述方式是非文学，也许无声、杂语与狂欢可以表达某种相似的状态。艺术只有以变形的、碎片式的，或者颜色染缸式的表达才能对应哲学的真实。如果说现代主义还在发泄与尖刻的批评中寻找西方文明的希望，那么后现代主义则彻

---

① Ihab Hassan. The Postmodern Turn. Translated by LiuXiangyu, Shanghai: People's Publishing Company of Shanghai, 2015, pp. 39 – 40.

② Ihab Hassan. The Postmodern Turn. Translated by LiuXiangyu, Shanghai: People's Publishing Company of Shanghai, 2015, p. 42.

底放弃了基督教—资本主义文化理想，另起炉灶，重建新的人类文明。

斯奈德的诗歌之所以是后现代性的，这首先体现在斯奈德对资本主义现代文明及基督教新教的主流意识形态与宗教观持有根本性、决绝性的反对态度。在《能量是永恒之乐》（"Energy is the Eternal Music"）一文中，斯奈德直指西方文明之致命弊端：

在长达数个世纪的时间里，西方文明已经形成一种男根冲动式的、对物质积累、对政治与经济实力的持续扩张的强烈欲望，并将之称为"进步"。在犹太—基督教的世界观中人类必然会在地球行星的戏剧舞台上达至他们最终的命运（天堂？地狱？），树木与动物们不过只是一些道具，自然不过是一个巨大的补给库。在石油燃料的喂养下，这种宗教—经济观已经发展成为癌症：无法控制的增长。它将最终噎死自己，并将把众多无辜者拖累，与之一同坠落，毁灭。①

在另一篇重要论文《佛教与即将到来的革命》（"Buddhism and Fellow Dharma Revolutionaries"）中，他再次表明了自己政治态度：

现代世界的国家政体是通过特意培植欲求与恐惧而维持其存在的：一种丑陋的、畸形的收取黑社会保护费性质的组织。这所谓的"自由世界"在经济上依赖一套发狂的刺激性系统而存在，其贪婪永远不可满足，其性欲无法缓足，其仇恨无法排遣，只有对自我，对应该给予爱的人们，或是针对像古巴、越南这些值得同情的，饱受贫困之苦的边缘社会中的革命热情发泄。②

可见，斯奈德对于现代文明体系的本质形成了清晰、深刻的观点，这决定了他的后现代主义诗学立场。作为一位诗人，他沉默的方式是主动的边缘

---

① Gary Snyder. A Place in Space：New and Selected Prose. New York：Counterpoint，1995，p. 53.

② Gary Snyder. Earth House Hold：Technical Notes and Queries to Follow Dharma Revolutionaries. New York：New Direction Publishing，1969，pp. 90 – 91.

化，在群山与森林中劳作、冥思，他主动跳出西方文明体系之外，在人类史前文明所遗留下来的文化形式中去寻找新的文化支点。他所深度探寻的古文化形式有印第安文化、佛教文化、印度教文化等。他抛弃了从前的文化身份，转而以地球公民的新身份要求自己，力图承担起诗人的历史使命，以诗歌的力量带领人类走出现代文明的困境。正如哈桑所言，斯奈德以逃避与叛逆的姿态显示了他"隐喻意义上的巨大沉默"的力量，并在对多种异质文化的探寻中形成了他诗歌语境中的众语喧哗而多元共存的文化样态。

二、多元文化融汇与众语喧哗

斯奈德认为，西方基督教—资本主义现代文明已经病入膏肓，如果继续下去只能将人类与地球家园带向毁灭。诗人应该承担起针砭时弊，指明方向的历史使命。他认为在人类古文明的各种形式中蕴含着地球文明的原始密码。他认为地球文明的解救之道应该要回溯远古文化形式，探寻西方文明版图之外的异质文化，从中获得新的灵感与文化养料，将各种文化融会贯通，从而形成新的地球文明观。

哈桑指出："对西方本身的极度厌恶比对其历史和文明的否定更深刻地动摇着它的基础。当这股极度厌恶的情绪在狂欢闹饮式的毁灭中找不到圆满的归宿时，就很可能转向佛教禅宗、另类形而上学或群居杂交。"① 这一段论述正是对斯奈德之禅宗修行的最佳注解。如前文所引，斯奈德对于西方社会的反对是基于对西方哲学、宗教的根本性立场的解读而产生的，是洞察西方现代资本主义文明的文化本质而形成的。因此，斯奈德与金斯伯格（Allen Ginsberg）、凯鲁亚克（Jack Kerouac）、巴勒斯（Holmes Barnes）等文学家一道吹响了"垮掉派"文学运动的叛逆之声。这些文学青年以在路上的方式，以性狂欢、毒品迷醉的方式表达叛逆，并寻求"圆满的归宿"。其中，斯奈德的抵抗方式尤为独特，他以多元文化的融汇与众语喧哗的方式消解资本主义—基督教的文化统治。

斯奈德在《佛教与即将到来的革命》中写道：

---

① Ihab Hassan. The Postmodern Turn. Translated by LiuXiangyu, Shanghai：People's Publishing Company of Shanghai，2015，p. 42.

佛教的欢喜、自愿的贫困成为一种积极的力量。传统的无害与拒绝以任何形式进行生活的做法有了震撼整个国家的意义。坐禅静思，修行者只需要脚下的方寸之地。这样的修行扫除掉大众媒体与超市大学填进大脑中的大量垃圾，对于宁静、慷慨地实现爱之欲望的信念摧毁了那愚弄、残害与压抑的意识形态，也指出了通往社区的道路，这使得那些所谓的"伦理主义者"震惊，并将转变许许多多不能做爱人，只能做斗士的人们。①

在斯奈德看来，佛教欢喜自在、安贫乐道、与世无争，以及遁世隐居的修行方式和状态具有强烈的革命性、颠覆性的意义，也就是后现代主义所倡导的反现代资本主义文明的文化立场，与资本主义为满足贪婪欲望而无所不用其极的方式背道而驰。禅宗文化实际上喻示着新的存在方式，新的人与自然之间的关联方式。斯奈德进一步指出："西方的拯救一直是以社会革命的方式，而东方的拯救一直是以个体对本我空无本性的洞见的方式。我们两者都需要，它们都包含在成佛之路的传统三个方面之中：智慧、静思与伦理。"②

除了禅宗文化之外，斯奈德对印第安文化、印度文化、日本神道教文化、中国道家文化、欧洲史前文明等多种基督教之异质文化都有过一定程度的了解与探寻，其中他对印第安土著文化见解尤深。从这些文化形式中，斯奈德想要寻找古老的、质朴的、深刻的，尤其是与自然和谐为一的共有的文化因子。他认为这些共性的存在是因为人类在史前文明期所发生的文化现实通过历史的河流遗传到了今天，并花开各处。但是这些优秀的传统随着人类中心主义、西方中心主义、"逻各斯"中心主义的膨胀而被逐渐丢失、遗弃。而在人类即将走入万劫不复的困境之时，重新发掘这些古老文化的价值与意义就具有特别重大的紧迫性。斯奈德正是通过诗歌的方式重新彰显这些文化的共通性与独特性。在他的诗歌语境中，多种异质文化因子形成了多元

---

① Gary Snyder. Earth House Hold: Technical Notes and Queries to Follow Dharma Revolutionaries. New York: New Direction Publishing, 1969, p. 91.

② Gary Snyder. Earth House Hold: Technical Notes and Queries to Follow Dharma Revolutionaries. New York: New Direction Publishing, 1969, p. 92.

文化融汇与众语喧哗。

从诗集《神话与文本》（*Myth & Texts*）开始，经由诸多诗集如《砌石与寒山诗》（*Riprap and Cold Mountain Poems*）、《僻壤》（*Back Country*）、《观浪》（*Regarding Waves*）等，直至《龟岛》（*Turtle Island*）、《山河无尽》（*Mountains and Rivers Without End*）等，多种异质文化在斯奈德的诗歌中融会贯通，众语喧哗。这些文化因子的共存并不是冲突性的，而是和谐统一于斯奈德的深层生态文化立场之中。在斯奈德的诗作中，可证实此观点的例子比比皆是，兹举两例为证。第一个例证为选自诗集《神话与文本》的第三部分"燃烧"的第六首诗。这首诗的诗眼在于斯奈德在诗中所引用的，贴在世界产业工会大厅里的警句："在旧社会的壳子里建构新社会"（"Forming the New Society within the Shell of the Old"）。① 这也是"燃烧"部分的主旨所在——希望现代人类社会以"置之死地而后生"的方式凤凰涅槃、化茧成蝶，希望在基督教—资本主义统治的现代人类社会中孕育与突破，建构新的、理想的地球新家园，建设自然万物与人类和谐共存的美好家园。在这首诗的第三节，斯奈德写道：

菩提达摩一苇渡江
列宁乘坐密闭的火车穿过德国
玄奘穿过帕米尔高原
乔瑟夫，疯马正在高原上，
度过部落中最后三个饥饿的，
自由的冬天。
为自由奋战，反抗奴役与暴政——
孔夫子也处境艰难——
（幸而老子给予他鞭策）。②

可见，这是斯奈德诗歌中典型的多元文化融汇与众语喧哗。多元是与单极相对立的，对多种异质文化的接受与认可。让多种文化在其诗作中共同发

---

① Gary Snyder. Myth & Texts. New York：New Direction Publishing, 1960, p. 40.
② Gary Snyder. Myth & Texts. New York：New Direction Publishing, 1960, p. 40.

声，是对基督教—资本主义的权威统治与唯一神教话语权的挑战与颠覆。在这一节诗中所涉及的诸位文化斗士的共通之处即在于对暴政的顽强反抗，以及为传播普惠大众的佛法、实现儒家理想而付出的艰辛与坚持。在这些文化斗士中，菩提达摩与玄奘是传播佛法者，列宁是领导俄国人民反抗暴政者，乔瑟夫（即"疯马"）是带领印第安人反抗白人侵略的斗士，孔子是传播儒家思想者，老子是道家思想创始人，传说是孔子请教的对象。斯奈德在这首诗中将这些文化斗士们汇聚一堂，以彰显他们共同的反抗精神。同时，这些人的壮举也是现代人类社会大众的文化参照，诗人意图鼓励现代人民向这些斗士学习，在旧社会中破壳而出，建设新的、健康生态的人类家园。

在斯奈德的另一部诗集《观浪》中，有一首题为"燃烧的岛屿"（"Burning Island"）的诗作。在这首诗中，诗人向众神祈祷，希望他们应允他的诉求，将世界带到美好之境。其中第三节写道：

> 啊！天空之神！
> 你的车轮转动
> 自太平洋而出
> 呼唤暴风雨倾泻
> 在我们身上
> 又使光芒照耀
> 我们的木讷——
> （今日刷出一道彩虹
> 在奶牛饮水槽，
> 又喷洒十万晶莹剔透之佛田
> 在手臂毛发之上！）①

在这一节诗中，印第安文化与佛教文化有机地融合在一起，从宏观到微观，共同创造出诗人祈求天空之神所创造的美好境界。诗中斯奈德信手拈

---

① Gary Snyder. Regarding Waves. New York：New Direction Publishing，1967，p. 23.

来，从印第安文化与佛教文化中随意摘取，将自然之神性与毛发之上的不可思议之佛国自然结合，确实别开生面。

斯奈德对于异质文化的基本态度是开放性的，是面对所有古老的文化形式敞开的。同时，多种异质文化在斯奈德的诗作中又能做到融会贯通。众多异质文化因子在斯奈德的指挥之下实现了多声部的合奏与共鸣。当众多文化之声在其作品中和谐共存，并激发出文化能量时，斯奈德诗歌作品的后现代品性也就不言而喻了。

三、《大棕熊经》之新神话的建构及其他

斯奈德诗歌的后现代性还主要表现在他对新神话的创造与书写。从决绝式地断开与基督教—资本主义现代文明的联系开始，斯奈德经历佛教、禅宗等多种异质文化的参悟与融汇，并结合其深层生态主义文化立场，创造出全新的，具有强烈哲学意味的神话。这些新神话的重要启示性意义，主要在于其开启了人类文明新的可能。在后现代主义思潮中，人类文明已经走向穷途末路，如果不做出根本性的改变，一切都将在不远的未来灰飞烟灭，地球家园也将不复存在。如果回顾两次世界大战、朝鲜战争、越南战争和古巴导弹危机，可以看到人类已经数次徘徊在覆没的边缘。斯奈德的《大棕熊经》另辟蹊径，从人与自然为一的哲学高度，从佛禅文化众生平等的宗教理念出发，以在北美印第安文化中备受尊崇的大棕熊之神为文化图腾，从深层生态主义的角度引领地球文明走向新的路途。

众所周知，佛教经典中，并没有这样一部经书。《大棕熊经》实际上是斯奈德根据佛经的结构而自创的一部现代佛经。也可以说，这部佛经是斯奈德对佛教精神变异性的、现代性的运用。

在《大棕熊经》的开篇，一亿五千万年以前，侏罗纪时代，大日如来为众生说法。这个"众生"包括所有站立的、行走的、飞行的，以及坐着的生物，甚至包括青草。他预言，在遥远的将来，将有一片名为美国的大陆。这片大陆上将会有瓦尔登湖、哥伦比亚河、密西西比河、大峡谷等著名的河流与湖泊。在那个时代，人类将陷入非常严重的困境，他们将不顾及自己的真如佛性而毁掉所有的事物。为了拯救遭受苦难的人类与自然，大日如来宣称："在那未来，我将进入一个新的形式，去治愈这个无爱的世界。这

·

世界以盲目的饥饿与莫名的愤怒到处追寻，吞进大量食物却无法饗足。"①大日如来现身的新形式正是一只大棕熊（"Smokey the Bear"）。这只大棕熊的形象很特别，他是一只漂亮的棕熊，后腿直立，这显示出他的清醒与警觉；他的右爪握着一把铲子，用以挖掘表象之下的真实，砍断无用的执着之根，以及铲起湿沙子以浇灭贪婪之火与战争。他的左爪摆出佛之手印，表示所有的生物都有充分享受生命的权利，不仅是所有的动物，如鹿、兔子、金花鼠、蛇、蜥蜴，甚至如蒲公英这样的植物都在佛法的版图内生长。他穿着蓝色的工装裤，代表被现代文明所压迫的所有劳工与奴隶。他的头上还戴着一顶宽边帽，那是棕熊保护荒野的力量的象征。他的头顶后面罩着一圈神性的、烟与火的光环。他有着圆圆的肚子，这表明他善良的本性，也表明地球母亲能为爱她、信任她的所有生物提供充足的食物。斯奈德认为，棕熊将凭借自己的神力踩烂那些浪费的高速公路与无用的郊区，捣碎资本主义与极权主义的害虫。成为棕熊佛的信奉者之后，信众们将不再被汽车、房子、罐装食品、大学、鞋子等事物困扰，他们将掌握身、言、意三玄，并能无畏地砍断现代美国的腐朽之树，将其残枝败叶付之一炬。对于阻碍他的人，棕熊佛将念起有神力的咒语，消灭他们。而他保护的是那些热爱林木与河流的人，各种神与动物、流浪汉与疯子、囚犯、病人、音乐家、放浪的女人，以及充满希望的孩子们。如果有信众受到商业广告、空气污染、警察的威胁，他们只需唱诵起棕熊佛的神力咒语，棕熊佛就会现身，用他的金刚铲消灭敌人。②

大棕熊佛的经祷为"我誓致力于无上金刚智慧，愿猛烈的愤怒被摧毁！"（"I DEDICATE MYSELF TO THE UNIVERSAL DIAMOND—BE THIS RAGING FURY DESTROYED"）而他的神力咒语为"淹死他们／摧毁他们！"（"DROWN THEIR BUTTS／CRUSH THEIR BUTTS"）在这部现代佛经的最后，斯奈德还敦促信众们要经常吟诵这部佛经，并付诸实践，这样他们就能积累河沙功德，进而拯救地球，使之免于彻底被油污污染，也才能使人类社会进入人与自然的和谐之境，而所有的信众都将获得最大限度的悟入。③ 斯

① Gary Snyder. A Place in Space: New and Selected Prose. New York: Counterpoint, 1995.

② Gary Snyder. A Place in Space: New and Selected Prose. New York: Counterpoint, 1995, pp. 25-28.

③ Gary Snyder. A Place in Space: New and Selected Prose. New York: Counterpoint, 1995, pp. 25-28.

·

奈德写道：

> 吟诵这部佛经并将之实践者将积累无尽功德，如亚利桑那州与内华
> 达州之沙数，
>   将帮助地球免于彻底的石油污染，
>   将进入人与自然的和谐时代，
>   将赢得男人、女人与野兽们的温柔之爱与关怀，
>   将常有黑莓食用，并有松树下阳光明媚处安坐
>
>   并且终将证得无上菩提
>
>   如是我闻。
>
> （永远可以自由复制）①

从更深的层面看，斯奈德的《大棕熊经》实际上明确了后现代重构中的神性护卫，奠定了其伦理基础。这一后现代性再建构的人类社会主体形态是文化社群，如斯奈德所推崇的日本榕树精舍，或是斯奈德与诸位同道在内华达锡耶纳所建立的"奇奇地斯"文化社区。他认为后现代文化社区或社群的存在形态是代替基督教—资本主义文明框架下现代都市的最佳选择。德兰蒂（Gerard Delanty）认为，文化社区与后现代文化之间存在着深度的可连接性。他提出："社群意味着'接近性、统一性和地点'，[…]一个关键的挑战是克服社群和社会，传统与现代性的二元对立。由于我们正目睹社群在后现代政治文化中的回归，这就显得尤为紧迫。"② 而在斯奈德的文化理论中，地点（place）正是融合了"接近性""统一性"的核心理念，他所倡导的"重新定居"和生态社区都体现了这些主要特征。在《地点、地区与共有者》（"The Place, the Region, and the Commons"）一文中，斯奈德提出："我想谈论作为一种体验而存在的地点，并且提出人类真正'生活于

---

① Gary Snyder. A Place in Space: New and Selected Prose. New York: Counterpoint, 1995, p. 28.
② Gerard Delanty. Modernity and Postmodernity. Translated by Li Ruihua, Beijing: Commercial Printing House, 2015, p. 169.

地点'的倡议，这就如同一个孩子自然生长，逐渐融入自然社区的过程一样。"① 总体而言，斯奈德认为，现代民族国家的地缘概念将被打破，取而代之的是大棕熊神等自然之神所庇佑下的文化社群的集合与散布。在这些文化社群中，人类与自然众生和谐共处，相互关怀，充满温暖。

而且，斯奈德这种后现代性的创作手法在他的作品中广泛存在。兹另举斯奈德在诗集《神话与文本》的第三部分"燃烧"中的一首题为《阿弥陀佛之誓愿》（"Amitabha's vow"）的诗为例。

在佛教文化语境中，阿弥陀佛又名为"无量佛""无量光佛""无量寿佛"。根据《阿弥陀经》、《无量寿经》等佛经的记载，阿弥陀佛曾发四十八大誓愿，包括"国无恶道愿""寿命无量愿""光明无量愿""照见十方愿""三十二相愿"等。汉传佛教之阿弥陀佛常结与愿印，藏传佛教之阿弥陀佛常结弥陀定印。

在这首诗中，斯奈德将阿弥陀佛的宏大誓愿进行了后现代性的改写。他在诗中各节分别写道：

> 我若已证得无上菩提，然若我所居佛国有在漂泊途中被投入监狱者，我不取正觉。
>
> […]
>
> 我若已证得无上菩提，然若我所居佛国有因连接火车车厢失去手指者，我不取正觉
>
> […]
>
> 我若已证得无上菩提，然若我所居佛国有任何搭便车而不得者，我不取正觉。②

可见，斯奈德将他对现代美国社会中青年一代的关注与同情写入阿弥陀佛的宏大誓愿，正是他作为一位后现代诗人的超越常规，又令人耳目一新的诗歌创作手法。这一做法与他所撰写的《大棕熊经》如出一辙，是将东西方文化熔为一炉的创作方式。这些诗作将佛教文化引入诗歌，同时又以美国

---

① Gray Snyder. The Practice of the Wild. Washington D. C.：North Point，1990，p. 25.
② Gary Snyder. Myth & Texts. New York：New Direction Publishing，1960，p. 40.

后现代社会的现实情境置入其中，从而形成东西方文化的共存与激荡，由此激发出独特的诗学张力。

此外，斯奈德所进行的解构之后的重构不止于此，他通过持续的诗歌创作与社会政治与文化思想的表达，提出了以生态家庭为基本单位，多个生态家庭组成生态社区，众多生态社区构成大型的生态区域，再由全球性的众多生态区域构成全地球的深层生态家园的社会政治理想。在这一理想社会中，民族国家的概念被完全打破，近现代以来发展出的诸多政治版图都被颠覆，取而代之的是基于众生平等，从有情众生到无情存在都享有同等权利的大同社会。具体而言，斯奈德在日本修禅与工作期间，遇见了他未来的日本妻子上原雅，并很快生育两个孩子。对于斯奈德而言，习惯于漂泊的他由此开始经历充满爱的家庭生活。可爱的孩子、温暖的家庭、夫妻之爱与父母对孩子的爱深深地触动斯奈德的灵魂，促使他从生命的根本思考生命能量的转换、女性的力量，尤其是家庭的文化意义。斯奈德在家庭之爱中看到了可以抵抗基督教—资本主义现代文明的力量，家庭之爱与现代文明之自私、欲望之膨胀形成鲜明反差。在他的诗集《观浪》（*Regarding Waves*）之中的许多诗作，如《今日之凯》（"Kai, Today"）、《凯哭时我为何笑》（"Why I laugh when Kai Cries"）、《不离开房子》（"Not Leaving the House"）等诗作中都充分表达了这一思想。在《波浪》（"Wave"），《种荚》（"Seed Pods"），《沙》（"Sand"）等诗作中，斯奈德将万物都看作是大海之中一个浪花，生命之流中的一个节点，从而将家庭之爱与他一直持有的深层文化立场结合起来。

此外，在与日本女子上原交往期间，斯奈德得以深入了解日本深层生态社区榕树精舍的生活。这一社区之中人们之间的相处方式、社区成员共同的生态性生活方式，尤其是榕树精舍的文化模式令他深感触动。在回到美国之后，他与家人、朋友一起建立其深层生态文化社区"奇奇地斯"，并极力推动以此类文化社区为单位所组成的生态区域的发展。

关于深层生态区域，有一个现在的行政区域的误区需要阐明。斯奈德认为，近现代民族国家体制所划定的行政区域是人为的，是"政治司法行政辖区和纯经济化再现的非实体世界"。[①] 由于这些行政区域以粗暴的，不尊

---

① Gary Snyder. The Practice of the Wild. Translated by Tan Qionglin and Chen Deng, Guilin: Guangxi Normal University Press，2019，p. 39.

重自然固有体系的方式而划定，这些人为强加的边界就将原本古老而健康的生态区域割裂开来，而近现代以来人类在各区域之中修建的铁路、公路、水库、桥梁等建筑又进一步破坏了自然生态，加剧了其严重后果，其结果就是"居住者失去了生态意识，丧失了群体凝聚力"。① 关于生态区域的正确理解，斯奈德阐述道："定义一个区域时，生物群、分水岭、地貌和海拔只是其中的某些方面。同样，文化区域也有它的子集，比如方言、宗教、各种放箭器、各类工具、神话主题、音阶、艺术风格。"② 他认为，现代人类社会需要尊重自然之中千万年以来形成的生态区域，保护其生态多样性与文化多样性。现代民族国家具有与生俱来的贪婪、动荡、无序与混乱，而且由于基督教—神论的深度影响，现代人类的哲学观带有强烈的统一性、普遍性和集权化倾向，因此人类文明发展的结果可想而知，即造成所谓"顺我者昌，逆我者亡"的结局，其最终结果常常是两败俱伤。所以斯奈德积极提倡"深层生态思想"，他身体力行建立的"奇奇地斯"深层生态社区即是未来可以效仿的榜样。

总体而言，斯奈德不只是对基督教—资本主义文明提出了根本性的质疑、挑战与解构，还从思想层面与实践层面提出了建构性的文化策略。从这一思路出发，斯奈德在这一系列文学创作与文化倡导行为中所表现出的诗学特性具有深刻的后现代性。

在中西文明史上，文学很多时候是政治的附庸。然而斯奈德显然不这么认为。在他看来，文学是人类文明的先知与智者，应该对现实做尖锐、深刻、具体的批评，同时具备前瞻性的视野，能够看到未来的发展方向。斯奈德诗歌的后现代文学秉性的最大意义正在于其解构与重新建构的过程。他的诗歌是断臂之痛后的重新生长，是刮骨疗毒后的英雄再出江湖。他的《大棕熊经》既创造了后现代性的新神话，又喻示了生态性人类社群社会的未来。

（作者：罗　坚，原载于《外国语言与文化》2019 年第 4 期）

---

① Gary Snyder. The Practice of the Wild. Translated by Tan Qionglin and Chen Deng, Guilin：Guangxi Normal University Press，2019，p. 39.

② Gary Snyder. The Practice of the Wild. Translated by Tan Qionglin and Chen Deng, Guilin：Guangxi Normal University Press，2019，p. 40.

加里·斯奈德的 "深层生态文学观" 与佛禅文化

深层生态学是从地球家园的整体出发，从对所有生物、非生物的平等关爱出发，从万物相互关联，相互依赖的爱的关系出发而产生的。如同比尔·德瓦尔所指出："深层生态学超越了较为零碎，粗浅地对待环境问题的方法，而试图阐发综合性的宗教与哲学观点。深层生态学的基石在于我们与自然之间最基本的直觉及体验，这些构成生态性的意识。"① 换言之，"深层生态学"是从宗教与哲学的层面探讨人与自然之间最本真的生态意识，它不只是停留在如何应对环境问题的层面，而是关涉伦理、价值观、自我与地球家园的关系等深层智慧。深层生态学研究的是地球家园中整体性的生态机制，人类是这个机制中的重要组成部分，但并不是统治性的，而是与所有其他部分平等如一的。如同弗瑞提奥夫·卡普拉所论："深层生态学不会把人类从自然环境中分离开来，也不会把任何其他事物与之分隔。它不会把这个世界看作许多相互隔离的事物的集合，而是作为一个相互关联，相互依赖的网络现象而存在。"②

加里·斯奈德与 "深层生态学" 的兴起有着深刻的关联，他的著作与思想对这一新的生态学说的异军突起有着重要影响。如同乔治·瑟贤斯在《二十一世纪的深层生态学》一书的序言中所指出："从六十年代开始，普利策奖获奖诗人，散文家加里·斯奈德也坚持独特的深层生态立场……在过

---

① Bill Devall, George Sessions. Deep Ecology. Layton, VT: Gibbs M. Smith, Inc., 1985, p. 66.
② Frederic L. Bender. The Culture of Extinction: toward a Philosophy of Deep Ecology. New York: Humanity Books, 2003, p. 116.

去二十五年里，斯奈德对于深层生态学运动的兴起产生了巨大的影响。他与那厄斯是这个领域中最有影响力的国际典型代表。"①在这部重要的《深层生态学》论文集中，收录了斯奈德的三篇论文，分别为《培育或偏离》（"Cultured or Crabbed"），《四大变化》（"Four Changes"），及《重新发现龟岛》（"The Rediscovery of Turtle Island"），以及一篇以斯奈德的思想为主题的论文，即杰克·特纳的"加里·斯奈德与《荒野践行》"（"Gary Snyder and the Practice of the Wild"）。另外，在阿兰·约根森与祐一井之上编著的《深层生态学运动》（The Deep Ecology Movement）中也收录了斯奈德的两篇论文《重新定居》（"Re-Inhabitation"）与《生态学，地域及同情心的觉醒》（"Ecology，Place and the Awakening of Compassion"）。此外，比尔·德瓦尔与乔治·瑟贤斯在《深层生态学》中指出："在当代作家中，没有人在塑造深层生态运动的品性方面比加里·斯奈德做得更多。在他的诗歌与论文中，斯奈德一直在为'真正的工作'——重新定居于这个大洲而奠定基石。"②

一、"重新定居"理念

在斯奈德看来，现代工业文明统治下的人类生活是远离土地的。他认为，现代人并没有真正定居于自己所应归属的土地，而是被欲望驱使到处漂泊。资本主义经济体系也会不停地驱使人们远离家园，为追求最大利润而四处奔波。这样的生活方式使得人们无法真正意识到自己与土地的深层关联，对于关乎繁衍与生存的基本技能也知之甚少。他们不知道怎样耕作土地，怎样蓄养家畜，不知道如何维护自己的家园。斯奈德认为，人类文明曾经有过的定居发生在人类文明出现之前，"基本上所有花园里的植物与果园里的树木、农场里的牛羊都是在新石器时代开始被驯化的，这都是在人类文明出现之前"。③与现代文明社会中的人们不同，远古时代的人类与土地息息相关

---

① George Sessions. Deep Ecology for the Twenty-First Century. Boston：Shambhala，1995，p. 5.

② Bill Devall，George Sessions. Deep Ecology. Layton，VT：Gibbs M. Smith，Inc.，1985，p. 66.

③ Gary Snyder. A Place in Space：New and Selected Prose. Washington，D. C.：Counterpoint，1995，p. 85.

地生存着。从这个意义上说，发展至今的人类社会一直在退化，如同从黄金时代到白银时代，直至铜铁时代。斯奈德援引列维·斯特劳斯的观点，从新石器时代开始，人类文明就一直处于退化之中。他在《重新发现龟岛》（"The Rediscovery of Turtle Island"）一文中阐述道："我意识到土著人有着细腻有效地与他们的土地家园一起耕耘的历史。"① 换言之，相比于现代文明，印第安土著人与地球家园有着更深的联系，这种联系不仅是身体上的，更是精神上的，这可以从印第安部落的萨满文化看出，萨满是印第安人与自然中各种神灵沟通的媒介，发挥着传播信息与引领社会文明发展方向的作用。相比之下，人类现代文明早已远离家园，这种以人类中心为主体，以基督教—资本主义文化为核心的文明形式必然视自然为被统治者与被盘剥者，其结果是人类与自然的隔阂越来越深。正如同斯奈德所指出："许多印第安历史与文化都被自我中心主义式的历史所模糊化，这历史是代表征服者，也就是现在的统治社会所撰写的。"②

正因为此，斯奈德认为有必要重新发现"龟岛"，也就是重新思考与认识人类与地球家园的关系，然后进行重新定居。斯奈德所谓的"重新定居"（reinhabitation）是基于他对人类文明与地球生态家园关系的整体性反思而形成的。他认为现代社会里，人类虽然生活在土地之上，其实却远离土地，远离真正的家园。原因是人类其实并不真正了解脚下的土地，对于人类与地球家园的关系也缺乏深度的认识。在人类中心主义的意识形态驱动下，地球家园只是被认为附属于人类，是任由支配的财产。这实际上是造成现代生态危机的深层原因。斯奈德认为，人类应该重新理解与设定与地球家园的关系，并重新定居于土地。

在《重新定居》一文中，斯奈德深入阐述了重新定居的必要性、定义以及其方式。他认为，"在这个星球上，许多人并不是真正的'居民'。他们远离村庄，从祖先的土地上离开，从农场搬入城市；去加利福尼亚淘金，

---

① Gary Snyder. A Place in Space：New and Selected Prose. Washington, D. C：Counterpoint, 1995，p. 102.

② Gary Snyder. A Place in Space：New and Selected Prose. Washington, D. C：Counterpoint, 1995，p. 104.

在石油管道上工作，在伊朗为柏克德公司工作。"① 人们已经失去自己与土地的深层关联，对于关乎繁衍与生存的基本技能也知之甚少。但在历史上，人类曾经真正地定居于土地。斯奈德指出，"定居的人有时候会说，'这片土地是神圣的'，或者'所有的土地都是神圣的'。这是一种态度，它吸收了关于生与死的神秘性的意识，关于赋予所有生命真正的生活，以及给回生命的意识。这不仅仅是给回你的孩子们，更是把生命给回整个土地。"② 可见，真正定居的人们懂得生命的循环，懂得人类与土地其实血脉相连，于是才会对土地产生神性的敬仰。

斯奈德指出，"重新定居是指少数的人们走出工业社会（这一工业社会已经集合并挥霍了八千年文明的成果），回归土地，回归当地"。③ 这是生命本质性的回归，是绿色生态式的回归，也是精神与伦理上的回归。斯奈德主张，重新定居就是要回归到"从前的路"（the Old Ways）。他指出，"那些通过直接的，外在的与内在的知识与经验，在数千年里第一手研究宇宙的人们所获得的智慧与技能，即可称为'从前的路'"。④

他认为，"人们须得重新定居——也就是说去学会生活，成为那些为了长远的未来而完全与所居之地产生深度关联的人们。这不是说要返回原始的生活方式，或是乌托邦式的地方主义。它只是意味着投入社区生活，以及寻求可持续的经济实践方式，从而使得人们能够生活在某一地区，却又能对整个星球的社会作出自己的贡献"。⑤ 斯奈德重新定居的方式是远离城市，在荒野之中建立自己的家园。他把自己在龟岛（指美洲大陆）上的新家定名为奇奇地斯（Kitkitdizze）。这个名字来源于温图安（Wintun）印第安语，指

① Gary Snyder. A Place in Space：New and Selected Prose. Washington，D. C：Counterpoint，1995，p. 129.
② Gary Snyder. A Place in Space：New and Selected Prose. Washington，D. C：Counterpoint，1995，p. 46.
③ Gary Snyder. A Place in Space：New and Selected Prose. Washington，D. C：Counterpoint，1995，p. 46.
④ Gary Snyder. A Place in Space：New and Selected Prose. Washington，D. C：Counterpoint，1995，p. 89.
⑤ Gary Snyder. A Place in Space：New and Selected Prose. Washington，D. C：Counterpoint，1995，p. 89.

这片土地上大量生长着的一种名为 Kitkitdizze 的灌木。这是位于加利福尼亚州玛丽斯维尔（Marysville）附近的一片百余英亩的荒野之地。斯奈德于六十年代中期前往探察时，这块地上只长着一些西黄松、黑橡树及密密麻麻的疏丛草，然而正是这样一片长满各种树木的山野之地吸引了斯奈德。如他所言，"我知道我喜欢它们的陪伴"，于是他买下了其中的二十五英亩土地。回到美国之后，他与家人决定在这片土地上安家。开始起步时，条件异常艰苦，"没有电，没有电话，到当地的市镇需要穿过二十五英里的峡谷"。但斯奈德却异常乐观，他原生态式地建造自己的家园。在长达十多年的时间里，在家人与朋友的共同努力下，斯奈德在这里建起了房子、浴室、牲口棚、木棚等等。在这个过程中，他们用手拉锯锯割木料，用刮刀削树皮，用煤油灯照明，取暖与做饭都是烧柴火。在这里，斯奈德建立起图书馆，伴着灯笼写作诗歌，有时出去演讲，或者授课。

重新定居过程中，最让斯奈德觉得惬意的是这里的荒野生态给予他的享受。斯奈德在《奇奇地斯：网络中的一个节点》（"Kitkitdizze：A Node in the Net"）一文中写道："生活在这样一个地方真是特别的惬意。土狼嗥叫，猫头鹰在树梢掠过，每天都能看见鹿（在发情季节还能听见鹿角相互撞击的声音），看见响尾蛇的恐惧……所有的不便，相比于与孩子们一起分享所有这一切，都不算什么。"[①] 斯奈德的散文集《空间中的位置》（A Place in Space）中收录了一篇题为《珠玉之网，细胞之网》（"Net of Beads，Web of Cells"）的文章，其中斯奈德专门论及这一典故："内华达锡耶纳西部的公共与私人的森林、草地形成了一个相当大的生态系统。这一系统以松树、橡树、燕雀、猫头鹰、浣熊、鹿及其他生物为标志。一个生态系统中的关系网让人想起佛教华严宗的因陀罗网。"[②] 由此可见，在斯奈德重新定居之地，佛禅文化已经融入其根本的理念之中。帕特里克·墨菲也认为，"这张网上

---

① Gary Snyder. A Place in Space：New and Selected Prose. Washington，D. C：Counterpoint，1995，p. 256.

② Gary Snyder. A Place in Space：New and Selected Prose. Washington，D. C：Counterpoint，1995，p. 67.

的节点就是个体的特性与普遍性的关系，或者是地方与地区的关系"。①

值得注意的是，斯奈德所谓的"重新定居"不仅仅是指身体上的重新定居，更是精神上的重新定居。斯奈德对西方文明做出深刻的反思，他指出："在相当长的时间里，我以为只是资本主义出现了问题。于是我开始研究美国印第安文化……后来我看出也许不只是资本主义，而是整个西方文化都脱离了轨道。在我们的文化传统中，存在着一种自我毁灭的趋势……"②这种危机中最为严重的在于西方基督教精神统治的坍塌。西方文明陷入精神上的困境。正因为此，斯奈德选择远赴东方，寻求西方文明危机的解救之道。经过十余年的追寻，斯奈德以一以贯之的生态主义的立场为基础，主要吸收禅宗文化、印第安文化、道家文化、印度文化等。在融会贯通多元文化元素之后，斯奈德构筑了一个对地球生态充满本质性关怀感的新的精神世界。他希望通过回归美洲，引领美国文化，乃至于整个西方文明进行精神上的重新定居。

二、"荒野"情结

"荒野"自然是斯奈德深层生态思想的重要方面。在其论文集《荒野践行》（*The Practice of the Wild*），斯奈德重点阐述了关于荒野的观点。在他看来，"荒野是一个野的潜能充分表达的地方，在荒野中各种生物与非生物都能根据自有的秩序繁盛地存在"。③（"Wildness is a place where the wild potential is fully expressed, a diversity of living and nonliving beings flourishing according to their own sorts of order."）那么什么是"野的"（wild）呢？"野的"事物的至关重要的特征就是其自由性，其存在状态具有叛逆性、颠覆性与革命性，基本处于资本主义现代文明控制范围之外。这种"野的"特性正是斯奈德所推崇的，他对"野的"动物、植物、土地、粮食作物、社会、个体、行为都作了详细的定义。其中定义土地时，他指出，"（野的）

① Patrick D. Murphy. A Place for Wayfaring: the Poetry of Gary Snyder. Corvallis: Oregon State University Press, 2000, p. 67.

② Gary Snyer. The Real Work: Interview & Talks (1964—1979), New York: New Direction Publishing Corporation, 1980, p. 94.

③ Gary Snyder. The Practice of the Wild. New York: North Point Press, 1990, p. 12.

土地是指原初的植被与动物群完全没有受到侵扰，并能充分互动的地方，是其地形地貌完全没有人为痕迹的地方，是原始的"。① 定义个体时，他指出，（野的个体）"遵循地方习俗与风格。他是自由的，毫不关注都市或是近旁的贸易点所设定的标准。他是无所畏惧的，自我依赖的，独立的，骄傲而自由的"。② 在定义粮食作物时，他认为，（野的粮食作物）"是指可持续地获取野生植物繁茂生长所产生的果实与籽食"。③ 因此，只有充分具备"野的"特性的自然才是"荒野"，而荒野的存在与延续关乎整个地球家园的前途命运。斯奈德认为，到十六世纪为止，在人类文明的快速发展过程中，西方、亚洲，从印度次大陆到北非海岸的广袤地区的生态已经严重恶化。由于畜牧业与农业的发展，大量的原初植被被破坏，只剩下没有太多经济价值的土地，这些土地即是荒野。这些荒野虽然对人类没有太多可利用价值，却由于其生态的完整性对地球家园意义重大。这也正是斯奈德如此重视荒野的原因。他认为，对北美而言，存留下来的荒野只有那些被留下来的公共土地，比如州级森林公园，或国家森林公园等。这样的荒野很少，只占到美国土地面积的百分之二左右。然而，斯奈德并不因为这样的危境而丧失信心与勇气。

他珍视荒野的价值，而且认为荒野才是文化起义的发源地。他的这一理念与禅宗文化关联密切。禅宗的重要理念是"一阐提皆有佛性"。所谓"一阐提"是音译自梵语"icchantika"，在佛理上原是指有欲望的人，又执着于世荣，贪着生死之境，则妨碍出离修道，后转为"断善根"，"出不具"之意。通俗地讲，就是指因为受"无明"之苦至深而断善根，不具备修行达菩萨戒，继而没有成佛可能的人。然而中国东晋禅师竺道生提出"一阐提皆有佛性"，也就是认为此类看似不可能成佛的人其实也具备清静自性，若能开悟，亦可成佛。这一重要理念显示禅宗更为包容的佛教精神。这一思想后来发展成为"一切无情有生皆有佛性"，甚至包括一花一木，一沙一石。斯奈德对禅宗的这一理念深有体悟，也将之糅入自己的深层生态观之中，他

---

① Gary Snyder. The Practice of the Wild. New York：North Point Press，1990，p. 10.
② Gary Snyder. The Practice of the Wild. New York：North Point Press，1990，p. 10.
③ Gary Snyder. The Practice of the Wild. New York：North Point Press，1990，p. 10.

在《能量是永恒的喜悦》("Energy is Eternal Delight")一文中指出,"佛教徒们教导我们尊重所有的生命及荒野系统"。人的生活完全依赖于相互交融的荒野系统中的生态网络"。① 之所以需要尊重,是因为荒野自然中的万物与人类一样,都具备真如佛性,都可能顿悟成佛。

斯奈德认为,荒野其实无处不在。无法清除的各种真菌、菌类、苔藓,以及那些围绕着我们,定居于我们的世界之中的种种生物都是荒野的表现。荒野中的生物仍然可以渗透进入现代文明,而且,原始植被的种子一直埋藏在北极冰层下,在沙漠里,或是飘荡在风中,总是保存着重新生长的希望。斯奈德相信,"荒野将不可避免地回归,但是那将不再是完新世时期在清晨闪耀着光芒的那个美好世界了。"他认为,最完美的原始世界已经无法挽回,但荒野的最终回归仍然会使得未来充满希望。帕特里克·墨菲指出,"依照斯奈德的观点,为了实现自由,人们必须得开始建设能与荒野协调一致并能使其持续发展的人类文明"。在斯奈德看来,人类与自然并不存在根本性的对立,相反具有内在的共通性,因为人类的身体其实就是"野的",从远古人类祖先遗留下来的野性一直埋藏在身体里。人类思想的深处——无意识也就是其内心的荒野。因此,只要荒野的能量充分发挥,人类与自然就可以融通共生。

三、对自然的"同情之心"

对自然万物的"同情之心",其实也就是"爱之心",佛教称之为"菩提心",是对自然生态之网的深刻认识基础上对万物深沉的关爱。如同斯奈德在《生态学,地域及同情心的觉醒》一文所指出,"一个生态系统就是一种曼陀罗,其中存在多重充满能量的,富有指导性的关系。曼陀罗中的每一个个体——每一只小老鼠,或一只鸟(或称之为小神或魔性个体)都在其中占有重要位置,有其角色身份。尽管就能量的流转而言,生态系统可以被

---

① Gary Snyder. A Place in Space: New and Selected Prose. Washington, D. C: Counterpoint, 1995, p. 54.

认为是分等级的，但就整体而言其所有的成员都是平等的"。① 在佛教的曼陀罗中，众生平等，因此人类应该尊重与关爱所有其他生物与非生物。斯奈德认为，对于生态系统中万物的相互关联性，个体的脆弱性，存在的有限性，及其个体所承受的种种痛苦的细腻感受会促使同情心的觉醒，同时觉醒的还有个人对开悟之境的追求及对他者的深切关怀。斯奈德明确指出，这一理念来自于公元八世纪印度的佛教高僧寂天的说法——《入菩萨行论》（ *The Bodhicitta of Shantideva* ）。斯奈德从中汲取了佛教智慧，结合自己的深层生态立场，阐明了"同情心"之重要性，同时通过自己的诗歌作品与散文作品传扬这样的生态理念，最终达到改变社会意识与社会大众的根本文化态度的目的。斯奈德指出："我们所有的人都可以像一棵柳树一样沿着溪流栽种下来，也可以像大约每两百万年在各种形式与位置进行循环的水那样在整个星球的生命体系之中自由流动。我们有限的身体与在文化与宗教中不可避免的身份存在必须被视为有价值的，积极的存在。思想是流淌的，自然是渗透性的，因此无论是生物意义上，还是文化意义上而言，我们始终都是自然整体中的一部分。"②

此外，斯奈德认为，佛教"同情之心"的另一层含义在于对于本性的透彻认识。只有真正看清万物的本性，才能深切体会万物的存在之美，才会更深入领会万物之间相互依存的关系，这样才会产生对万物真挚的关爱。就此，斯奈德指出："佛教教诲进一步认为，菩提心与有道德的行为的真正来源不过是对万物的空性及不定性的认识。"③ 只有认识万物的自性，才能体悟到万物此刻的存在，不管这种存在看起来多么平凡，都是极富美感的，因此是值得关爱与同情的。

如何实现"深层生态"思想？在具体的践行上，斯奈德认为需要推行地区生态社区政治，也就是在地球家园中践行众多的地区性生态社区，每一

---

① Alan Drengson, Yuichi Inoue. The Deep Ecology Movement. Berkeley, California, North Atlantic Books, 1995, p. 238.

② Alan Drengson, Yuichi Inoue. The Deep Ecology Movement. Berkeley, California, North Atlantic Books, 1995, p. 241.

③ Gary Snyder. A Place in Space: New and Selected Prose. Washington, D. C.: Counterpoint, 1995, p. 246.

个社区中的成员包括其中的各种动物、植物、泥土与岩石等，斯奈德要建立"所有生物的村委会"。这个社区村委会需为所有的成员代言，为他们申张各种权利。斯奈德认为，还有必要教育社区中的青年人，要以自己的本土文化，自己所居的土地而自豪，尤其要帮助他们在纷繁复杂的现代社会中明白自己的文化根源，体悟万物之间深刻的相关性，相互关联、相互依赖、相互供养的关系，从而最终帮助他们形成"无害"的"深层生态观"。通过在地球家园各处建立一个个的生态社区，各个社区之间逐渐形成彼此联系、彼此支持的生态群落，直至形成全球性的生态家园，最终达到整体生态体系的复归与繁盛。人类作为生态社区与生态家园中的一分子，与万物同一，共同协调发展。

实际上，社区是斯奈德的"深层生态"思想体系中的一个重要部分。他提出的区域生态观念，也就是要在各个不同的区域建构深层生态观念与体系，社区即是其中的重要构成部分。在建立"奇奇地斯"佛教社区之前，斯奈德在日本学习期间所获得的生态社区文化体验对他产生了重要的影响。禅院修行结束以后，他前往日本的火山岛诹访之濑岛参加了由日本行吟诗人七尾坂木主持的榕树精舍文化社区。这个社区由斯奈德与他的朋友们一起组成，他们住在简陋的房子里，自己种植红薯、西瓜等农作物，养殖二十多头牛，其他的事情包括捡拾柴火，做一些木器活与建筑工作，有时候也去当地的村里帮助村民干活。他们做着这些日常工作，从海里捕鱼，坚持常规的禅坐冥思，过着一种生态式的生活。关键在于，在这样简朴的环境中斯奈德感受大自然的给予那么丰富，尤其是鱼类。但社区成员不会滥捕，而是每天向鱼类表达尊敬与感激，然后有限度地取用。并且，在捕鱼的时候，社区成员从不有意向地取用某一种类的鱼，而是猎取任何一种进入捕鱼范围内的鱼类，这也是考虑了生态体系中的相互供养关系。此外，社区中的成员每天坚持坐禅，或者吟诵佛经等。斯奈德甚至在捕鱼中体味到生活与禅的关系，"在渔猎中建立的关系中有很大的真实：如同恋爱与艺术意义，你必须与对方合而为一。（这就是为什么在旧石器时代的狩猎中魔法那么重要的原因：身份的必要性、本能、静寂，这些与狩猎伴随存在的因子使得萨满主义、瑜伽、坐禅或许都根源于猎人的这些要求——要求猎手静止不动一整天，使自己的思想处于开放状态，这样他的意识就不会惊吓到即将接近的猎物。)"①

四、结语

在思维的最高处，斯奈德体悟到道家式的"物我两忘"、佛教"众生为一"的境界。他在"渗透性的世界"一文中写道："我们在自己的房子中过着一种渗透性的，相互贯穿的生活，房子被橡树、松树环绕。我们的建筑完全敞开于锡耶纳长长的夏季之中。"② 万物与我是相互渗透、相互穿越，但又彼此无碍的关系。斯奈德进一步指出，"渗透性、相互贯穿性是双向的。当你放下自己小小的烦恼与焦虑时，就可以凭借新的眼与耳穿过林间。也许这就是佛教哲学在论及'相即相入，事事无碍'时所指的'相互关联性'的意义"。③ 可见，斯奈德的"深层生态观"的所有核心理念都是相互贯通，彼此融汇的。正是由于深刻地意识到万物之间相互依存，相互支撑的生态之网的存在，人类才会对万物赋予平等的关爱，才会深切体会荒野自然的价值，从而，人类才会重新对地球家园的文化身份进行整体性的反思与重新定位，并进行思想与身体的重新定居。斯奈德的这些深层生态理念很大程度上源自于佛禅文化。同时，结合自身一直以来的自然观，他也从印第安文化，印度文化，中国道家文化等古老的文化形式中汲取养分，最终形成自己的深层生态文化观。

（作者：罗　坚，原载于《中国文学研究》2016 年第 3 期，有删改。）

---

① Gary Snyder. A Place in Space：New and Selected Prose. Washington, D. C.：Counterpoint, 1995，p. 246.

② Gary Snyder. A Place in Space：New and Selected Prose. Washington, D. C.：Counterpoint, 1995，p. 195.

③ Gary Snyder. A Place in Space：New and Selected Prose. Washington, D. C.：Counterpoint, 1995，p. 198.

论传统中国意识形态结构的包容性

一

中国文化史上一个颇使西方人感到非常困惑的事实，是一个中国人在其一生中能够始而是儒家信徒，[①] 继而是佛教徒，终而是道教徒，或者干脆同时是这三者。[②] 对于作为中国主流意识形态的儒家来说，教会、教派、教规、教义这些西方人所熟悉的宗教现象可以说是不存在的。中国人进什么寺庙，请什么样的教职人员来主持什么样的仪式，往往是根据具体情况而定，无论所进寺庙和所请教职人员是否属于自己所主要信奉的宗教。在帝制时代中后期，三种主要宗教甚至出现了相互融合的局面。与此同时，由耶稣会传入中国的基督教也取得了相当大程度的发展，似乎还表现出某种与中国宗教的互容性。明朝后期徐光启、李之藻之类的高级儒士不仅率先入教成为虔诚的基督教徒，而且在发生"教难"时能够在不损害其儒家信念的同时，挺身而出保护传教士。对于这种"随和"的宗教态度，西方神学和宗教学学

---

① "儒家"也被称作"儒""儒教""儒学"。或许因现代唯科学主义的冲击，论者们更青睐"儒家"和"儒学"。不难想见，一个意思而多个术语，对各大宗教作对比性讨论会有术语上的小麻烦。

② 在 19 世纪中国生活了五十来年的美国传教士明恩溥（Arthur Anderson Smith）说，一个中国人若要举行一场仪式，可以请个和尚来做佛事，也可以请个道士来做道场，"是请和尚还是请道士，这都无所谓，他还有可能两者同时来请，这样他就同时成了'一个佛教徒'和'一个道教徒'。因此，一个人可以立刻成为儒家弟子、佛教徒和道教徒，这并没有什么不和谐的感觉。"明恩溥，《中国人的气质》，刘文飞、刘晓旸译，译林出版社 2012 年版，第 218 页。

者除了加以客观报道，大体上是不以为然的。① 恰成对照的是，我国哲学界和宗教研究界人士对这种态度除了加以客观描述，大体上持肯定态度，甚至称颂褒扬。许多中国和西方论者把这种现象称为中国宗教的包容性或调和性。至于为何能有这种包容性，这种包容性到底有何内涵，所谓包容是哪种意义和程度上的包容、哪种条件下的包容，则缺乏必要的探讨。

首先，讲"包容"，必须假定包容有其反面，即不包容，不宽容，排斥，西方人在自己熟知的宗教基础上形成了自己的思维形态以后，便自然会以此为尺度来观察、评价和分析世界上其他宗教。在耶稣会士展开大规模传教活动以前，西方人所熟悉的高级宗教②大多是叙利亚形态的宗教，如基督教、犹太教和伊斯兰教。这三种宗教尽管同出一源，却从来就是相互排斥的。③ 这种排斥性也反映在宗教内部的教派斗争中。教派内部的斗争不仅在规模上不比宗教间的斗争小，其残酷、惨烈的程度比之宗教间的斗争往往也有过之无不及。

既然有这么一种宗教观，西方人接触中国宗教时对其所表现出的那种迥然不同的精神品质感到诧异、困惑，应是不难理解的。那么，为什么中国人的宗教态度如此不同于西方人？如果对这个问题作一个较为笼统的理解，不妨把这种现象归因于农业传统和畜牧传统的差异。在这两种传统中，人类概念的形成与日常活动有着密切的关系。放牧牛羊，必然以干预者的身份出现，这就使得人们心目中的神有积极、能动的形象。从事农业，人的活动则

① 积极从事基督教与世界其他宗教对话的西方著名神学家孔汉思（Hans Kung，亦译汉斯·昆），对亚洲裔基督教徒所面临的双重或多重信仰情境虽表示了一定程度的谅解，但他对此基本上持否定态度。他认为，这是应以予批判的"综合主义"，"一个基督教徒——无论是亚洲人还是欧洲人或北美——也完全可以做佛教徒、儒者、道者，或其他任何教徒，这是因为他/她把哪个宗教都不当真"；"尽管文化和伦理的双重身份并非不可能，并且应当巩固这种可能性，这种双重教籍的可能性从信仰的最深挚最严格的意义上看，则应排除在外"。秦家懿、孔汉思著，《中国宗教与基督教》，吴华译，三联书店1990年版，第247－257页。另一位著名的西方神学家尤根·莫尔特曼在其《被钉十字架的上帝》一书中，也对"综合主义"持批评态度。

② "高级宗教"概念来自汤因比。参阿诺德·汤因比，《一个历史学家的宗教观》，晏可佳、张龙华译，四川人民出版社1990年版，全书各处。在汤因比著述中，具有发达的伦理体系，与农业社会相适应、充当其思想史上层建筑，是高级宗教区别于原始宗教或其他不发达的宗教的特征。

③ 不用说，历史上这三个宗教之间发生了无数次冲突和战争。中东地区旷日持久的战争和不安宁与这三种宗教之间的历史和现时矛盾直接相关，都是此三种宗教的信徒混杂居住情况下的典型现象。

显得相对被动。人们必须遵循季节、气候和农作物的生长周期多方面的规律。最后，中国人所认识的"天""只按一种间接的方式活动，它的行动是沉默的，难以察觉的和连续不断的，"① 其实就是荀子所谓"天何言哉？四时行焉，五谷生焉"。既然中国人的"天"与西方人的上帝有如此重要的差别，东西方宗教呈现出迥然不同的性格，也就不奇怪了。

当然也可以从这个角度来看问题，即，叙利亚形态的宗教（即希伯来宗教）是在西亚地中海地区形成的。在纪元前的许多世纪里，这个地区种族、语言和文化格局一直是复杂的。那里生活着讲闪米特语系各种语言、印欧语系各种语言以及其他语言的诸多部族。那里的自然条件并不适合大规模农业。在连绵不断的干旱沙漠上，有水来湿润的绿洲意味着生命。可这样的地方并不多。因此，各沙漠部族需要不停地流动以获取草地和水。故而它们之间一直存在着激烈的矛盾和斗争，甚至是生死斗争。许多民族因而永远消失了，例如一度十分强大、曾建立过庞大帝国的亚述人。② 这种局面不仅在高级宗教形成之前和形成过程中如此，而且在高级宗教产生后依然如故。在不断发生激烈民族斗争的情况下，要发展一种能够包容其他信仰的价值体系是困难的。《旧约全书》就不止一次提到犹太人背弃了与耶和华的盟约，转而崇拜太阳神、丰饶神或其他神，这使排他性、嫉妒心极强的耶和华非常气愤，通过摩西表达其愤怒和威胁，结果犹太人不得不改正错误，重新遵奉耶和华。《新约全书》则充满了犹太教各派别——如法利赛人、奋锐党人、撒都该人——之间斗争的记载。

同样重要的是，地中海中部和中东地区不仅孕育了三大叙利亚型宗教，而且是伟大的高级宗教琐罗亚斯德教的发源地。这样，该地区便诞生了四种

---

① J·谢和耐，《中国文化与基督教的冲突》，于硕等译，辽宁人民出版社1989年版，第180—181页、第232—233页。

② 当然，古代苏美尔－巴比伦（现伊拉克所在的地方）地区在世界上最早产生农业，发达农业文明的种种观念必然对西边沙漠地带的游牧部族产生深刻影响。亚述虽不能算一个纯粹的游牧国家，但它在历史上出名的好战性很能说与这个地区的种族、语言和文化格局没有关系。亚述可以说在真正的种族意义上被"灭"了。埃及和美索不达米亚的其他上上古文明国家之逐渐消亡、中国汉族政权之屡被北方游牧民族征服，显然不能算作亚述式的"灭"，因为这些游牧民族大多被融合到人口众多、经济和文化发达的被征服民族中去了。

高级宗教。在古代历史上，这个地区的人口流动性从来就很强，形成了不同宗教随教徒流动的局面。由于这种流动性，上述四种高级宗教之间发生了相互承续和影响的关系。一般认为，基督教和伊斯兰教吸收了大量叙利亚型宗教即犹太教因素。较少为人所知的，是犹太教（因而也就是基督教和伊斯兰教）也从琐罗亚斯德教吸取了大量要素。① 就基督教和伊斯兰教而言，基督教可以说是直接产生于犹太教，而伊斯兰教在形成过程中从犹太教和基督教中吸取了大量养分。从这个意义上讲，说琐罗亚斯德教对世界主要宗教乃至对世界历史进程产生了深远影响，并不过分。

信教者的高度流动性还产生了另一个后果。一宗教在与其他宗教的接触和冲突中，或在同有着国家机器支持的罗马国家诸神崇拜的斗争中，信仰和组织上的排他性不可避免。众所周知，基督教、犹太教和伊斯兰教这三大亚伯拉罕宗教彼此排斥。鲜为人知的是，伊斯兰教征服萨珊王朝后在西元7至10世纪对琐罗亚斯德教进行了强制性改造，结果是，残存的琐罗亚斯德教教徒也像先前的犹太教徒那样被赶出家园，流落他乡，甚至流落到印度。② 可以说，叙利亚型宗教的一个共同特点，是它们过分强烈的身份意识和排他性。要认识各叙利亚型宗教之间以及其内部各教派之间的矛盾和冲突，得抓住过分强烈的身份意识和排他性这个根本。③

二

相比之下，从一开始，中国主要的本土宗教（也是"高级宗教"）就没

---

① 犹太人在巴比伦之囚之前，并没有末日审判、天堂、地狱、撒旦、魔鬼、天使等概念。公元前538年波斯皇帝居鲁士征服新巴比伦王国，解放了被囚禁在那里的犹太人后，这些概念才逐渐发展成为犹太教（及后来基督教、伊斯兰教）教义的重要组成部分，而这些概念早就存在于琐罗亚斯德教中，是其关键教义。复活这一至关重要的基督教概念也早就存在于琐罗亚斯德教中。参见 L. M. 霍普夫：《世界宗教》，张云钢等译，知识出版社1991年版，第183–200页。

② L. M. 霍普夫：《世界宗教》，张云钢等译，知识出版社1991年版，第200页。

③ 基督教在纪元初从犹太教脱颖而出的过程中，虽表现出一个世界性宗教的特点，吸收信徒时不看民族、不论阶级、不分男女，但由于是被压迫的少数派，甚至不得不长期处于地下或半地下状态，故而发展出一种强烈的身份意识，是可以理解的。在基督教早期历史上，无数教徒为了维护信仰，拒绝宣誓崇拜罗马国家诸神，结果被残酷杀害。当然，各叙利亚型宗教及相关教派之间的冲突除了与教义和组织差别有关，也不可能不牵涉政治、经济利益冲突。

有表现出这种过分强烈的身份意识和排他性、嫉妒心。由于中国文化的"早熟",① 先秦时期不仅没有发达的神学思想和宗教团体,而且还出现了活跃的无神论和个人主义思潮。及至春秋战国时期,诸子百家中最有影响的儒家和道家演变为祛除了超自然人格神的哲学、政治和社会学说。除了上文提到的在本体论层面上中国人"天"具有非主动和非人格特征以外,在政治和经济层面上,中国人也早已习惯了统一、定居的农业生活。即使在战争连绵,各国势力此消彼长、频繁分化组合的年代,中国文化的核心地区在种族、语言和习俗上也大致是统一的,而且这种大致统一早在战国时期许多世纪就形成了,或者说中国文明很早便拥有高度的文化同质性,或曰"早熟"。② 中国文化的"早熟"使得叙利亚形态的宗教观念失去了在中国得以发生的条件。另外,在黄河流域这个标准的农业文明而非航海或畜牧文明地区,人口的流动性不可能很高,而是相对较低。既然有这种种族、语言和习俗上的相对一致性,再加较低的人口流动性,要在信仰方面形成强烈的身份意识,几乎是不可能的。

事实上早在大一统的秦汉帝国建立以前,便出现了一个体量庞大而相对稳定的种族、语言和文化共同体(当然,如果采用一种较为严格的标准,这只发生在在中原地区)。这个共同体发展出了一种大大不同于西方概念的文化身份意识。它俨然以文明的中心自居,以是否行仁义,是否采纳其中原礼仪来进行"夷夏之辨"。用现代人的眼光来看,区别夷夏的作法是文化沙文主义,但在当时的历史条件下,却不失为一种进步。它一方面否定了以种族和语言来区分文明和野蛮的做法,如在西亚和地中海地区的整个历史上所发生的那样,另一方面也排除了这种可能性,即以不是那么大,甚至是细微

---

① 梁漱溟在现代思想史上较早提出了"早熟论"。在《东西方文化及其哲学》一书中,他说中国文明"明明还处在第一问题上未了之下,第一条路不走,哪里能容你顺当地走第二条路,所以就只能委委曲曲表现出一种暧昧不明的文化。"转引自艾凯:《最后一个儒家:梁漱溟与现代中国的困境》,郑大华等译,湖南人民出版社 1998 版,第 145 页。艾凯这样阐释梁漱溟的思想:"他认为孔子和古初圣人超越了他们的自然环境,比中国发展所应达到的层次对人类更为完美的理解,从而使中国文化出现了早熟",因为"当时中国的环境,不可能为中国文化完全的自我实现提供充足的条件"。

② 保守一点估计,这种大致统一在周朝就出现了;大胆一点估计,则可能发生在商朝。在先秦典籍中见不到中原诸国语言差异的记载,尽管在秦统一前,文字、度量衡和道路规格方面无疑是一种太过多元的混乱局面。

的教义差别来确立信仰或文化身份，如在诸叙利亚形态宗教或教派中所常见的那样。这至少在一定程度上能够说明，中国历史上为何没有宗教战争，华夏文化为何一直具有强大的吸引力和同化力。

待到秦汉帝国建立以后，中国文化更有了一个巨大统一的政治框架来充当其载体。世界上同一时期在规模上和统一程度上大体能与秦朝、汉朝相比的，只有罗马帝国。然而在基督教国教化以前的罗马帝国里，文化和宗教格局是非常复杂的。众所周知，罗马人的传统宗教受希腊影响很深，属于世俗性的和注重实际的类型，也没有系统的理论说教，而且越到后来越僵化。在罗马共和国的最后两个世纪，罗马人的祭拜形式和内容发生了很多变化，而这在很大程度上是罗马势力扩张所引入的大量外来因素使然。上层阶级中流行斯多葛主义和伊壁鸠鲁主义，而生活空虚、百无聊赖的一般群众转而信奉从埃及引进的伊西斯神、奥西里斯神和从弗里吉亚引进的大母神。在纪元前最后一个世纪，从波斯传来的太阳神崇拜压倒了先前所有形式的崇拜。基督教便是在这种民间信仰活跃、国家诸神衰微的情况下进入罗马的。

按照罗马法律，国家诸神应受到每个人的崇拜，但实际上国家诸神崇拜并非十分严格，在许多情况下甚至是可有可无的。① 这主要是因为统治民族罗马人是一个务实的民族。统一帝国的创立和维持所必需的意识形态既然不发达，则要么必得有一个高度发达的法律体系和一个强大严密的军事组织来进行弥补，要么必得有一个更精致、有效的高级宗教来执行这种功能。在这种情况下，在遭受了进三个世纪的迫害后，基督教终于成功地取代了帝国其他所有宗教。公元313年，君士坦丁大帝颁布米兰敕令，基督教正式被罗马帝国接受。380年，狄奥多西皇帝颁布敕令，命令所有臣民一律成为正统基督教徒。② 可以说，成为基督教徒以前的罗马人的信仰意识相当薄弱。一般

---

① 参爱德华·麦诺尔·伯恩斯、菲利普·李·拉尔夫：《世界文明史》，四卷本，罗经国等译，商务印书馆1987年版，第一卷，第293－327页；周一良、吴于廑编：《世界通史（上古部分）》，人民出版社1973年版，第355页、第368－370页。

② 这种情形与一些宗教教科书上的说法不太一致。罗马帝国和秦汉王朝兴起的情形说明，一神教的兴起与建立和维持一个统一封建国家的"历史需要"相吻合的说法并非站得住脚。基督教之成为罗马帝国的国教，并没能使它避免覆灭的命运。有些学者甚至把罗马帝国的灭亡归因于基督教。如果作这种反事实假设，即基督教在罗马共和国时期或罗马帝国初期就成为国教，则可以得出这种推论：如同在世界上其他地区那样，西方也会出现一个高度整合的神权国家，而不是后来那种教会与王权长期对峙冲突的局面。

来讲，只要对帝国统治没有威胁，被征服民族的宗教信仰受到了较大程度的容忍，被统治民族的宗教机构甚至能正常运作（在埃及和西亚，作为征服者和统治者的罗马人甚至反过来皈依了被征服者的宗教）。耶稣在被罗马人逮捕和钉上十字架以前，不是因为宣称是上帝的儿子而受到犹太高级法庭的审判吗？因此不妨说，罗马帝国并非一个高度整合的政治、社会和文化共同体，而更像是一个种族、宗教和文化大拼盘。

秦汉时期的中国情况大不一样。在这里，种族相对单一，文化相对单一，地中海地区那种复杂的宗教格局并不存在。历史大势正在造就一个高度整合的种族、政治和文化统一体。如果说秦始皇过多依靠法学家学说和军事力量来维系一个庞大帝国的做法很快被证明失败了，经过汉初休养生息后，中国人开始尝试用一种哲学—神学的"合理化论证"来维系一个庞大的帝国。① 在宇宙、自然、皇权、社会、家庭、个人的相互关系或秩序的问题上，颇具神学色彩的汉代经学提供了一套完整的学说。在哲学—神学层面上，人类社会的秩序被赋予具有终极意义的本体论地位，被置于一个神圣而和谐的参照系内，与宇宙的普遍秩序勾连起来。人间发生的事件被认为与天体相通，是天道的反映；反之，奇异的自然现象被认为是人间发生或凶或吉的大事件的预兆。在伦理层面，宇宙论色彩极浓的阴阳五行说将两性和家庭纳入一个与宇宙相通的宏大秩序中。在政治层面，皇帝被认为是上天的儿子，是天道在人间的代表，是人与神、尘世社会与神圣维度衔接、相通的中介。恪守君臣大义便是服膺天道。尽管这时还存在形形色色的民间宗教和迷信（甚至一直存于 1949 年以前整个中国历史上），但帝国政治与儒教学说的有机整合已成不可逆转之势。姑不论在政治统一时期，这种有机整合性占有统治地位，即便在政治分裂时期，它也在较小程度上和较小范围内发生着作用。

---

① "合理化论证"术语取自贝格尔的有关著述。参彼得·贝格尔：《神圣的帷幕》，高师宁译，上海：上海人民出版社 1991 年版，第 36 - 62 页。应当说，中国人这种尝试是世界上最早的。具有可比性的情形是，亚历山大带领希腊人征服西亚后，本可以建立一个稳固的大帝国，并以此为框架，使富于魅力的希腊文化在东方土地上扎下根来。然而他一死去，马其顿 - 希腊帝国立马四分五裂。这与上层建筑层面缺乏一个有效的合理化论证系统是不无关系的。罗马人用发达的法律和军事手段弥补了合理化论证的不足，故而比希腊人更成功，但远未达到汉武帝以后的帝制中国的实现的那种高度政治整合。

三

汉朝以后，社会政治秩序与儒家学说的有机整合依然表现出了一种迥然不同于西方的运作规律。首先，儒家作为一种准宗教大大不同于西方在 16世纪以前所知的任何宗教。因缺乏一般意义上的许多外在组织形式和符号系统，儒家在很多西方人和中国人眼里根本不是宗教。这恐怕主要是因为它并不崇拜一个至高无上的人格神，而是信仰一种非人格的天道，尽管天道本身也不乏神圣性。也因为儒家没有与西方相仿的教会和教士、僧侣组织。在严格的意义上，儒家也并没有一般宗教中都有戒律——假如其执行了戒律功能的发达伦理思想不算戒律的话。儒家也没有一个类似于教皇的最高权威来颁布、解释和维持所谓教规。儒家甚至没有所有主要宗教都有的那种唱念祷词和颂歌的传统。但儒家有一个其作用大致相当于叙利亚型宗教教义体系的哲学—神学体系，有一个相当于叙利亚型宗教的教士僧侣的儒生士大夫阶层，有比一般宗教戒律更严格、操作性更强的道德伦理体系，甚至还有其作用多少相当于寺庙或教堂的孔庙。最重要的是，儒家在维系和发展一个庞大政治、社会和文化共同体方面表现出了极强的操作能力。在这方面它与基督教、犹太教和伊斯兰教大致相当，或起着与它们大致相同的作用。此外，儒教的祭祀成分虽然不如犹太系宗教发达，但远非完全阙如，皇帝祭天地，高级官员祭名山大川和地方神祇，从皇帝到百姓人人祭祀祖先亡灵等，都是地地道道的祭祀活动。比这些祭祀形式更为频繁的是祭孔。按利玛窦 17 世纪的记载，这种活动每半月进行一次："每个新月和每个满月到来时，大臣们以及秀才一级的人们都到孔庙聚会，向他们的先师致敬。"① 基于以上理由，把汉武帝以后渗透到社会生活各方面，在思想、伦理、法律和政治上全面发挥作用的儒家视为一种哲学和宗教性的意识形态体系并无不可，或者说，把它称为"儒教"并无不可。

其次，作为一个有机整体，中华文明由于其在意识形态方面的身份意识相对薄弱，也由于其在种族、语言和社会形态方面的高度同质，故而有一种较强的文化自信，对其他信仰样式表现出了一种开放、接受的态度，也即具有包容性。但，这种包容性并非简单意义上的无条件的兼收并蓄，而是有原

---

① 利玛窦、金尼阁：《利玛窦中国札记》，何高济等译，中华书局 1983 年版，第 103－104 页。

则的宽容，也就是说，必须遵守建立在纲常名教之意识形态基础上的社会政治秩序，至少不能违背这种秩序。① 北方游牧民族建立的政权没有违背它，道教、佛教也没有违背它，耶稣会在其传教初期也没有违背它，因此这些宗教都或多或少受到了宽容。② 如果说道家哲学曾在汉初为国家提供了一种有效的、操作性颇强的社会政治学说，那么道教在其形成后不久，便表现出了一种依附儒教、补充儒教的倾向。及至东晋，最终形成了自己理论系统的道教"以神仙养生为内，儒术应视为外……将道教的神仙方术与儒家的纲常名教结合起来，宣扬道教徒要以儒家的忠孝仁恕信义和顺为本，否则，虽勤于修炼也不能成仙"。③ 这种倾向在南北朝时期得到了进一步的强化。

有了道教及其所包含的道术，佛教的传入和发展得益不少。佛教至两汉之交传入中国，它起初依附黄老之学、神仙方术，接着又与魏晋南北朝的老庄、玄学合流，④ 一起对主要由儒教维系的社会政治秩序起着支持和加强的作用，使这种秩序更加神圣化。拿叙利亚型宗教的标准来衡量，这种与儒教积极合作的态度几乎可以说是自行淡化自己的身份意识。当然，这种合作的态度与中国人在种族和文化方面的整合万种是有很大关系的。毕竟，绝大多数道教徒和佛教徒与更"纯粹"的儒家信徒一样，是生活在中华文化情境中的中国人。及至北朝及唐朝，佛教寺院经济的急剧膨胀（当时佛教也经历了空前绝后的教派繁荣），使佛教与国家和社会利益发生了直接冲突。这种冲突对社会政治秩序构成了严重威胁，于是发生了所谓"三武"没收寺院财产，勒令僧尼还俗的"法难"。面对这种前所未有的挑战，佛教不仅没有刻意发展和强化自己的身份意识，反而顺应形势，主动地融合到儒家发挥核心作用的主流文化中。禅宗"破除了印度经典和戒律的权威，放弃了印度佛教的装束，变佛教'凡人前生皆有过失'的性恶论为正统儒家'人人皆可为尧舜'的性善论，并且一反佛徒'出家'不重孝道的传统，竭力与儒家以孝悌为人之本的伦理学说相调和，从而使佛教与儒学的分歧从根本上

---

① 1980 年代所流行的儒释道"互补"说夸大了佛教和道教的作用，对于儒家作为中国思想形态的核心作用重视不够。

② 唐代一些皇帝对道教和佛教的偏爱并非证明儒家在当时不占统治地位。如何解释唐太宗巩固了科举制度，并在全国范围内大力兴建孔庙？这些举措对儒家后来的发展产生了深远的影响。

③ 卿希泰：《道教文化新探》，四川人民出版社 1988 年版，第 34－35 页。

④ 汤一介：《中国传统文化中的儒释道》，中国和平出版社 1988 年版，第 211－221 页；汤用彤：《理学、佛学、玄学》，北京大学出版社 1991 年版，第 232－294 页。

得到了弥合，实现了佛教的儒化"。① 自此，以儒教为主体的"三教合流"之势已不可逆转，佛教作为一个相对独立的宗教，其重要性再也没有达到唐代的水平。此后佛教和道教一样，满足于自己的边缘性角色，即支持、补充作为正统意识形态的儒家，共同维系中华文明的社会政治和文化有机结构。②

宋明以降，这个有机结构有这么一个特点，即儒生士大夫由于其积极的政治参与和参与意识，更显得像一股世俗力量，而佛道因具有种种外在组织形式如佛寺、道观、和尚、道士以及复杂、繁琐的宗教仪式，而更显得像一般意义上的宗教。这就是耶稣会士初来中国时犯判断错误的原因。他们想当然地认为，僧尼也像在欧洲或日本一样受人尊敬，故身着袈裟传教，希望中国人把他们当作"泰西"和尚看待。后来他们终于认识到，儒家在貌似世俗的外观背后有着一种不可动摇的神圣性，故而改穿儒服，以书生面目活跃于中国社会。③ 实际上，在中华文明的社会政治秩序中，圣俗不分家，甚至政教合一。在这种情形中，中国的儒生士大夫同时扮演了欧洲教士僧侣和国家行政人员这两种角色。④ 耶稣会士也明智地认识到，正面挑战儒教伦理是愚

① 曹琦、彭耀编著：《世界三大宗教在中国》，中国社会科学院出版社1988年版，第59页。

② 当然，其他意义系统在这个有机结构体中也充当了补充性或边缘性角色，如各种民间宗教、唐代和元代一度传入中国的聂斯托里派基督教和伊斯兰教等。

③ 经历了最初的挫折后，利马窦及其同伴非常后悔在广东省赢得的和尚的名声，对能走出广东省，在其他省份以有学识的儒生的身份重新开始传教活动感到高兴。参《利马窦中国札记》，第277页。

④ 余英时在其《士与中国文化》一书中把中国的"道统"与西方的相应情形作了比较："中国的道统包含了宗教的成分，但不是一般意义上所谓的宗教，它不具备形式组织……中国古代知识分子是从'封建'秩序中的'士'阶层蜕化出来的，他们也不像专司神职的教士那样不理俗务"；中国知识分子的历史性格自始即受到他们所继承的文化传统的规定，就他们要管恺撒的事这一点来说，他们接近西方近代知识分子；但就他们代表'道'而言，则他们又接近西方中古的僧侣和神学家。"关于"道统"与"政统"的接榫，余英时写道："士是否能以道自任最后必然要归结到他和政统的代表者——君主之间是否能够保持一种适当的个人关系……中国的'士'代表'道'和西方教士代表上帝在精神上确有其相通之处。'道'与上帝都不可见，但西方上帝的尊严可以通过教会制度而树立起来。中国的'道'则自始即使悬在空中。以'道'自任的知识分子只有尽量守住个人的人格尊严，才能抗礼王侯"。因此，中国知识分子只有自爱、自重、注意个人的人格修养，方可实现治国平天下的理想。参余英时，《士与中国文化》，上海人民出版社，1987年，第84 – 128页；也参美国学者克里乔基姆有关讨论。他认为，士大夫一方面是"俗官"，一方面又居"圣职"，"他们首先是天子旨意的执行者，其次是一种古代的'活的象征'——这种传统即保留在他们自己参加的祭奉孔子的国家仪典中。因此，士大夫作为一个社会阶层存在就有了它的宗教意味。"参见斯蒂安·乔基姆：《中国的宗教精神》，王平等译，中国华侨出版社1991年版，第216页。

蠢的，甚至是危险的。在理论上，如果既要维护基督教的基本教义，又不违背中国人的纲常名教，最妥当的做法莫过于以耶释儒、以耶附儒、以耶补儒。实际上，这不啻是满足于佛教、道教等宗教迄今为止所扮演的那种边缘性角色。一旦罗马教廷强迫传教士坚持"原则"，认定儒家祭祖祭孔等仪典违背了基督教教义，在华耶稣会士便遭到强烈抑制，或被驱逐出境，或被迫转入地下活动，正如历史上所实际发生的那样。

总而言之，中国自秦汉时期以来便形成了以儒家哲学为主、其他宗教为补充的意识形态结构。由于这种意识形态结构与中国的社会、政治、文化维度是高度整合在一起的，即使它有时表现出某种"随和"或"包容"的性格，这也并非意味着它本身的合法性便可以不被坚持，甚至被否定。在西方现代文明传入中国以前，这一意识形态结构的合法性在不同时期、以不同规模一次又一次地被证实和确认。北方游牧民族对汉族地区的局部性乃至全国性征服从未根本动摇其合法性。相反，只是在充分承认、接受并实行运动这种意识形态结构以后，这些政权才获得华夏世界文化心理上的认可。从印度输入的佛教大体上也未能对它构成正面挑战，而是一向看它的"脸色"行事，生怕不被接受。同样，来自西方的基督教若采取依附与合作的传教方略，即不向儒家的根本合法性发起挑战，而是顺应之依附之，便受到容忍；反之，则受到排斥。换句话说，在近代以前，作为儒家载体并为儒家所维系的中国政治、社会和文化共同体不可能"包容"一个异己的、对它构成严重威胁的意识形态。这种情形在现代中国不仅没有完全改变，而且很大程度上仍在继续影响着中国现代化的形式与进程。

（作者：阮　炜）

"月亮"意象的比较文学和比较文化学考察

引言：作为比较文学与比较文化研究对象的"月亮"意象

节日是人类特有的文化现象。从数学的角度来看，所有的日子都是等长的，也是等值的。但是，人们为某些日子赋予了特别的价值，使其承载着特定的意义，这些日子因而变得不同寻常，显得更加重要，得到更多的关注。节日是被一个或多个文化共同体的成员都承认和庆祝的特殊日子，也激发出了无数的优秀文学艺术作品。因此，节日可以作为比较文化研究的对象，而与节日有关的文学艺术作品则可以作为比较文学和比较艺术的专题。

中国的传统节日主要源于岁时节令，而西方的传统节日则主要源于宗教及相关事件。中国人的传统节日很多，大多数是根据阴历即月亮历来确定的。尽管有不少传统节日来自于宗教、神话、传说、历史或习俗，但都与四季更替密切相关，比如春节、清明、端午、夏至、中秋、重阳、冬至等。有意思的是，在中国传统节日中，有五个都跟月亮有关，而且都是在月圆之日举办庆祝活动的：第一个是正月十五元宵节，又叫上元节；第二个是阴历（即月亮历）二月十五花朝节，也叫花神节，俗称百花生日；第三个是阴历七月十五中元节，俗称鬼节；第四个是阴历八月十五中秋节；第五个是阴历十月十五下元节，即源于道教信仰的水官为人解厄之日。这五个节日可以被统称为"月亮节"。由此可见，月亮在中国文化中占据着极为重要的位置。与此同时，在中国文学艺术中，以月亮为表现对象或背景的作品数不胜数。

然而，如果我们把目光移到欧洲，就会发现尽管不同国家地区的欧洲人各有其特有的传统节日，但他们共同庆祝的传统节日几乎都是为了纪念耶稣和圣徒的宗教节日，比如圣诞节、受难节、复活节。从辞源上来看，英语单词"holiday"由"holy"和"day"复合而成，本意就是"神圣的日子"或"宗教的日子"。尽管在希腊神话和罗马神话中都有月亮女神，但月亮在人们心目中的重要性远远比不上太阳，而且在基督教主导欧洲人心灵以后，没有一个欧洲国家有月亮节。尽管在古希腊以来的西方文学艺术中，也有以月亮为表现对象或背景的作品，但在数量上相对较少，而且大多数出现在文艺复兴以后，尤其是浪漫主义兴起以后。

人们会很自然地提出这样一些问题：为什么中国人对于月亮有很特别的感情，而西方人却不是这样？为什么中国自古以来的诗歌作品中与月亮有关的特别多，而在西方文学艺术中却不多？这种差异对于中西文化的发展路径、根本特征和文艺表现产生了何种程度的影响？

在比较文学研究中，有个术语叫"缺类"，指的两种现象：一种文类在一个国家或民族文学中存在，而在别的国家或民族文学中不存在，或者一种文类在两个国家或民族都存在，但差异很大。通过对缺类现象的探讨和分析，挖掘缺类现象背后的文化差异，可以使我们从更广阔的角度来审视，深入研究相关文学的本质、源流及其各自的特点。缺类现象涉及文学的起源、发展与变异。缺类现象折射出不同的文化背景、心理倾向、思维定势和审美偏好。缺类研究以开放的心态和宏观的视野，客观考察两种异质文化的价值，正视自身文化的局限性，积极思考、借鉴对方文化中所体现出来的值得人类共享的思想精华，为自身文化注入新的活力。

我们从比较文学和比较文化学的角度，来探讨一下在中国和欧洲的文学艺术中，"月亮"意象明显差异的表现方式及其生成原因，进而探讨两种文化对"自然"的观念之差异及其后果。

一、月亮在中国文学艺术中持续的审美表征

中国人很早就对月亮产生了审美意识。现存最早的咏月诗歌是和爱情联系起来的，如《诗经·陈风·月出》。陈国以今天的河南淮阳为都城，辖地为今河南东部及毗邻之安徽一部分地区，公元前534年为楚国所灭，五年后

复国，公元前 479 年再为楚国所灭。因此，这首诗的创作时间很可能早于公元前 534 年。

从成书于公元前六世纪的《诗经》以来，月亮就一直是中国诗人的歌咏对象或灵感来源，名篇佳作不胜枚举，形成了中国文学的一个重要特点。我们按照中国文学发展史，分几个阶段，列举一些文学名篇（以诗词为主）。

（1）先秦时期：《月出》（《诗经·陈风》）；

（2）两汉三国时期：《明月何皎皎》（《古诗十九首》）、《明月皎夜光》（《古诗十九首》）、《明月上高楼》（曹植）等；

（3）南北朝时期：《月赋》（谢庄）；

（4）隋唐五代时期：《辽城望月》（"玄兔月初明"，李世民）、《江亭夜月送别二首》（王勃）、《关山月》（"塞垣通碣石"，卢照邻）、《明月引》（"洞庭波起兮鸿雁翔"，卢照邻）、《江中望月》（"江水向涔阳"，卢照邻）、《玩初月》（"忌满光先缺"，骆宾王）、《关山月》（"汉月生辽海"，沈佺期）、《望月有怀》（"天使下西楼"，宋之问）、《洛中晴月送殷四入关》（"清洛浮桥南渡头"，刘希夷）、《关山月》（"露湿月苍苍"，李端）、《春江花月夜》（张若虚）、《春江花月夜二首》（张子容）、《璧池望秋月》（"凉夜窥清沼"，张子容）、《望月怀远》（"海上生明月"，张九龄）、《秋夕望月》（"清迥江城月"，张九龄）、《秋夜望月》（"明月有馀鉴"，姚崇）、《和康五庭芝望月有怀》（"明月高秋迥"，杜审言）、《正月十五夜》（"火树银花合"，苏味道）、《关山月》（"高高秋月明"，鲍君徽）、《关山月》（"月出照关山"，戴叔伦）、《关山月》（"月明边徼静"，耿湋）、《月夜》（"皓月流春城"，韦应物）、《明月照高楼》（"朗月何高高"，雍陶）、《夜月》（"更深月色半人家"，刘方平）、《秋宵月下有怀》（"秋空明月悬"，孟浩然）、《明月》（"三五月华流炯光"，李如璧）、《秋夜望月忆韩席等诸侍郎因以投赠》（"秋天碧云夜"，李林甫）、《古朗月行》（"小时不识月"，李白）、《峨眉山月歌》（"峨眉山月半轮秋"，李白）、《关山月》（"明月出天山"，李白）、《静夜思》（"床前明月光"，李白）、《月下独酌四首》（李白）、《挂席江上待月有怀》（"待月月未出"，李白）、《月夜金陵

怀古》("苍苍金陵月",李白)、《望月有怀》("清泉映疏松",李白)、
《把酒问月·故人贾淳令予问之》("青天有月来几时",李白)、《月夜》
("今夜鄜州月",杜甫)、《月夜忆舍弟》(杜甫)、《月》("天上秋期近",
杜甫)、《月》("万里瞿唐月",杜甫)、《月》("四更山吐月",杜甫)、
《八月十五夜月二首》(杜甫)、《一百五日夜对月》("无家对寒食",杜
甫)、《同从弟南斋玩月忆山阴崔少府》("高卧南斋时",王昌龄)、《东溪
玩月》("月从断山口",王昌龄)、《海上生明月》("皎皎秋中月",李华)
《八月十五夜湓亭望月》("昔年八月十五夜",白居易)、《望月有感》("时
难年荒世业空",白居易)、《江楼月》("嘉陵江曲曲江池",白居易)、《八
月十五夜玩月》("天将今夜月",刘禹锡)、《月夜忆乐天兼寄微之》("今
宵帝城月",刘禹锡)、《八月十五夜桃源玩月》("尘中见月心亦闲",刘禹
锡)、《春月》("春月虽至明",元稹)、《八月十四日夜玩月》("犹欠一宵
轮未满",元稹)、《八月十五夜》("皎皎秋空八月圆",徐凝)、《八月十五
夜赠张功曹》(韩愈)、《中夜起望西园值月上》("觉闻繁露坠",柳宗元)、
《秋夜月中登天坛》("秋蟾流异彩",姚合)、《月》("桂轮秋半出东方",
方干)、《霜月》("初闻征雁已无蝉",李商隐)、《月》("池上与桥边",
李商隐)、《月》("过水穿楼触处明",李商隐)、《中秋月》("四十五秋
宵",李洞)、《月》("三十六宫秋夜深",杜牧)、《中秋月二首》(李峤)、
《八月十五夜玩月》("寻常三五夜",栖白)、《月下呈章秀才》("自古悲摇
落",刘长卿)、《将中对月》("空洲夕烟敛",刘长卿)、《月下听砧》
("夜静掩寒城",刘长卿)、《十五夜望月寄杜郎中》("中庭地白树栖鸦",
王建)、《天竺寺八月十五夜桂子》("玉颗珊珊下月轮",皮日休)、《中秋
待月》("转缺霜轮上转迟",陆龟蒙)、《春山夜月》("春山多胜事",于良
史)、《月》("魄依钩样小",薛涛)、《明月夜留别》("离人无语月无声",
李冶)、《荷叶杯·镜水夜来秋月》(温庭筠)、《春江花月夜词》("玉树歌
阑海云黑",温庭筠)、《咏月》("湖上风高动白蘋",罗隐)、《月》("寥
寥天地内",曹松)等;

(5)五代宋元时期:《月儿弯弯照九州》(佚名)、《生查子》("新月曲
如眉",牛希济)、《应天长》("一钩初月临妆镜",李璟)、《虞美人》

（"春花秋月何时了"，李煜）、《喜迁莺》（"晓月坠"，李煜）、《菩萨蛮》（"花明月暗笼轻雾"，李煜）、《秋夜月·当初聚散》（柳永）、《采莲令》（"月华收"，柳永）、《虞美人》（"疏梅月下歌金缕"，晏几道）、《水调歌头》（"明月几时有"，苏轼）、《减字木兰花·春月》（"二月十五夜"，苏轼）、《中秋登楼望月》（"目穷淮海满如银"，米芾）、《癸未八月十四日至十六夜月色皆佳》（"年年岁岁望中秋"，曾几）、《水调歌头·金山观月》（"江山自雄丽"，张孝祥）、《卜算子》（"雪月最相宜"，张孝祥）、《湘春夜月》（"近清明"，黄孝迈）、《秋波媚·七月十六日晚登高兴亭望长安南山》（陆游）、《一剪梅·中秋圆月》（"忆对中秋丹桂丛"，辛弃疾）、《木兰花慢·可怜今夕月》（辛弃疾）、《水调歌头·和马叔度游月波楼》（辛弃疾）、《蝶恋花·月下醉书雨岩石浪》（辛弃疾）、《好事近·七月十三也登万花川谷望月作》（杨万里）、《望江南》（"江南月"，王琪）、《暗香》（"旧时月色"，姜夔）、《酹江月·和友驿中言别》（"乾坤能大"，文天祥）、《人月圆·重冈已隔红尘断》（元好问）、《人月圆·会稽怀古》（张可久）等；

（6）明清时期：《念奴娇·雪霁夜月中登楼望贺兰山作》（朱栴）、《中秋月》（徐有贞）、《美人对月》（"斜髻娇娥夜卧迟"，唐寅）、《把酒对月歌》（"李白前时原有月"，唐寅）、《念奴娇·中秋对月》（"桂花浮玉"）（文征明）、《十二月十五夜》（"沉沉暮鼓急"，袁枚）、《夜过借园见主人坐月下吹笛》（"秋叶访秋士"，袁枚）、《中秋夜洞庭湖对月歌》（查慎行）、《灵隐寺月夜》（"夜寒香界白"，厉鹗）、《望江南·咏弦月》与《蝶恋花·辛苦最怜天上月》（纳兰性德）、《元夕无月》（"满城灯市荡春烟"，丘逢甲）等；

（7）现当代时期：《蝶恋花》（"月到东南秋正半"，王国维）、《荷塘月色》（朱自清）、《月亮》（海子）等。①

---

① 需要说明的是，我们列举的明清以来写月、咏月的诗歌之所以相对较少，主要有两个原因：第一，仅仅是存世的明朝诗歌就有四十万首，而像《全唐诗》和《全宋词》这样的大型工具书尚未编纂完成，我们难以进行全面梳理；第二，尽管明朝以来与月亮意象有关的诗词数量庞大，但在书写内容和写作技巧上令人耳目一新的作品相对较少，原因在于社会生活的形态变化不大，诗人和词人没有很多新鲜的经验所造成的情感激发，而中国诗歌在缺少外来文学刺激的情形中，更多的是自我重复，而不是自我更新——明清以来中国文学的自我更新更多地表现为容纳了诗词的长篇小说的勃兴和繁荣。

喜欢民族音乐的中国人也可以说出与月亮有关的一些著名曲子，比如《关山月》、《汉宫秋月》、《春江花月夜》、《二泉映月》、《月夜》、《平湖秋月》等。

普通的当代中国人大都可以随口说出一些与月亮有关的流行歌曲，甚至能够把它们完整地唱出来，比如《月亮代表我的心》、《月亮走我也走》、《花好月圆》、《明月千里寄相思》、《十五的月亮》、《月光下的凤尾竹》、《月亮之上》、《月满西楼》、《弯弯的月亮》、《月亮之歌》、《月光小夜曲》等。

在汉文化影响下，就连少数民族地区的一些歌曲也与月亮有关，比如新疆民歌《半个月亮爬上来》、云南民歌《小河淌水》、白族民歌《月下情歌》、内蒙古民歌《敖包相会》。云南民歌《小河淌水》与《诗经·陈风·月出》有明显相同的审美趣味和表征方式。从河南到云南，从中原大地到西南边陲，我们看到的是中国文化的一脉相承与源远流长。

二、月亮在欧洲文学艺术中阶段性的审美表征

古希腊文学所取得的成就世所公认，但与月亮有关的诗歌名篇不多。最著名的是女诗人萨福（约前610—约前570）的一首短诗《月亮下去了》①。巧合的是，萨福的《月亮下去了》也写于公元前六世纪，也把月亮与爱而不得的孤独惆怅联系在一起。然而，这首诗就像是一曲绝唱，直到1777年夏，在浪漫主义发端的德国，诗人歌德（1749—1832）才写下了被誉为"最美的月光诗"的《对月吟》②，借景抒发了他对斯坦因夫人的爱情。

同样是在浪漫主义的德国，作曲家贝多芬（1770—1827）于1801年创作了《月光》钢琴奏鸣曲。这是现代欧洲与月亮有关的最早一首著名乐曲。它之所以被称为《月光》，据说是因为德国诗人路德维希·莱尔什塔勃将此曲第一乐章比作"犹如在瑞士琉森湖月光闪烁的湖面上摇荡的小舟一般"。另一说法是贝多芬给一对盲人兄妹演奏钢琴时，风将蜡烛吹灭了，月光静静地洒落在那间贫寒的小屋里，洒在沉寂的钢琴和三个人的身上。有感此情此景，贝多芬即兴创作了《月光》奏鸣曲。人们在这首奏鸣曲中可以感受到

① 周煦良：《外国文学作品选》（第一卷），上海译文出版社1979年版，第35页。
② 梁宗岱：《梁宗岱译诗集》，湖南人民出版社1983年版，第4页。

贝多芬最深切的爱的情感。有更多的证据表明：在这首曲子中，平民出身的贝多芬表达了他对出身贵族的朱丽叶塔爱而不得的惆怅和悲伤。月亮再一次与爱而不得的惆怅联系在一起。

英国诗人柯尔律治（1772—1834）写于1788年的《致秋月》①，既是他本人有记录的第一首诗歌，也可能是英国浪漫主义文学第一首歌咏月亮的作品。另一位英国浪漫主义诗人雪莱（1792—1822）写于1820年的《问月》②，则从月亮联想到了个人的孤独。法国浪漫主义诗人雨果（1802—1885）写于1828年的《月亮》③，从月亮想到了异国情调。法国象征主义诗人波德莱尔（1821—1867）发表于1857年的《月亮的愁思》④，把月亮的孤独与耿耿难眠的诗人联系在一起。波德莱尔去世以后，作为象征主义诗歌流派领袖的保罗·魏尔伦（1844—1896），写了不止一首以月亮为题材的诗，以描绘灵魂里的风景，比如《月光曲》⑤、《白色的月》⑥。

欧洲现代音乐中与月亮有关的名曲，中国的音乐爱好者们比较熟悉的，还有法国印象派作曲家德彪西（1862—1918）写于1890的钢琴曲《月光》，和捷克作曲家德沃夏克（1841—1904）公演于1901年的歌剧《水仙女》中的咏叹调《月亮颂》。

德国浪漫主义风景画家卡斯帕·大卫·弗里德里希（1774—1840）可以说是对月亮情有独钟。他画了不少与月亮和月夜有关的油画，比如《橡树林中的修道院》（1809年）、《波罗的海边的十字架》（1815年）、《海上生明月》（1817年）、《明月升起的小镇》（1817年）、《月色中的格赖夫斯瓦德》（1817年）、《观月的两个男人》（1819—1820年）、《观月的两个男人》（1819—1820年）、《观月的男女》（1820年代后期）、《海边月色》（1835—1836年）、《沧海月明》（1835—1837年）等。

作为印象派先驱者的英国画家透纳（1775—1851）也画了描绘月夜事

---

① 塞缪尔·泰勒·柯尔律治：《老水手行》（汉英对照多雷插图本），杨德豫译，吉林出版集团有限公司2015年版，第1页。

② 梁宗岱：《梁宗岱译诗集》，湖南人民出版社1983年版，第20页。

③ 维克多·雨果：《雨果诗选》，沈宝基选译，湖南人民出版社1985年版，第35-36页。

④ 陈敬容：《陈敬容译诗集》，湖南人民出版社1984年版，第27页。

⑤ 梁宗岱：《梁宗岱译诗集》，湖南人民出版社1983年版，第47页。

⑥ 梁宗岱：《梁宗岱译诗集》，湖南人民出版社1983年版，第50页。

件的一些风景画，但这些风景画流露出深深的悲剧意味。

由于印象派更多地关注户外和野外风景，旅居法国的荷兰画家文森特·凡·高（1853—1890）创作了一些令人印象深刻的月夜作品，比如完成于1889年的著名作品《星月之夜》，以及都完成于1890年《有丝柏的道路》和《新月下散步的夫妇》等。法国后期印象派画家亨利·卢梭（1844—1910）画了城市与公园的月夜，还画了一些带有异国情调的月夜风景画，但其野蛮和残酷意味非常明显。也就是说，亨利·卢梭并不像保罗·高更（1848—1903）那样天真地以为逃逸到蛮荒和落后地区，就会解决文明危机。同样需要注意的是，凡·高与亨利·卢梭也画了不少太阳下的风景。至少在凡·高那里，太阳更能让他感到希望和温暖。

但是，歌德、贝多芬、弗里德里希并没有因此而开创欧洲文学艺术的表征月亮的新传统，而弗里德里希本人生前影响很有限，死后很快就被人们遗忘了。直到20世纪初，他的作品才重新引起艺术界的重视。

出生于捷克的小说家米兰·昆德拉（1929—）注意到法国海外省马提尼克画家埃内斯特·布贺勒的所有画作上，"新月挂在地平线上，尖尖的两头向上，宛如一艘漂浮在夜浪上的轻舟"，而且，"埃内斯特会赋予月亮一种热性的金黄色，在他神话般的画作里，月亮代表一种无法企及的幸福"。然而，不仅是欧洲人，就连马提尼克本地人也没有注意月亮的存在：

> 奇怪的是，我和几个马提尼克人聊过这件事，我发现这些人都不知道月亮在天空中的具体样貌。我问了欧洲人，你们记不记得欧洲的月亮？它来的时候是什么形状？离开的时候又是什么样子？他们不知道。人已经不看天空了。
>
> 被人抛弃之后，月亮沉入布贺勒的画作上。可是，在天空中不再看见月亮的那些人，在画作上也看不见月亮。你是孤独的，埃内斯特。孤独宛如汪洋中的马提尼克。孤独宛如德佩斯特的淫欲在修道院里。孤独宛如凡·高的画作在观光客低能的目光中。孤独宛如月亮，无人望见。①

---

① 米兰·昆德拉：《相遇》，尉迟秀译，上海译文出版社2010年版，第130 - 131页。

三、月亮在中国和欧洲文艺中表征差异的历史与文化根源

中国人对月亮的重视和欧洲人对月亮的轻视或忽视各有其历史与文化的原因。

传统中国是典型的农业社会，人们日出而作，日落而息。由于技术落后，人们基本上是靠天吃饭，只有风调雨顺，才能五谷丰登。在长期的生产与生活中，他们凭借总结出一套历法，以直观的月亮十二次盈亏变化作为一个时间周期，即一年。在文盲为主的中国古代社会，至少半个月里举头可见的月亮成为人们的生产和生活的最重要参照，而满月之夜的月辉，为人们提供了电灯发明之前最为理想的自然光源，使集体性的节庆活动得以举行。

中国文化是一种天人合一的文化，其重要特征之一就是人与自然之间具有内在的同构关系，人情因物变迁。"情以物迁"表现为两种情况：第一种是人对自然的生理反应和心理反应，第二种是人与自然的深层对应，人之情与物之象有特定的对应关系。前者如刘勰《文心雕龙·物色》所描述："献岁发春，悦豫之情畅；滔滔孟夏，郁陶之心凝；天高气清，阴沉之志远；霰雪无垠，矜肃之虑深。"后者即苏轼《水调歌头·明月几时有》所说："人有悲欢离合，月有阴晴圆缺。"

中国古代的哲学和宗教基于自然，也以自然为旨归，尽管各家对"自然"的理解和侧重有所不同。儒家追求"天人合一"，道家主张"道法自然"，而作为佛教中国化形式的禅宗佛教反对刻意追求脱俗，主张回到生活本身，以超越的智慧，自然而然地去过平淡无奇的日常生活。联语"千江有水千江月，万里无云万里天"，以月亮和青天来描绘禅宗所追求的浑无挂碍，澄澈、明净、实在的自足圆融状态。作为哲学与宗教的儒道佛，从自然出发，寻求精神的超越，但最终回到自然。尽管从十九世纪中期以来，中国社会就开始了现代转型，而且经历了多次革命，但直到二十一世纪第二个十年里，城市居民才超过总人口的二分之一。这就使得亲近自然的传统保留到如今，人们对月亮和自然的兴趣与好感也得以保留下来。

欧洲文化传统中的自然观有两大渊源，即古希腊哲学和基督教《圣经》。希腊人以自然为与人类主体相对待的客体，是理性认知的对象。《圣经》则以自然为上帝的受造物，而同为受造物的人类则是按照上帝形象所造，因而是上帝救赎计划的中心，自然界则是人类管理的对象。希腊和圣经

传统有一个共同点，即人类与自然二分，自然是人类的思维或操作利用的对象。这两大传统，在不同时期经不同诠解和应用，成为欧洲历史发展的巨大推动力。

希腊人面对的自然是敌意的。在《奥德修纪》中，虽然直线距离很近，主人公却在大海上漂流十年，历尽艰辛才得以回到家里。面对神秘莫测的大海和凶险的自然，他们常感到人类的渺小和人生的无常，认为自己的命运被一种更高的力量所主宰。因此，他们难以产生"天人合一"的观念，也无法像古代中国人那样对对自然产生一种亲切感，而是追求对超验世界的理解和感悟，比如柏拉图的"理念"。

古希腊和古罗马虽然也有农业，但牧业和商业更为发达，商业在经济活动中具有极为重要的地位。与此相关，城市成为政治、经济、文化和生活的中心。在希腊、罗马的诸神中，男性的太阳神比女性的月亮神更有影响力。希腊哲学有很强的形而上学色彩，从肉眼可见的世界指向肉眼不可见但可以被感悟的世界。犹太—基督教指向的是一个既是造物主又是主宰者的独一真神。可以经验的自然是出发点，引向精神和灵魂的超验世界。这种思想就使基督教能够以对接的方式，在希腊、罗马的世界迅速传播，并成为罗马帝国的国教，从而主导欧洲的精神生活。

自基督教成为罗马国教以后，人们更重视内在的精神生活而不是外在的物质世界。中世纪被称为"信仰时代"，人们关注的是精神和灵魂的飞升与超越，自然在文化和精神生活中的重要性大大降低了。其结果是，作为审美对象的月亮，在欧洲文学艺术中受到了长期忽视。同时，欧洲人延续了罗马人对月亮的回避态度。文艺复兴时期，欧洲人重新关注人在现世的生活幸福感，重新打量周遭的世界，风景开始进入到人的审美兴趣中。"15 和 16 世纪的自然主义哲学赋予自然以理性和感性、爱和恨、欢乐和痛苦，并在这些能力和情感中找到了自然过程的原因。"[①]

在莎士比亚的《罗密欧与朱丽叶》中，有一段著名的对白，表明十七世纪的欧洲人对于月亮还不是很有好感：

> 罗密欧：姑娘，凭着这一轮皎洁的月亮，它的银光涂染着这些果树

---

① R. G. 柯林武德：《自然的观念》，吴国盛译，北京大学出版社 2006 年版，第 116 页。

的梢端，我发誓——

朱丽叶：啊！不要指着月亮起誓，它的变化是无常的，每个月都有盈亏圆缺；你要是指着它起誓，也许你的爱情也会像它一样无常。①

在研究中国古代文人的自然观时，德国汉学家顾彬指出："在西方，自然当作风景，就是说当作被单独注意、感受到的部分，在绘画中，直到十七世纪（荷兰），而在文学中，直那十八世纪才确定下来。这并不意味着在此前的若干世纪里艺术中能没有自然的'介入'，但它起的只是衬托作用，既非可单独认识的现实部分，又非自然意识当作什么独特之物的发展。"② 在浪漫主义时期，欧洲文学艺术家才对月亮产生了审美意识，因而出现了较多与月亮有关的文学艺术作品。

十八世纪启蒙运动的一些哲学家，认为"理性"高于"激情"，又把"宗教"视为"迷信"，而"迷信"就是"无知"的同义语。哲学家们中间有人公开宣称是无神论者，如狄德罗（1713—1784）。这使基督教对知识精英的影响力大大削弱。

再者，由于布鲁诺（1548—1600）和斯宾诺莎（1632—1677）的影响，泛神论开始流行，赋予了"自然"（"神"的作品）以神性，以及与神同等的地位。"用布鲁诺的话说，任何特定事物以及任何特定运动都有一个本原或自身内的来源，都有一个原因或自身外的来源。上帝既是本原又是原因：作为本原，内在于自然的每一个别部分；作为原因，超越于每一个别部分。"③ 布鲁诺把宇宙、自然界与神等同起来，认为自然界的物质是永恒存在的，而且自身在运动变化之中。斯宾诺莎则用"神"和"自然"两个术语表达同一概念，即表示作为万物存在的原因的最高实体。基督教内部有人受其影响发展出"自然神论"。天文物理学的发展，甚至使得德国哲学家康德（1724—1804）产生了近乎"天人相应"的观点："在晴朗之夜，仰望星空，就会获得一种愉快，这种愉快只有高尚的心灵才能体会出来。在万籁无声和感官安静的时候，不朽精神的潜在认识能力就会以一种神秘的语言，向

---

① 威廉·莎士比亚：《罗密欧与朱丽叶》，《莎士比亚全集》（第4卷），朱生豪等译，人民文学出版社1994年版，第638页。

② W. 顾彬：《中国文人的自然观》，马树德译，上海人民出版社1990年版，第1页。

③ R. G. 柯林武德：《自然的观念》，吴国盛译，北京大学出版社2006年版，第121页。

我们暗示一些尚未展开的概念，这些概念只能意会，而不能言传。"① 在《实践理性批判》的结论中，康德将星空与道德法则相提并论，认为它们与人的实存意识密不可分。②

康德的思想是深刻的，但卢梭（1712—1778）因其通俗易懂的哲学著作和缠绵悱恻的文学作品，对一般人产生的影响更大。他公开提倡"回到自然"，以摆脱病态发展的"文明"。这种倾向表现在文艺作品中，即是浪漫主义式的孤独、惆怅等情绪的渲染和自怜。这也是欧洲人要到浪漫主义时期才对月亮产生审美意识的原因。德国文学艺术之所以最早表征月亮，因为它是浪漫主义的发源地，地理、经济等方面的特殊性，使文学艺术家对自然有更多的关切和感受。

十九世纪城市化的发展，使以理性化为特征的现代性展开成为不可阻挡的趋势。尽管它造成了人们内心世界的困惑与精神危机，但"回到自然"显然不是有效的危机解决方案。随着自然主义的兴起，对月亮的审美和文艺表征，再次遭到西方文学艺术家们的忽视。

结语：中国人和欧洲人对待"自然"不同态度所造成的深远影响

中国人对月亮的情有独钟和西方人对月亮的总体忽视，在深层次上体现了中国人和西方人对待"自然"的不同态度，进而影响了各自的思想观念，从而造成了文化的差异。

中国古代人认为宇宙是本来就有的，而且是不言自明的，即自然而然的。人是万物中的一个组成部分，人的问题在于他们忽视了这一点，所以，人在自然中寻求一种回归与精神契合。教育家蒋梦麟（1886—1964）指出："中国人深爱大自然，这不是指探求自然法则力一面的努力，而是指培养自然爱好者的诗意、美感或道德意识。月下徘徊，松下闲坐，静听溪水细语低吟，可以使人心神舒坦。观春花之怒放感觉宇宙充满了蓬勃的精神，见落叶之飘零则感觉衰景的凄凉。"③ 也就是说，古代中国人是以仰慕的态度，向

---

① 伊曼努尔·康德：《宇宙发展史概论》，全增嘏译，王福山校，上海译文出版社 2001 年版，第 142 页。

② 伊曼努尔·康德：《实践理性批判》，邓晓芒译，杨祖陶校，人民出版社 2003 年版，第 220 页。

③ 蒋梦麟：《西潮·新潮》，岳麓书社 2000 年版，第 258 页。

自然表达自己的敬意，并竭力与之看齐，使生命得以安顿，心灵得以升华。蒋梦麟认为："大自然是中国的国师。她的道德观念和她的一切文物都建筑于大自然之上。"①

哲学家周辅成（1911—2009）认为希腊人的情形正好相反："希腊人生在山岭纵横的希腊半岛上，他们的生活，大部依于海上；所以人口都集中于城国内，他们的人民都是面面相睹的，每天看的，都是一城内的人，那城外广大的自然，很少为他们亲近，他们仰望的天空，都是从街上和窗外看到的天空，因此，其宇宙观不仅是天人相隔，他们甚至不注意天，只注意人。"②我们虽然不能说环境决定一切，但不同的生活环境确实造成了希腊人与中国人非常不同的观念与文化，并且影响到后世："希腊人循其路而成为以人看天，流为人本主义的文化；中国人则相反，以天看人，演为物我双亡，天人合一的文化；希腊人觉得能实现自己最高理想的地方，是社会；而中国人，则在家庭与国家两者。希腊人及以后承继希腊文化之西洋人，其视为世界有冲突，而需调剂者为个人与社会间之关系；中国人则视此为个人与家庭和国家间之轻重关系。"③

因此，对"月亮"意象在中国与欧洲文学艺术中的不同表征，其实体现了双方在历史和文化方面的源流不同和路径差异。这个问题促使我们深入研究中国的文化传统，思考中国文化更新和发展的可能性与必要性，也反思西方现代性展开中理性化过度带来的问题及其解决方案。正如诺贝尔和平奖得主施韦泽（1875—1965）所说："只有当我们再度获得一个强大而有价值的世界观，并且在其中找到强大而有价值的信念，我们才能再度拥有产生新文明的能力。"④

（作者：张　弛）

---

① 蒋梦麟：《西潮·新潮》，岳麓书社 2000 年版，第 258 页。
② 周辅成：《中国文化对目前国难之适应》，《周辅成文集》（卷 I），北京大学出版社 2011 年版，第 140－141 页。
③ 周辅成：《中国文化对目前国难之适应》，《周辅成文集》（卷 I），北京大学出版社 2011 年版，第 141 页。
④ 引自周穗明：《文明的震荡——当代西方后"三十年现象"》，海天出版社 1998 年版，第 233 页。

近代中西小说比较中的想象西方问题

所谓想象西方，就是在认知、理解西方的过程中，掺杂了一定的主观因素，主观的把握与客观的现实有一定的距离。由于信息掌握的不全面，沟通渠道的不畅通和理解的不到位，在异质文化交流的过程中，或多或少都会出现想象对方的问题。但在近代中国，想象西方的问题特别明显而且严重，不仅影响到国人对西方的认知，而且影响到民众的日常生活，有必要进行专题研究。本文试从中西小说比较的角度对这种现象进行分析，以管中窥豹。

一

近代中国小说是在西方文化与文学的冲击与影响下发展起来的，其中，西方小说又占据了一个重要的位置。西方小说在近代中国大量存在，国人每打开两本小说作品，就至少有一本是西方的（包括日本）。披发生对此深有感慨："自迩年西风输入，事事崇拜他人，即在义理词章，亦多引西哲言为典据，于是小说一科，遂巍然占文学中一重要地位。译人蝟起，新著蜂出，直推倒旧说部，入主齐盟；世之阅者，亦从风而靡，舍其旧而新是谋焉。余尝调查每年新译之小说，殆逾千种以外。呜呼！可谓盛而滥矣！"① 在这样的环境中，进行中西小说的比较，就是自然而然的事。

这种比较首先是中西小说特点的比较。

中西小说来自两种不同的文化，有着不同的社会背景、文化文学传统，

---

① 披发生：《红泪影·序》，载陈平原、夏晓虹编《二十世纪中国小说理论资料》（第 1 卷），北京大学出版社 1997 年版，第 379 页。

其发展路线、程度也不一致。两种异质文学摆在一起，首先吸引国人的自然是它们不同的特点。

管达如从内容的角度指出，"译本小说之善，在能以他国文学之所长，补我国文学之所短。盖各国民之理想，互有不同；斯其文学，亦互有不同。既有同异，即有短长。此无从讳，亦无庸讳也"。他认为，"中国小说之所短，第一事即在不合实际"。书上写的"一若著者曾经身历"，但"按之实际，则无一能合者。"而"西洋则不然"，他们的"国民崇尚实际，凡事皆重实验，故决无容著述家向壁虚造之余地"。而"译本小说之所长，又在能以他国社会之情形，报告于我国国民"。因为各国社会、民情不同，而小说又以形象的方式反映生活。多读译本小说，能使国人更多地了解世界，"不徒可输入他国之文学思想，抑可为觇国之资矣"。译本小说也有两点不如自著小说的地方。"一，矫正社会恶习之功力校也。小说之所以能矫正社会之恶习者，以其感人之深。其感人之所以深，以其所叙述之事实，所陈说之利害，与读者相切近也。"译本小说写的是外国的事，陈述的是外国的利害，自然没有自著小说那样打动国人。"一，趣味不如自著者之浓深也。"这是因为"各国国民之好尚，互有不同。外国人所以为乐者，未必我国人亦以为乐"。自著小说"本为吾国社会之产物，且多以投合社会之心理而作者"，自然更能得到国人的喜爱。①

另一批评家吴虞认为，"西人谓小说为文学与美术之菁华，必社会进步，而后小说进步"。因此，欧美作家创作态度严肃认真，取当世之材料，沉思默想后发而为文章，"以潜移世人之思想，纳诸进化之途，易俗移风，此小说之功用，所以为伟也"。而"吾国后来小说，多宗袭唐人，竦权慕势，奖盗诲淫，学术浅薄，思想陋劣，社会智识，弥弗周遍"。② 吴虞的观点，似乎有点偏激，对于中国小说，评价过苛。但也部分指出了中西小说在创作取向与社会作用方面的差异，有一定的道理。

---

① 参见管达如：《说小说》，载陈平原、夏晓虹编《二十世纪中国小说理论资料》（第1卷），北京大学出版社1997年版，第407－408页。

② 吴虞：《松冈小史·序》，载陈平原、夏晓虹编《二十世纪中国小说理论资料》（第1卷），北京大学出版社1997年版，第539页。

也有从艺术的角度指出两者的不同特点的。

曼殊认为，"泰西之小说，书中之人物常少；中国之小说，书中之人物常多。泰西之小说，所叙者多为一二人之历史；中国之小说，所叙者多为一种社会之历史（此就佳本而论，非普通论也）"。① 徐念兹认为："西国小说，多述一人一事；中国小说，多述数人数事。"② 这是从材料与规模的角度进行比较，说明中国小说，材料更为丰富，人物更为众多。当然，这只是一般情况，就个案看，也不能排除西方小说中也有人物众多的史诗性的作品。但如果仅就人物、材料看，西方小说的人物、材料很难有超过《红楼梦》《三国演义》的。因此，就一般情况而言，这种说法还是站得住脚的。

周桂笙引其友徐敬吾语云："读中国小说，如游西式花园，一入门，则园中全景，尽在目前矣；读外国小说，如游中国名园，非遍历其境，不能领略个中况味也。盖以中国小说，往往开宗明义，先定宗旨，或叙明主人翁来历，使阅者不必遍读其书，已能料其事迹之半，而外国小说，则往往一个闷葫芦，曲曲折折，直须阅至末页，方能打破也。"（《丛话》：101－102）在评论《毒蛇圈》时，周桂笙再次指出："我国小说体裁，往往先将书中主人翁之姓氏、来历，叙述一番，然后详其事迹于后；或亦有用楔子、引子、词章、言论之属，以为之冠者，盖非如是则无下手处矣。陈陈相因，几于千篇一律，当为读者所共知。此篇为法国小说巨子鲍福所著。其起笔处即就父母［女］问答之词，凭空落墨，恍如奇峰突兀，从天外飞来，又如燃放花炮，火星乱起。然细察之，皆有条理。自非能手，不敢出此。虽然，此亦欧西小说家之常态耳。"③ 这种情况，与叙事顺序有关，中国小说，喜欢从头说起，来龙去脉，交代得清清楚楚。《水浒》《三国》《红楼》《西游》皆是如此。而西方小说，则往往从中间开始，或以倒叙开头。即使是从头说起，也缺乏

---

① 参见饮冰等：《小说丛话》，载陈平原、夏晓虹编《二十世纪中国小说理论资料》（第1卷），北京大学出版社1997年版，第88－89页。后文出自同一著作、同一析出文献里的引文，将随文标出该析出文献名称简称"《丛话》"和引文出处页码，不再另注。

② 东海觉我（徐念兹）：《小说林缘起》，载黄霖、韩同文编《中国历代小说论著选》（下册），江西人民出版社2000年版，第292页。

③ 知新室主人（周桂笙）：《毒蛇圈·译者识语》，载陈平原、夏晓虹编《二十世纪中国小说理论资料》（第1卷），北京大学出版社1997年版，第111页。

中国小说那种历时的追溯。如《水浒》写一百单八将，非要从洪太尉误走妖魔说起；《红楼》叙贾府故事，非要从女娲补天开始。另一方面，中国小说人物出场，喜欢给他一个交代、亮相与定性，再叙述其事迹，西方小说则往往是边叙述边交代，不一定在人物出场时就交代完毕。这种不同的叙事方式，造成了读中国小说如游西式花园，读西方小说，如游中国名园的阅读感受。周桂笙的看法，大致符合中西小说的实际。当然，也不能说中国小说的叙事方式就一定会造成一览无余的阅读效果。因为作者在叙事的过程中，仍然可以有各种变化，如《水浒传》。周桂笙的看法还是有一定的片面性。

　　林纾在译完《利俾瑟战血余腥记》后写道："余历观中史所记战事，但状军师之摅略，形胜之利便，与夫胜负之大势而已，未有赡叙卒伍生死饥疲之态，及劳人思妇怨旷之情者。盖史例至严，不能间涉于此。虽开、宝诗人多塞下诸作，亦仅托诸感讽，写其骚愁，且未历行间，虽空构其众，终莫能肖。至《嘉定屠城记》、《扬州十日记》，于乱离之惨，屠夷之酷，纤悉可云备矣。然《嘉定》一记，貌为高古，叙事颠倒错出，读者几于寻条失枝。"《利俾瑟战血余腥记》"详叙拿破仑自莫斯科败后，募兵苦战利俾瑟，逮于滑铁卢。中间以老甃约瑟为纲，参以其妻格西林之恋别，俄、普、奥、瑞之合兵，法军之死战，兵间尺寸之事，无不周悉。……既脱稿，侯官严君潜见而叹曰：是中败状，均吾所尝亲历而遍试之者，真传信之书也"。林纾认为："是书果能遍使吾华之人读之，则军行实状，已洞然胸中，进退作止，均有程限，快枪急弹之中，应抵应避，咸蓄成算。或不至于触敌即绥，见危则奔，则是书用代兵书读之，亦奚不可者？"① 西方小说特别是现实主义小说重视细节描写，讲究细节的真实。巴尔扎克曾自述，"法国社会将写它的历史，我只能当它的书记"。他认为"小说在细节上不是真实的话，它就毫无足取了"。② 置身这种写作氛围，西方作家喜欢描写细节，描写日常生活，

---

　　① 林纾：《利俾瑟战血余腥记·叙》，载《林琴南书话》，吴俊标校，浙江人民出版社1999年版，第14－15页。

　　② 巴尔扎克：《人间喜剧·前言》，载伍蠡甫、胡经之编《西方文艺理论名著选编》，北京大学出版社1988年版，第111、117页。

描写真实的场景。而中国作家在这些方面则要差一些。很多中国小说特别是话本小说议论较多，描写比较粗疏。林纾曾在不同场合如对狄更斯创作的评论、对日本小说《不如归》的评论中谈到这一点，要求中国作家吸取西方小说的长处，在细节描写、小说的真实性上下工夫。这种观点是值得肯定的。

有些比较没有明显地列出比较的两个方面，而只是论述了其中的一个方面。但由于批评者在论述的时候就有西方或中国的小说存于心中，作为评论的参照系，因此，实际上也包含了浓厚的比较因素。如侠人认为："吾国之小说，莫奇于《红楼梦》，可谓之政治小说，可谓之伦理小说，可谓之社会小说，可谓之哲学小说、道德小说。"政治、伦理、社会、哲学、道德小说都是西方的概念。作者虽然没有论述西方这些小说的情况，但比较的意思已含其中。如谈"元妃归省"时，作者写道："绝不及皇家一语，而隐然有一专制君主之威，在其言外，使人读之而自喻。……大观园全局之盛衰实与元妃相终始。读此曲（指写元妃的《恨无常》一曲，为《红楼梦》十二支曲之一，笔者按。），则咨嗟累欷于人事之不常，其意已隐然言外矣。此其关系于政治上者也。"（《丛话》：89）这种思维方式有着深厚的西方因素。至于王国维之论《红楼梦》，西方哲学如叔本华的思想、西方文学的影响更是比比皆是。很多地方作者虽未明说，这些思想早已暗含其中。

由于文学与文化、社会是紧密相连的，不联系文化与社会，很多文学问题说不清楚。因此，中西小说的很多比较，往往延伸到文化和社会的领域。周桂笙在谈到西方侦探小说时，认为侦探小说在西方的产生与西方社会有关，在中国的土壤上无法产生西方类型的侦探小说。① 林纾在《〈不如归〉序》中指出，日本小说《不如归》之所以描写甲午海战实事求是，如实描写了中国海军的战绩，是因为"文明之国则不然，以观战者多，防为所讥，措辞不能不出于纪实；既纪实矣，则日本名士所云中国之二舰如是能战，则非决然遁逃可知矣。"② 因为日本观战者多，制度严明，因此日本作家在描

---

① 参见周桂笙：《歇洛克复生侦探案弁言》，载黄霖、韩同文编《中国历代小说论著选》（下册），江西人民出版社 2000 年版，第 137 页。

② 林纾：《不如归·序》，载《林纾文选》，许桂亭选注，百花文艺出版社 2006 年版，第 74 页。

写甲午海战时能够实事求是，不夸大不缩小。也正因为如此，所以林纾能够将书中的记叙作为自己论证"镇远""定远"二舰在海战中奋勇抗敌，没有临阵脱逃的证据。

二

　　与特点比较相连的，自然是优劣的比较。严格地说，优劣不能算是一种客观的比较，因为它主要取决于比较者主观的判定，而这种判定又取决于比较者自身的立场、观念。同样的事实，不同的比较者可能会得出不同的优劣结论。从文化相对主义的角度看，文化之间没有优劣之分，任何文化，都是与其所自产生的民族、社会紧密相连的。这些民族与社会有其存在的价值，文化也就有其存在的价值。但是，在中国近代特殊的环境下，这种比较又是不可避免的。海登·怀特认为，"一切历史都是当代史"，近代的中西比较也不可避免地要带上比较者的观点与立场。因此本节将优劣比较也纳入讨论的范围。

　　总体上看，对于中西小说的优劣，大致有三种态度。

　　一种是褒中贬西。持这种态度的批评家一般对中国传统文化持肯定的态度，他们也看到了中西小说的差异，但在比较中更倾向于肯定中国的长处。如侠人认为，"西洋小说分类甚精，中国则不然，仅可约举为英雄、儿女、鬼神三大派，然一书中仍相混杂"。这是中国小说的短处。但中国小说有三大长处。其一，是人物、事件众多，"而能合为一炉而治之。除一、二主人翁外，其余诸人，仍各有特色"。而西洋小说"一书仅叙一事，一线到底"。一部小说只有一个主人公，其他陪衬人物，"几无颜色矣"。其二，是"中国小说，卷帙必繁重，读之使人愈味愈厚，愈入愈深"。西方小说则篇幅短小，很多作品不及中国小说的十分之一。"故读惯中国小说者，使之读西洋小说，无论如何奇妙，终觉其索然易尽。"其三，"中国小说起局必平正，而其后则愈出愈奇。西洋小说起局必奇突，而以后则渐行渐弛。大抵中国小说，不徒以局势疑阵见长，其深味在事之始末，人之风采，文笔之生动也。西洋小说专取中国之所弃，亦未始非文学中一特别境界，而已低一着矣"。经过这样的分析，侠人总结道："准是以谈，而西洋之所长一，中国之所长

·

三。然中国之所以有三长，正以其有此一短。故合观之，而西洋之所长，终不足以赎其所短；中国之所短，终不足以病其所长。吾祖国之文学，在五洲万国中，真可以自豪也。"不过，侠人虽然认为中国小说长于西洋小说，却还承认"唯侦探一门，为西洋小说家专长。中国叙此等事，往往凿空不近人情，且亦无此层出不穷境界，真瞠乎其后矣"（《丛话》：92-93）。另一批评家黄人不同意此观点。他认为："我国侠义小说，如《三侠五义传》等书，未遽出泰西侦探小说下，而书中所谓侠义者，其才智亦似非欧美侦探名家所能及。盖同一办案，其在欧美，虽极疑难，而有服色、日记、名片、足印、烟、洒、用品等可推测，有户籍、守兵、行业册等可稽查，又有种种格致、药物、器械供其研究。警政完全，一呼可集；电车神速，百里非遥；电信电话，铁轨汽船，处处交通。越国则有交纳罪人之条约，搜牢则有羁束自由之捕符。挟法律之力，君主不能侵其权，故能操纵自如，摘奸发伏。而吾国则以上者一切不具，仅恃脑力腕力，捕风索影，而欲使鬼蜮呈形，豺狼就捕，其难易劳逸之相去，何可以道里计！吾国民喜新厌故，轻己重人，辄崇拜欧美侦探家如神明，而置己国侠义事迹为不屑道，何不思之甚也！"① 不仅不承认侦探小说为西方所独有，而且认为其比不上中国的侠义小说。

另一种是褒西贬中。持这种观点的批评家对中国社会与传统文化往往持比较激烈的批评态度，希望通过西方文化与思想的引进来矫正中国社会的不足。因此对西方小说往往持全面肯定的态度，评价有时超过应有的限度。王国维认为："吾国人之精神，世间的也，乐天的也，故代表其精神之戏曲小说，无往而不著此乐天之色彩……吾国之文学中，其具厌世解脱之精神者，仅有《桃花扇》与《红楼梦》耳。"但《桃花扇》之解脱，是假解脱。《桃花扇》之作者，但借侯、李之事，写故国之戚，而非以描写人生为事。"故《桃花扇》，政治的也，国民的也，历史的也；《红楼梦》，哲学的也，宇宙的也，文学的也。此《红楼梦》之所以大背于吾国人之精神，而其价值亦

---

① 蛮（黄人）：《小说小话》，载黄霖、韩同文编《中国历代小说论著选》（下册），江西人民出版社 2000 年版，第 273 页。

即存乎此。"① 只有《红楼梦》，才是真正的悲剧，真正探讨解脱之道的作品。而按照王国维的看法，文学的主要作用，在于使人摆脱因"生活之欲"而带来的苦痛。因此，深入探讨解脱之道的作品是最有价值的，而这样的作品，中国却只有《红楼梦》一种。这实际上就暗含了对于中国小说作品的贬低。其实，《红楼梦》的最高成就是在人物塑造方面，脂砚斋早就指出了这一点，王国维没有注意这一点，与他推崇西方标准是有关系的。② 其他批评家表现得更为明显。孙宝瑄认为，"中国人喜言妖邪鬼怪，任意捏造，往往不合情理，西人亦往往说怪说奇，使人惊愕不定，及审观之，皆于人情物理无不密合者，此其所以胜我国也"。"观西人政治小说，可以悟政治原理；观科学小说，可以通种种格物原理；观包探小说，可以觇西国人情土俗及其居心之险诈诡变，有非我国所能及者。故观我国小说，不过排遣而已；观西人小说，大有助于学问也。""国人叙述笔墨，每至水穷山尽处，辄借神妖怪妄，以为转掭之机轴。西人则不然，彼惟善用科学之真理，以斡旋之。……而略无缥缈难信之谈，所以可贵。"③

应该指出的是，无论是褒中贬西，还是褒西贬中，都有自己一定的事实根据。主要在于看问题的角度，在于这些批评家潜在的批评标准与参照系是中国的还是西方的。站在中国的立场来评判西方的文学，看到的自然更多的是西方的不足；站在西方的立场来评判中国的文学，看到的自然更多的是中国的不足。另一方面，异国文化传入之初，往往是不系统的，人们对它的认识也不可能全面，有的看到了这些方面，有的看到了那些方面。而且一般地说，异国文化也总是将自己好的一面更多地显示出来，这也是造成近代批评家对西方小说多肯定的一个方面。

自然，也有不少批评家以比较平和的心态看待中西小说的差异，将优劣比较放在比较客观的基础之上。比如林纾。一般认为，林纾的思想比较保守，但在中西小说的比较上，他的观点却并不保守。他一方面充分肯定西方

---

① 王国维：《红楼梦评论·第三章》，载《王国维文学美学论著集》，周锡山编校，北岳文艺出版社1987年版，第10页。

② 参见赵炎秋：《明清叙事思想发展研究》，载《中国文学研究》2011年第3期，第105页。

③ 孙宝瑄：《忘山庐日记》，载陈平原、夏晓虹编选《二十世纪中国小说理论资料》（第1卷），北京大学出版社1997年版，第573—574页。

小说的思想、内容、形式与技巧，另一方面也不贬低中国文学。在评论西方作家时，他喜欢拿他们与我国著名作家如司马迁、曹雪芹等作比较，以中国作家及其作品作为评价的参照系。如，"伍昭扆太守至京师，访余于春觉斋，相见道故，纵谈英伦文家，则盛推司各德，以为可侪吾国之史迁。……余曰：纾不通西文，然每听述者叙传中事，往往于伏线、接笋、变调、过脉处，大类吾古文家言"。① 与"吾古文家"的作品相类，成为肯定司各特作品的理由。在谈到狄更斯的《小耐儿》时，林纾认为："中国说部，登峰造极者，无若《石头记》。叙人间富贵，感人情盛衰，用笔缜密，着色繁丽，制局精严，观止矣。其间点染以清客，间杂以村妪，牵缀以小人，收束以败子，亦可谓善于体物。终竟雅多俗寡，人意不专属于是。若狄更斯者，则扫荡名土、美人之局，专为下等社会写照。""余尝谓古文中序事，惟序家常平淡之事为最难着笔。"《史记》中有这方面的精彩段落。然而，"究竟史公于此等笔墨，亦不多见，以史公之书，亦不专为家常之事发也。今狄更斯则专意为家常之言，而又专写下等社会家常之事，用意、着笔为尤难"（《丛话》：88－89）。虽然认为《红楼梦》《史记》在写下层社会家常之事方面比不上狄更斯，但还是属于客观的比较，未含很多的褒贬之意。林纾能够做到这一点，一方面与他对中国古典文学的热爱与深厚修养有关，另一方面，也与他对于西方文学的了解有关。一般的批评家，很难在这两个方面达到他的程度。不过，这也不是说近代批评家只有他一人做到了这一点。因为这实际上主要还是观点与态度而不是知识的问题。曼殊认为："泰西之小说，书中之人物常少；中国之小说，书中之人物常多。泰西之小说，所叙者多为一二人之历史；中国之小说，所叙者多为一种社会之历史（此就佳本而论，非普通论也）。昔尝思之，以为社会愈文明，则个人之事业愈繁赜；愈野蛮，则愈简单。如叙野蛮人之历史，吾知其必无接电报、发电话、寄相片之事也。故能以一二人之历史敷衍成书者，其必为文明无疑矣。初欲持此论以薄祖国之小说，由今思之，乃大谬不然。吾祖国之政治法律，虽多不如人，至于文学与理想，吾雅不欲以彼族加吾华胄也。盖吾国之小说，多追述往事；

---

① 林纾：《撒克逊劫后英雄略·序》，载《林纾文选》，许桂亭选注，百花文艺出版社2006年版，第17页。

泰西之小说，多描写今人。其文野之分，乃书中材料之范围，非文学之范围也。"① 曼殊的这段论述，不仅说明了不褒西贬中的理由，而且说明了，观点不同，对中西文学优劣的看法也就不同。

三

认真分析，在对中西小说的特点进行探讨和优劣对比中，实际上已经存在着比较浓重的想象西方的问题。比如批评家对中西小说特点的比较，就存在很多想象的成分。管达如认为中国小说的缺点在内容与实际不合，而西方小说则不存在这一缺点，因为西方人重实验，不允许西方作家向壁虚构。这实际上是以偏概全，既不符合西方的实际，也不符合中国的实际。中国的确存在《封神演义》之类纯虚构的作品，但也存在《红楼梦》《儒林外史》等与现实生活十分接近的作品。而西方，虽然有狄更斯、巴尔扎克等按照现实生活的本来面貌描写生活的作家，但也有班扬、王尔德等侧重想象的作家。根据部分的西方作品，一厢情愿地作出结论，自然是不够准确的。在优劣比较方面也是如此。王国维认为，文学的主要作用在于使人摆脱因"生活之欲"而带来的苦痛。因此，深入探讨解脱之道的作品是最有价值的，而这样的作品，中国却只有《红楼梦》一种。这实际上不仅暗含了对中国小说的贬低，同时也暗含了对西方小说的抬高。因为既然中国文学中探讨解脱之道的只有《红楼梦》，也就暗示着西方这方面的作品较多。姑且不说文学的价值是否就在使人得到解脱，仅就王国维这一判断来说，也就含有许多想象的成分，实际上是与对西方小说的高估和对中国小说的低估联系在一起的。

就小说来看，近代中国对于西方的想象在正反两个方面都存在着。

反面的想象大都集中在伦理道德习俗礼仪等等方面。在部分国人看来，西方虽然在科学技术政治制度等方面超过中国，但在上述方面却比不上中国。如有些国人错误地理解西方叙事作品中描写的家庭关系，认为西方的子女不孝，在伦理水平上比不上中国。对此林纾曾给予批驳："宋儒严中外畛

---

① 林纾：《孝女耐儿传·序》，载《林纾文选》，许桂亭选注，百花文艺出版社 2006 年版，第63 页。

域，几秘惜伦理为儒者之私产。其貌为儒者，则曰：'欧人多无父，恒不孝于其亲。'辗转而讹，几以欧洲为不父之国。……于是，吾国父兄始疾首痛心于西学，谓吾子弟宁不学，不可令其不子。五伦者，吾中国独秉之懿好，不与万国共也。则学西学者，宜皆屏诸名教外矣。呜呼，何所见之不广耶？彼国果无父母，何久不闻有商臣元凶劭之事？吾国果自束于名教，何以《春秋》之书弑者踵接？须知孝子与叛子，实杂生于世界，不能右中而左外也。"① 指出孝与不孝，中外都有，在这方面中国并不强于西方。

但是作为一种弱势的文明，作为一个急于通过学习西方改变落后面貌的社会，近代中国对于西方的想象大多是正面的。与负面的想象不同，正面的想象大多集中在西方的社会制度、科学技术、民众的政治文化水平、小说对西方社会的影响和小说本身的性质特点等等之上。这种想象很多在中西小说的比较中间接地流露出来。也有不少是通过直接的表述表现出来的。如孙毓修认为："百年以前，英国政治之不公、风俗之龌龊为欧洲最。帝王之力不能整，宗教之力不能挽，转恃绘影绘声之小说，使读者人人自愧，相戒毋作此小说中之主人翁。政治风俗渐渐向善，国富兵强，称为雄邦。是则狄更斯Charles Dickens 之所为也。"② 孙毓修的这段论述至少有两处与事实不符。一是小说的教化力量使英国从一个腐败的国家变为一个强国。一是狄更斯在这种转变中起了关键性的作用。虽然英国小说与狄更斯在推进、巩固英国民众向善与向上的过程中的确起过一定的作用，但不可能有孙毓修所说的这样重要。这里面无疑有着作者自己想象的成分。

正面的想象夸张到一定的程度，就成为神化。这种神化，有的是无意识的，有的则有着明确的目的。如梁启超为了改良中国社会，提倡政治小说，故意夸大政治小说在西方的影响："在昔欧洲各国变革之始，其魁儒硕学，仁人志士，往往以其身之所经历，及胸中所怀，政治之议论，一寄之于小说。于是彼中辍学之子，黉塾之暇，手之口之，下而兵丁、而市侩、而农

---

① 林纾：《英孝子火山报仇录·序》，载《林琴南书话》，吴俊标校，浙江人民出版社 1999 年版，第 26 页。
② 孙毓修：《司各德、迭更斯二家之批评》，载陈平原、夏晓虹编《二十世纪中国小说理论资料》（第 1 卷），北京大学出版社 1997 年版，第 429－430 页。

氓、而工匠、而车夫马卒、而妇女、而童孺，靡不手之口之。往往每一书出，而全国议论为之一变。彼美、英、德、法、奥、意、日本各国政界之日进，则政治小说，为功最高焉。"① 凡对西方文学史比较了解的人，都能看出，梁启超所说的政治小说对西方社会的影响，是明显夸大了的。但他却正是凭着这一神话，在中国引进并推动了政治小说的创作。

近代中西小说比较中的想象西方问题之所以严重，与当时的社会是有关系的。中国近代，一方面是西方文化的大量涌入，社会上到处充斥有关西方的信息，另一方面大众对于西方的了解仍不全面，十分匮乏。即使是知识分子，有关西方的知识也往往不够准确，涉及西方的书籍常常以讹传讹。另一方面，我们也应看到，异国文化传入之初，往往是不系统的，人们对它的认识也不可能全面的。在对西方的信息与了解普遍不够的情况下，国人往往只能通过想象的方式来填补事实的空白。由此产生严重的想象西方问题。

但是更应指出的是，近代中国的想象西方，有很浓重的人为因素。近代中国面临亡国灭种的威胁，有识之士希望通过学习西方来消除这种危险，促使中国强大，因而边学边用，对西方的了解往往还不成熟就急切地介绍进了中国，如梁启超。另一方面，更有不少人试图借用西方事例对比、批判中国社会，表达、支持自己的观点与想法，唤起民众改革的要求与愿望，因而有意地剪裁、夸大、扭曲西方的事例和现象。这是近代中国想象西方的深层原因。

总的来看，近代中西小说比较中的想象西方的作用主要是正面、积极的，因而是值得肯定的。小说在近代中国有着重要的社会地位，发挥着教育、启迪国民的重要作用。通过中西小说比较中对西方的想象，批评家们向国人展示了一个令人向往的榜样，宣传、支持了进步的思想与主张，促进了社会的发展。另一方面，也正是通过这种想象，夸大了西方小说的特点与长处，这在一定程度上推动了中国小说求新求变的思潮，导致了近代中国小说的现代转向，其作用是不可忽视的。

（作者：赵炎秋　刘　白，原载于《社会科学研究》2011 年第 6 期）

---

① 梁启超：《译印政治小说序》，载陈平原、夏晓虹编《二十世纪中国小说理论资料》（第 1 卷），北京大学出版社 1997 年版，第 37 – 38 页。

误读与偏见:《巴拉达号三桅战舰》之中国形象研究

前言

　　1852 年 10 月至 1855 年 2 月,俄国作家冈察洛夫（И. А. Гончаров, 1812—1891）以文学秘书的身份,参加了由海军中将普提雅廷率领的"巴拉达号"三桅战舰的环球航行,在此期间还访问了欧、亚、非沿海各国,其中包括中国和日本。冈察洛夫于 1853 年 12 月在上海逗留了 22 天,他因此成为了第一位亲临中国并记录太平天国运动的俄国文学家。回国后,他创作了两卷本的长篇游记《巴拉达号三桅战舰》（1858 年）,在游记下卷的第二章"上海"中记述了其在上海的见闻和风土人情。

　　冈察洛夫对积贫积弱的中国进行了多方位的描写,对英、美帝国主义者在中国的暴行进行了谴责,并对中国人民的不幸遭遇给予了人道主义的同情。不过,由于在中国停留的时间过短,行前对中国了解不够,再加上深受俄罗斯对中国集体想象的影响,以及"巴拉达号"远航的特殊使命等因素的共同作用,冈察洛夫对中国的误读与偏见也无所不在。长期以来,俄罗斯学者和中国学者对这些误读与偏见并未给予足够的重视,更没有深入挖掘其思想背景及心理动机。事实上,虽然冈察洛夫对中国的态度比较友好,但他在解读中国社会时所出现的误读与偏见不仅是俄国社会种族主义想象力的结果,也是其文化殖民思想的真实表露。在中俄两国建立全面战略协作伙伴关系和"一带一路"对外开放战略稳步实施的今天,对 160 多年前俄国作家笔下的中国形象进行研究,既有助于我们分析中国形象在俄罗斯人眼中的历史变迁，也有助于我们认清西方文化精英误读中国社会和文化的实质，进而为当代中国如何塑造国家形象和构建国际话语权提供借鉴。

一、问题的缘起

19 世纪中叶，西方列强竞相侵略东方各国，以期开辟自己的殖民地。此时的沙皇俄国在东方的势力范围有限，如何从海上开辟通往东方的航路，参与对东方各国的掠夺成为其外交、军事的当务之急。为了打破日本的锁国政策，窥探中国的实力，并向世界其他列强示威，战舰"巴拉达号"开始了它的环球航行。① 冈察洛夫的任务是担任普提雅廷的随行秘书，就笔者目前所掌握的资料来看，俄罗斯的学者对"巴拉达号"远航的目的以及冈察洛夫的游记基本上都是持肯定态度的。

俄罗斯冈察洛夫传记的作者 А. П. Рыбасов 认为，"冈察洛夫出色地完成了这一职责，并因此成为了一位杰出的编年史艺术家和'远航的歌手'……从而使这次以和平为目的的来与日本建立通商关系的远航所创立的英雄业绩名垂千古。"② 俄罗斯文学评论家 К. И. Тюнькин 指出，"普提雅廷的远航，其真正的、秘而不宣的目的是与日本确立外交和贸易联系，后者是一个谜一般的'滨海'帝国，它顽固地抗拒着与欧洲发生任何往来"。③

2012 年，美国佐治亚州州立大学斯拉夫学教授、冈察洛夫研究专家 Е. А. Краснощекова 在其专著《冈察洛夫的创作世界》中辟专章分析《巴拉达号三桅战舰》。她以"衰落文明的终结"为该节标题，并集中论述了冈察洛夫对中国的描写，认为冈察洛夫的主要使命是"获得未开化民族的信任，并使他们相信，'我们来到这里并住下来是为了给他们带来好处，而不是为

---

① 据戈宝权先生考证，咸丰三年六月，巴拉达号三桅战舰在广州停留期间，舰长普提雅廷曾向广州巡抚提出过对俄开放广州港口的要求，遭到拒绝。同年十一月，在上海期间，他又向江苏巡抚提出开放上海港口进行贸易的请求，亦遭到拒绝。当时的两江总督怡良、江苏巡抚许乃钊对俄罗斯人的目的看得十分清楚，例如他们在给咸丰皇帝的奏折中写到，俄罗斯人"垂涎各国夷商之往来海上，利市十倍，意欲效尤，已可概见"。引文见戈宝权：《冈察洛夫与中国》，载《文学评论》1962 年 4 期，第 101 页。

② А. П. 雷巴索夫：《冈察洛夫传》，黑龙江人民出版社 1986 年版，第 167 页。

③ Гончаров И. А. Собрание сочинений. В 8-ми томах. Т. 3. М. : Художественная литература, 1978. С. 501.

·
132

了获得利益。''我们'——指的是'文明传播者和教导者'，作家将自己也归入此列"。①

俄罗斯另一位冈察洛夫研究专家 В. И. Мельник 在 2012 年出版的专著《冈察洛夫》中指出，"巴拉达号"的远航主要是与日本建立外交和贸易关系，在当时，"海军中将普提雅廷的亚洲之行对俄罗斯来说是一件刻不容缓的事"。② В. И. Мельник 接着指出，冈察洛夫为俄日贸易协定的签订做出了杰出贡献，还高度肯定了冈察洛夫将西方文明（基督教文明）置于东方文明之上的做法。

关于《巴拉达号三桅战舰》的写作风格，俄罗斯作家 Е. А. Соловьёв 认为，冈察洛夫"坦率地述说了自己的思想感情和感想，字里行间完全是切切实实的东西，没有半点虚构，完全是出自内心的自然言论，没有半句矫揉造作的空话"。③

2017 年 6 月，冈察洛夫 205 周年诞辰国际学术研讨会（第六届）在冈察洛夫的故乡乌里扬诺夫斯克州召开。该州的文化艺术部在会议邀请函中称冈察洛夫"不仅是俄国经典长篇小说的创始人之一，同时也是一位外交家、有威望的官员和俄国内务部出版审查委员会成员"。

由此可见，在冈察洛夫的祖国俄罗斯，出于民族情感和政治需要等因素使然，"巴拉达号"的东方之行被俄罗斯人视为正义之举。而且，由于冈察洛夫出色地完成了自己的本职工作，他也因此被视为外交家和有威望的官员。事实上，冈察洛夫将中国描述成了衰朽的帝国形象（因循守旧、内忧外患、停滞不前），并提出用先进的基督文明（准确地说是东正教文明）来拯救中国的论断，最能体现且满足当时俄国人（现代又何尝不是如此）的弥赛亚意识和大国沙文意识。在这样的大背景下，冈察洛夫对中国的误读与偏见是很难得到俄罗斯学者的正视的。

19 世纪 50 年代初期的中国，积贫积弱，内外交困，是西方国家（包括

---

① Краснощекова Е. А. : И. А. Гончаров—мир творчества. СПб. : Пушкинский Фонд, 2012, С. 213.

② Мельник В. И. : Гончаров. М. : Вече, 2012, С. 151.

③ Е. А. 索洛维约夫：《冈察洛夫》，载 М. А. 普罗托波波夫等：《别林斯基、杜勃罗留波夫、皮萨列夫、冈察洛夫》，翁本泽译，海燕出版社 2005 年版，第 327 页。

俄国）社会精英眼中的反面形象，是"卑劣民族"的代名词。不可否认，与那些将中国形象妖魔化的同时代俄国知识分子相比，冈察洛夫对中国人民的勤劳、恭顺给予了较为正面的评价，对英帝国主义者在中国倾销鸦片、侮辱中国人的行径表示了愤怒和同情，这种态度是值得我们珍视的。同时，冈察洛夫作为俄国著名的批判现实主义作家，常常令中国学人仰视。① 此外，为揭示中国落后的原因，中国知识分子向来不惜将自己自闭于西方中心主义的阴影之下。然而，自闭也可，珍视也好，仰视也罢，我们都应该要正视冈察洛夫对中国形象的误读与偏见，揭示其背后的社会文化背景和叙述动机。不过，我国学者在这一方面做得很不够。

1962 年，戈宝权先生在《文学评论》第 4 期发表题为"冈察洛夫与中国"的文章，对冈察洛夫的生平、其在东亚的行程、在上海的见闻等进行了介绍。戈宝权在文章结尾指出，冈察洛夫在上海逗留的时间太短，不可能深入观察上海的社会与生活。同时，"由于他的阶级出身和政治观点的局限性，使得他可能没有正确认识到太平天国运动和上海小刀会起义的社会根源与重大意义……"② 显然，戈老更看重的是冈察洛夫对中国社会运动的片面理解，有意忽视了他在游记中所表现出来的傲慢与偏见。

1982 年，冈察洛夫的《巴拉达号三桅战舰》中译本由黑龙江人民出版社出版。译者叶予先生在译序中指出，"作者对勤劳勇敢的中国人民、残暴无情的清王朝和横行无忌的帝国主义分子都作了记载。作者还对看到的中国社会的弊端，发表了见解。当然，他在观察世界，分析各民族的发展历史和相互关系方面，也暴露了一些世界观上的弱点乃至偏见"。③ 首先需要指出的是，我们在《巴拉达号三桅战舰》中找不到一处冈察洛夫描写中国人的"勇敢"的文字，因此译者在此有故意"抬举"冈察洛夫之嫌。此外，译者将游记作者的"弱点"与"偏见"仅仅归结为世界观层面似乎也过于笼统和模糊。

---

① 文学批评家别林斯基、赫尔岑等对中国的态度是极为不友善的，也许正是因为由于他们有了革命民主主义批评家这一光环，中国学界似乎并不太愿意深入探讨他们对中国的误读与偏见。

② 戈宝权：《冈察洛夫与中国》，载《文学评论》1962 年 4 期，第 109 页。

③ 叶予：《〈巴拉达号三桅战舰〉译序》，载 И. А. 冈察洛夫：《巴拉达号三桅战舰》，叶予译，黑龙江人民出版社 1982 年版，第 2 页。

2002 年,由汪介之、陈建华两位教授主编的《悠远的回想:俄罗斯作家与中国文化》一书中指出,在冈察洛夫"带有倾向性的观感中,同时包括了对中国文化的误读,对中国人和中国社会的偏见,以及过于明显的官方色彩"。① 可以这样说,这段话十分简要、客观、全面地总结了冈察洛夫对中国的误读与偏见问题。但遗憾的是,该书对于这一问题并未进行深入研究和剖析。

此外,我国一些研究者,诸如查晓燕的论文"'异'之诠释:十九世纪上半期俄国文学中的中国形象"(载《俄罗斯文艺》2000 年 S1 期)、许宗元的论文"论冈察洛夫《环球航海游记》及旅游文学"(载《上海师范大学学报社科版》2003 年第 5 期)、张建华的论文"近世俄国文献关于朝鲜的记载和初识"(载《史学史研究》2010 年第 4 期)、高伟玲的论文"认识他者,回归自我:中俄文化交流背景下的鲁迅与冈察洛夫"(载《海南师范大学学报社科版》2013 年第 5 期)等论文虽然涉及冈察洛夫对中国的误读与偏见问题,但基本上都是一笔带过,缺乏深入探究。

2012 年 5 月,对外经济贸易大学硕士生郝里娜撰写了题为《冈察洛夫〈巴拉达号三桅战舰〉中的中国形象研究》硕士论文,该论文第三章论述了冈察洛夫中国形象的建构模式、中国形象的具体内容,并从民族起源、弥赛亚意识和泛斯拉夫主义的角度分析了中国形象建构原因。但是,该论文对冈察洛夫的误读与偏见问题重视不够,更没有挖掘其背后的心理动机和叙述策略。

由此可见,我国学者在冈察洛夫对中国的误读和偏见这一问题上,基本上都是持比较宽容的态度,因此很少有人去关注或者研究这些问题。

综上所述,无论是在俄罗斯,还是在中国,学者们都没有正视冈察洛夫对中国的误读和偏见问题。众所周知,《巴拉达号三桅战舰》在俄罗斯至今依然是一本十分畅销的游记作品,冈察洛夫作为俄国著名的批判现实主义作家,其在当今的影响力依然存在。② 在国家提倡重新塑造中国形象和构建对

---

① 汪介之,陈建华:《悠远的回响———俄罗斯作家与中国文化》,宁夏人民出版社 2002 年版,第 86 页。

② 2002 年,俄罗斯联邦教育科学部组织出版俄罗斯经典读物系列(共 100 部),该书就被收入其中。冈察洛夫的故乡乌里扬诺夫斯克市从 1987 年开始,每 5 年举行一次冈察洛夫诞辰学术国际研讨会,至今已举行六届。2012 年,乌里扬诺夫斯克州设立了冈察洛夫国际文学奖,每年颁发一次。

·

外话语权的今天，很有必要对那些歪曲中国形象并企图对中国进行文化殖民的言论进行研究，以充分揭示误读背后的理论支撑和叙述动机，以消除我国形象塑造和对外话语权构建中的障碍。

二、集体想象物：冈察洛夫误读中国的表现

法国比较文学家巴柔在"从文化形象到集体想象物"一文中指出，异国形象"是社会集体想象物的一种特殊表现形态：对他者的描述"。① 我国学者孟华进一步阐述了巴柔的理论，认为集体想象物是"由感知、阅读，加上想象而得到的有关异国和异国人体貌特征及一切人种学的、物质生活和精神生活等各个层面的看法总和，是情感和思想的混合物。"② 纵观《巴拉达号三桅战舰》中的中国形象我们可以发现，冈察洛夫对中国的认识基本上都是社会集体想象物的结果。

冈察洛夫在来中国之前对中国到底有多少了解，我们在冈察洛夫的回忆录、信件、作品或者评论中无法找到实据。但从俄罗斯学者的一些研究成果中，我们可以发现一些"蛛丝马迹"。例如，Е. А. Краснощекова 认为，"有证据表明，冈察洛夫阅读了很多不同语种的书，通过阅读日语书，使他对日本民族心理的精神源头有所了解，他知道，日本民族心理是在一些古老学说（论语、佛教）和泛神论宗教（神道教）共同影响下形成的。"③ 同时，据《19 世纪中期前的祖国东方学史》考证，冈察洛夫远航前收集了大量关于日本国家方面的书籍，同时他也"开始搜集有关满洲里和南西伯利亚各古老民族的信息，也包括蒙古人远征俄国和其他欧洲国家的资料。此外，他还搜集了有关朝鲜历史及其中国地理方面的材料。"④ 我们从《巴拉达号三桅战舰》中可以发现，冈察洛夫在环球航行之前阅读过俄国汉学家亚夫金（比

---

① 巴柔："从文化形象到集体想象物"，载《比较文学形象学》，孟华主编，北京大学出版社 2001 年版，第 121 页。
② 孟华："比较文学形象学论文翻译、研究札记"，载《比较文学形象学》，孟华主编，北京大学出版社 2001 年版，第 8 页。
③ Краснощекова Е. А. : И. А. Гончаров—мир творчества. СПб. : Пушкинский Фонд, 2012, С. 209.
④ Ким Г. Ф., Шаститко П. М. История отечественного востоковедения до середины XIX века. М. : Наука, 1990, С. 286.

丘林)的著作《中华帝国之统计与政治记述》(1842 年),但他对该书的了解十分有限。也就是说,冈察洛夫在到达上海之前,对中国的了解是有限的、浅层次的,因此他对中国文化和民族的描述带有浓厚的"集体想象"色彩。

1853 年 12 月 5 日,"巴拉达号"抵达长江入海口,冈察洛夫在抱怨拖船"孔夫子号"收费太贵时说:"品德高尚的哲学家孔夫子要是预见到以他名字命名的船如此盘剥来访船只,他会说什么呢?毫无疑问,他会大骂我们这些外来人。但谁知道,如果他在这家企业有股份的话,也许,他会收双倍费用!"① 这样一句看似玩笑的话,充分体现了冈察洛夫对孔子及其儒家思想的极为不敬。因为在他眼里,儒家思想不仅"束缚了中国人的思想并麻痹了中国人的创造性",② 而且使中国人养成了"重细事、逐小利的怪癖"。③

冈察洛夫认为,宗教信仰、民族精神和爱国主义是国家机器准确运转必不可少的动力,然而中国人连一种动力都不具备。因为"中国人从来没有过宗教思想",④ 而且"一位汉学家告诉我,在中国话里甚至连祖国这个词都找不到"。⑤ 这也决定了"中国人没有国家意识,没有中央集权意识"。⑥

在冈察洛夫眼里,中国文明是东亚各国落后的罪魁祸首。中国人是东亚家族中的兄长,他把文明分给了自己的年轻的弟兄们,而这种文明"至今仍禁锢封锁亚洲东南大陆和日本列岛广大居民的伟力"。⑦ "中国的那种又幼

---

① Гончаров И. А. Собрание сочинений. В 8-ми томах. Т. 3. М. : Художественная литература, 1978. C. 91.

② Краснощекова Е. А. : И. А. Гончаров—мир творчества. СПб. : Пушкинский Фонд, 2012, c. 211.

③ Гончаров И. А. Собрание сочинений. В 8-ми томах. Т. 3. М. : Художественная литература, 1978. C. 91.

④ Гончаров И. А. Собрание сочинений. В 8-ми томах. Т. 3. М. : Художественная литература, 1978. C. 131.

⑤ Гончаров И. А. Собрание сочинений. В 8-ми томах. Т. 3. М. : Художественная литература, 1978. C. 302.

⑥ Гончаров И. А. Собрание сочинений. В 8-ми томах. Т. 3. М. : Художественная литература, 1978. C. 304.

⑦ Гончаров И. А. Собрание сочинений. В 8-ми томах. Т. 3. М. : Художественная литература, 1978. C. 301.

稚又衰老的文明和锁国体制，既传染了日本人，也传染了朝鲜人和琉球人。"①

冈察洛夫不仅对中国文明或者民族的整体认识带有社会集体想象性，而且他对上海所见所闻的记叙依然没有摆脱社会集体想象的影响。究其原因，我们认为，冈察洛夫一直将中国人视为是"一群对和平劳动、贸易、文雅以及高度发达的精神文明充满敌意的人"。②

在描写中国人的相貌特征时，冈察洛夫认为中国人具有"鞑靼人的特征"。③ 而且，中国人的性格特征既"妄自尊大"，④ 又"对一切都麻木不仁，面部表情或者冷漠，或者专注蝇头细事"。⑤ 冈察洛夫极度贬低了中国的学术，认为中国人崇尚的学术是"艰涩、呆板、陈旧和无用的学说，它们只会让人变得更愚蠢。"⑥ 而且，"学者只会学舌，成了咿呀学语的婴儿，只配成为没有学识但有健全头脑的百姓的笑柄"。⑦

用鞑靼人来形容中国人的面貌特征，这是冈察洛夫种族歧视的表现。众所周知，在很长一段时间内，俄罗斯人认为鞑靼人是素质低下、野蛮的民族。因此，在俄罗斯才有这样的俗语，"不请自来的客人比鞑靼人还坏（Незваный гость хуже татарина）"，据俄罗斯俗语词典解释，这句话就出于蒙古-鞑靼人统治俄罗斯时期。⑧ 又如，陀思妥耶夫斯基就说过，"在欧洲，

① Гончаров И. А. Собрание сочинений. В 8-ми томах. Т. 3. М.：Художественная литература，1978. С. 304.

② Ляцкий Е. Е. Гончаров в кругосветном плавании.（Историко-биографический очерек，в связи с новыми материалами）. // Мастер русского романа И. А. Гончаров в литературной критике русского зарубежья. М.：Центр Книги Рудомино，2012，С. 99.

③ Гончаров И. А. Собрание сочинений. В 8-ми томах. Т. 3. М.：Художественная литература，1978. С. 116.

④ Гончаров И. А. Собрание сочинений. В 8-ми томах. Т. 3. М.：Художественная литература，1978. С. 91.

⑤ Гончаров И. А. Собрание сочинений. В 8-ми томах. Т. 3. М.：Художественная литература，1978. С. 303.

⑥ Гончаров И. А. Собрание сочинений. В 8-ми томах. Т. 3. М.：Художественная литература，1978. С. 50.

⑦ Гончаров И. А. Собрание сочинений. В 8-ми томах. Т. 3. М.：Художественная литература，1978. С. 303.

⑧ http://frazbook.ru/2008/12/21/nezvanyj-gost-xuzhe-tatarina/.

我们是鞑靼人;而在亚洲我们是欧洲人。"① 冈察洛夫认为中国人"妄自尊大",这不仅与普提雅廷两次向清政府提出对俄开放港口和实行自由贸易遭到拒绝有关,同时也与中国人在俄罗斯人心目中固有的"傲慢形象"相关。冈察洛夫给中国人戴上"麻木不仁、见死不救"的帽子,既可以彰显中国人的劣根性,又可以反衬俄国人"基督式的高尚"。为了证明这一点,他似乎"毫不经意地"描写了一次中国人面对同胞落水却见死不救的事件,而"我身旁的波谢特热情好动,见义勇为,立即捞起了孩子"。② 冈察洛夫认为中国人"专注蝇头细事",学说"一成不变",其实是以一种杀人不见血的方式贬低了中国的科学、教育与社会制度。

冈察洛夫对在上海亲身经历的记述,既体现了其对中国集体性想象的表现,同时也是其精心选择的结果。毕竟,他深知自己对中国文明、中国民族精神的批判带有很强的主观性,可信性不强,有必要用"亲身经历"来进行印证。总体来看,冈察洛夫对儒家思想的否定和对中国国民劣根性的放大,其目的是想从"文明基因""民族基因"和"种族基因"几方面贬低中华文明与文化,以彰显基督教文明的优势。

三、误读与偏见的时代背景与思想特征

让-马克·莫哈认为,异国形象的描述可以分为"意识形态型"和"乌托邦型"两种。第一种类型指的是异国形象塑造者出于自身的需求从而维护和强化自身社会价值而对异国的妖魔化,是"从自身的起源、身份,自我在世界史的地位的观念去解读异国"。③ 第二种类型则通过对异国形象的相异性的浪漫化,来批判自身的文化,即"按本社会模式、完全使用本社会话语重塑出的异国形象就是意识形态的,而用离心的、符合一个作者

---

① Достоевский Ф. М. Дневник писателя 1881. // Достоевский Ф. М. Полное собрание сочинений в 30-ти томах. Т. 27. Москва: Наука, 1984. С. 37.

② Гончаров И. А. Собрание сочинений. В 8-ми томах. Т. 3. М. : Художественная литература, 1978. С. 134.

③ 让-马克·莫哈:《试论文学形象学的研究史及方法论》,载《比较文学形象学》,孟华主编,北京大学出版社 2001 年版,第 32-33 页。

·

（或一个群体）对相异性独特看法的话语塑造出的异国形象则是乌托邦的"。① 总体来看，在冈察洛夫对中国形象的刻画中更多的是属于"意识形态型"，而这与其所处的时代背景及其思想倾向有着紧密的联系。

在 19 世纪中期的俄罗斯，斯拉夫派与西欧派围绕俄罗斯该走西方道路还是坚持走本国传统道路的问题进行了激烈的讨论。西方派坚持认为，西欧是俄国社会和精神的理想目标，他们坚信俄罗斯是西方文明的一部分，西方的道路代表着俄罗斯前进的方向。西方派为了证明其主张的正确性，选择了中国作为反面例子。在他们眼里，中国之"恶"在于中国人不相信宗教、社会观念固化、政府崇尚暴政和专制。西欧派认为，这是中国成为腐朽帝国的根本原因，于是"把中国的落后与俄国的社会和精神理想的发达西欧完全对立起来"。② 而率先表明西方派对中国的根本态度的人是俄国思想家、西方派鼻祖恰达耶夫（П. Я. Чаадаев，1794—1856）。

1836 年 9 月底，冈察洛夫的恩师纳杰日金（Н. И. Надеждин）在其主办的《望远镜》杂志上发表了恰达耶夫的《哲学书简》中的第一封信，恰达耶夫在信中将东方中国作为反面例子，提出俄国应该向西方文明和西方文化学习，全面否定了俄国的历史和现在，引发了俄国社会思想的大论战。恰达耶夫因向俄国社会舆论发出了超常规的挑战而被沙皇尼古拉一世宣布为疯子，纳杰日金遭到流放，这就是当时轰动全俄罗斯的"恰达耶夫事件"。当时，冈察洛夫在彼得堡财政部供职，无论从关心恩师的角度，还是以"恰达耶夫事件"的影响力来看，他对恰达耶夫的观点是有所知的。

冈察洛夫骨子里是一位坚定的西方主义，其社会主张的思想源头就来源于恰达耶夫。虽然谨小慎微的个性及政府官员身份决定了他不可能公开宣称恰达耶夫对自己的影响，③ 但这种影响实际上是存在的。例如，

---

① 让－马克·莫哈：《试论文学形象学的研究史及方法论》，载《比较文学形象学》，孟华主编，北京大学出版社 2001 年版，第 35 页。

② 亚·弗·卢金：《俄国熊看中国龙：17—20 世纪中国在俄罗斯的形象》，刘卓星等译，重庆出版社 2007 年版，第 37 页。

③ 冈察洛夫在莫斯科大学就读期间（1831—1834），对社会现实问题不太关注，更没有与政治先进、活跃的大学生小组接触，而当时与他同校的别林斯基、赫尔岑、莱蒙托夫、斯坦凯维奇、阿克萨柯夫都是莫斯科政治组织的成员。1835 年，冈察洛夫在财政部外贸司做译员，一直做到 1852 年环球航行为止。1856 年，因在环球航行中出色完成了公务，他被任命为俄国文学书刊检查官，一直到 1867 年退休。

·

В. И. Мельник 指出，"在冈察洛夫将基督教理解成文明之创造力量的尝试中可以找到其与恰达耶夫思想的重合之处"。① Е. А. Краснощекова 也认为，"在《巴拉达号三桅战舰》中所体现出的冈察洛夫的历史哲学观中，可以捕捉到恰达耶夫思想的回声"。②

恰达耶夫认为，德国是欧洲文明的代表，而中国则是东方文明的代表，俄国生活在德国与中国之间。恰达耶夫对中国文明是持否定态度的，例如他在论述东方文明的落后时，将中国定义为"迟钝而停滞不前"的国家，中国古代的四大发明虽然促进了人类的发展步伐，但对中国文明却没有促进作用。恰达耶夫为此一连提出了 5 个问题来对此进行说明："它们对中国起了什么作用呢？它们帮助中国人完成了环球航行吗？它们帮助中国人发现了新大陆吗？它们是否拥有比我们在印刷术发明之前所拥有的更为广泛的文献呢？在残酷的战争艺术里，他们是否拥有像我们的腓特烈和波拿巴一样的人物呢？"③

像恰达耶夫一样，冈察洛夫将以中国为代表的东方称作是"一片枯竭的土地"，而将欧洲视为繁荣发达之地。例如，他在《巴拉达号三桅战舰》中描写东亚国家的落后面貌时感叹道："您回想一下吧，当这儿陈旧的液汁腐败发臭时，有多少新的因素汇集于我们那块狭小的欧洲大陆，有多少鲜活的血脉偾张，吸收了众多新鲜和朝气蓬勃的血液？"④ 也许正是因为这一点，冈察洛夫在长篇小说三部曲《平凡的故事》《奥勃洛摩夫》和《悬崖》中将其心目中理想人物阿杜耶夫、希托尔茨、图申均塑造为具有实干精神的资本家就不足为奇了。特别值得一提的是，这几位人物都游历过欧洲，其中希托尔茨还有一半的德国血统。

恰达耶夫极度推崇基督教文明，在他看来，只有在基督教大家庭中的民族身上，才可以发现"现代社会的独特特征……正是在这里才有可持续发

---

① Мельник В. И. : Гончаров. М. : Вече，2012. С. 102.

② Краснощекова Е. А. : И. А. Гончаров—мир творчества. СПб. : Пушкинский Фонд，2012，С. 211.

③ Чаадаев П. Я. Полное собрание сочинений и избранные письма в 2-х томах. Т. 1. М: Наука，1991. С. 404.

④ Гончаров И. А. Собрание сочинений. В 8-ми томах. Т. 3. М. : Художественная литература，1978. С. 301.

展和真正进步的因素，该因素将西方与世界上其他一切社会制度区别开来，一切伟大的历史教训都隐藏于此"。① 恰达耶夫进而指出，欧洲文明是世界文明的火车头，天主教教义是推动落后的基督教地区及其东方落后国家的精神理想。如果不以欧洲为典范去发展，这些国家就不可能获得真正的文明。

冈察洛夫是认同恰达耶夫将基督教视为拯救一切落后国家的神奇力量的。他在《克拉姆斯科依的画作"荒原中的基督"》一文中表露过这一思想，"除基督教文明之外，不再有任何文明，所有其他宗教除了给人类提供黑暗、愚昧、无知和混乱之外，无法提供任何东西"。② 所以，冈察洛夫认为，欧洲文明要帮助中国走出历史死胡同，"只有打着基督教文明的旗帜，他们的成功才有希望——而这一点确实是意义重大"。③ 因此，而新教教徒采取的"以贸易为开始，但最终却以宗教结束"的方案最适合在中国推广基督教。④

冈察洛夫作为随船秘书，虽然他的身份是作家，但是有一点我们不能忽视，那就是他的游记也得要为巴拉达号的此次航行做一定的舆论准备和正面宣传。这正如冈察洛夫在回国 20 年后回忆乘坐巴拉达号远航的经历时所说，"实际上我不是去旅游，而是出航'完成指定的公务'，我的履历表上注明的是：'在向我国之美洲领地航行期间，任海军中将秘书之职'。"⑤ 我们认为，普提雅廷率船队远航的目的是对日本进行"经济侵略"，窥视中国的实力。因此，为远航制造舆论应该也是其"公务"的一部分，因为"如果能证明东方人是懒惰的、淫荡的、残暴的、混乱而无法自理的，那么帝国主义者就可以理所当然地认为自己的入侵与统治是正义的"。⑥ 否定日本文明的

---

① Чаадаев П. Я. Полное собрание сочинений и избранные письма в 2-х томах. Т. 1. М：Наука，1991. С. 403.

② Гончаров И. А. Собрание сочинений. В 8-ми томах. Т. 8. М.：Художественная литература，1980. С. 71.

③ Гончаров И. А. Собрание сочинений. В 8-ми томах. Т. 3. М.：Художественная литература，1978. С. 304.

④ Гончаров И. А. Собрание сочинений. В 8-ми томах. Т. 3. М.：Художественная литература，1978. С. 131.

⑤ Гончаров И. А. Собрание сочинений. В 8-ми томах. Т. 3. М.：Художественная литература，1978. С. 419.

⑥ Rana Kabbani. Europe's Myths of Orient：Devise and Rule. Hong Kong：the Macmillan Press，1986. p. 6.

精神源头——中国文明，不失为是"一箭双雕"之举。

　　冈察洛夫对中国形象的描述到底对俄国知识分子产生了多大影响，目前我们对这个问题不得而知。但是，冈察洛夫在其游记中所持的观点，在俄罗斯宗教哲学家 B. C. Соловьёвь 几乎可以找得到它的直接翻版。后者在 1883 年撰写的一篇名为"古代世界的东西方——基督教的历史地位"中写道："东方文明从对超人原则的从属出发，制定了自己的确定的道德理想，其基本特点是对最高力量的完全服从。不难看出这种道德的消极方面：奴颜婢膝、因循守旧和冷漠无情。对传统和古风的依恋蜕变成了闭关自守和停滞不前。"① 在这里，索氏还专门加了一个注释："在这个意义上，我认为东方文化最纯粹的典型是封闭的和停滞不动的中国：但正因为如此，中国文化没有进入人类的一般历史，因为历史是运动的。"②

　　因中国"对最高力量的完全服从"而导致的"奴颜婢膝、因循守旧和冷漠无情"，"对传统和古风的依恋蜕变"导致"闭关自守和停滞不前"，最终使得"中国文化没有进入人类的一般历史"。从这里可以看出，冈察洛夫对中国的描述与 B. C. Соловьёвь 的逻辑思维是一致的。这充分说明上述观点是以文明人自居的俄罗斯人固有思维的结果，这种思维习惯在很长一段时期内一直在左右着俄罗斯人对中国的认识。

结语

　　冈察洛夫对中国的误读与偏见，绝非仅仅是其个人阶级观或者世界观层面上的误判，而是俄国社会集体想象的结果。因为"在 19 世纪以俄罗斯为中心建立斯拉夫大帝国这种结构强烈的自我意识逐渐左右了俄罗斯对中国的想象，即在俄罗斯的想象中中国乃是落后、野蛮地所在，因此要以属于开化的基督教世界的俄罗斯的或者欧洲的文化来改造它"。③

　　冈察洛夫环球航行的线路与我国提出的"一带一路"路线基本上是重叠的，因此，在中国提出提升国家文化软实力的今天，大力实施"中国文化走出去"战略是必要的，但如何纠正他国塑造中国形象时出现的误读与

---

① B. C. 索洛维约夫：《俄罗斯与欧洲》，徐凤林译，河北教育出版社 2002 年版，第 10 页。

② B. C. 索洛维约夫：《俄罗斯与欧洲》，徐凤林译，河北教育出版社 2002 年版，第 10 页。

③ 孙芳，陈金鹏等：《俄罗斯的中国形象》总序，人民出版社 2010 年版，第 43 页。

偏见，对于我们重塑中国形象，构建符合我国国家利益的话语体系具有重要的学术价值和现实意义。

【注释】

在对待中国的态度上，别林斯基的态度要更为激进。1848 年，别林斯基在《现代人》杂志上发表了一篇名为"中国公民方面和道德方面"的文章，该文章认为，"虚情假意、狡诈、撒谎、装疯卖傻、奴颜婢膝"是中国人的本性，中国人没有民族脊梁，且天生胆小如鼠。别林斯基认为，"这些矛盾来自何处，它们的根源何在？中国是一个凝固不动的国家。这就是破解中国的神秘和奇怪的关键所在。在中国没有丝毫发展国家和民族的思想。一切都是依靠僵化的习惯在维持"。① 为此，别林斯基也给以中国为首的亚洲民族开了"一剂毒药"：包括中国在内的亚洲国家"如果将来注定要走向文明，那大约只能经过被占领这唯一的途径；应当让占领亚洲国家的欧洲军队和本地居民混居杂处，借助这种混杂可以产生某种新一代混血儿。"②

（作者：高荣国，原载于《社会科学》2017 年第 7 期）

① Белинский В. Г. Китай в гражданском и нравственном состоянии：Сочинение монаха Иакинфа. // Белинский В. Г. Собрание сочинений：в 9 т. Т. 8. М.：Художественная литература，1982. С. 599.

② Белинский В. Г. Китай в гражданском и нравственном состоянии：Сочинение монаха Иакинфа. Собрание сочинений в четырёх частях. //Белинский В. Г. Собрание сочинений：в 9 т. Т. 8. М.：Художественная литература，1982. С. 596.

从古典到现代

——探索中的"雨巷诗人"戴望舒

中国现代诗歌开始于"五四"时期，在二十世纪二三十年代走向了繁荣和昌盛。戴望舒（1905—1950）的诗歌创作就始于这一时期。从 1920 年代开始创作到 1940 年代搁笔，戴望舒出版了四本诗集：《我底记忆》、《望舒草》、《望舒诗稿》和《灾难的岁月》，共九十多首诗。诗的数量不多，但正如他的诗友施蛰存（1905—2003）所说："这九十余首所反映的创作历程，正可说明'五四'运动以后第二代诗人是怎样孜孜地探索前进的道路。"①

戴望舒将《我底记忆》编为三辑：《旧锦囊》《雨巷》《我底记忆》。这三辑的标题正可以将诗人的创作划为三个时期："旧锦囊"时期是诗人创作的最初尝试期；"雨巷"时期是诗人受魏尔伦（Paul Verlaine，1844—1896）"音乐高于一切"的影响，将中国古典诗歌的音乐性与西方象征主义诗歌的特点完美结合的顶峰期；"我底记忆"时期是戴望舒认为"诗不能借重音乐"，走向散文化的创新期。这三个时期戴望舒诗艺的提高和诗风的转变，也代表着中国新诗从古典到现代的转变，因此比较具有代表性。

一、"旧锦囊"时期——古典与现代相结合的最初尝试

历史将融合中国古典诗歌与象征派诗歌的机遇给了戴望舒。他是幸运的，但他的幸运并不是偶然的。在当时的中国，既能够写出优美隽永的传统

---

① 施蛰存：《引言》，梁仁（编）：《戴望舒诗全编》，浙江文艺出版社 1989 年版，第 4 页。

风格诗歌，又能够深入体会和把握象征派诗歌精髓的年轻人，可谓是寥寥无几。戴望舒则兼具两方面的条件。施蛰存回忆说："望舒初期的诗，有很浓厚的中国古诗影响。及至他沉浸于法国诗，才渐渐地倾向欧洲现代诗，竭力摆脱中国诗的传统。他一边翻译介绍外国诗，一边从中吸收自己所需要的养料。"① 因此，翻译活动在戴望舒的创作过程中具有非常重要的作用，成为他向异国诗人学习并将中西诗歌融合于汉语的创作活动的有机组成部分。

"五四"时期，读者能够读到的译诗不多。能够阅读外文诗歌的人常常自觉地从事翻译工作。翻译诗歌是一种对诗歌的再创作。它需要译者对原作文字、风格、韵脚、旋律、意蕴进行深度把握，也需要译者能够高水平地运用汉语来传达、表现原作。波德莱尔（Charles Baudelaire，1821—1867）、马拉美（Stéphane Mallarmé，1842—1898）对埃德加·爱伦·坡（Edgar Allan Poe，1809—1849）的翻译就被认为是一种创造，被视为他们的作品。在诗集《微雨》中，李金发也是把自己的译诗作为本人的作品来看的。

正是对法国象征派的作品的阅读和翻译，戴望舒获得了创造性转化的契机。施蛰存说："望舒译诗的过程，正是他创作诗的过程。"② 戴望舒最早选择翻译的是波德莱尔的《恶之花》。1947 年出版的《〈恶之花〉掇英》，收录了戴望舒翻译的 24 首波德莱尔诗歌。在翻译的过程中，译者对原作有许多的心得与思考。在译后记中，戴望舒写道："以一种固定的尺度去度量一切文学作品，无疑会到处找到'毒素'的，而在这种尺度之下，一切古典作品，从荷马开始，都可以废弃了。至于影响呢，波德莱尔可能给予的是多方面的，要看我们怎样接受。只要不是皮毛的模仿，能够从深度上接受他的影响，也许反而是可喜的吧。"③

作为一个对社会、人生和文学都很敏感的诗人，又有学习法语的西学背景，戴望舒对波德莱尔的态度是比较理性的，对波德莱尔的作品的理解也比一般人更为深刻。这也是为什么杜衡（1907—1864）在批评当时诗坛的

---

① 施蛰存：《引言》，梁仁（编）：《戴望舒诗全编》，浙江文艺出版社 1989 年版，第 5 页。
② 施蛰存：《序》，施蛰存（编）：《戴望舒译诗集》，湖南人民出版社 1983 年版，第 3 页。
③ 戴望舒：《〈恶之花〉掇英·译后记》，施蛰存（编）：《戴望舒译诗集》，湖南人民出版社 1983 年版，第 154 页。

·

"神秘"和"看不懂"时，说"望舒底意见虽然没有像我这么绝端，……因而他自己为诗便力矫此弊，不把对形式的重视放在内容之上"①。

《旧锦囊》一辑的最后有一首是戴望舒模仿波德莱尔所做的诗《十四行》：

> 微雨飘落在你披散的鬓边，
> 像小珠碎落在青色的海带草间
> 或是死鱼漂翻在浪波上，
> 闪出神秘又凄切的幽光，
>
> 诱着又带着我青涩的灵魂
> 到爱和死底梦的王国中睡眠，
> 那里有金色的空气和紫色的太阳，
> 那里可怜的生物将欢乐的眼泪流到胸膛；
>
> 就像一只黑色的衰老的瘦猫，
> 在幽光中我憔悴又伸着懒腰，
> 流出我一切虚伪和真诚的骄傲；
>
> 然后，又跟着它踉跄在轻雾朦胧；
> 像淡红的酒沫飘在琥珀钟，
> 我将有情的眼藏在幽暗的记忆中。②

首句的"微雨"一词让人不禁想起李金发（1900—1976）的第一本诗集《微雨》。当时社会上对《微雨》的反响很大，褒贬不一，戴望舒的这首诗可以说是对《微雨》的矫枉过正，和对翻译波德莱尔的诗歌的回应。《微

---

① 杜衡：《望舒草·序》，梁仁（编）：《戴望舒诗全编》，浙江文艺出版社 1989 年版，第 52 页。

② 戴望舒：《十四行》，梁仁编《戴望舒诗全编》，浙江文艺出版社 1989 年版，第 18 页。

雨》中最有名的诗歌莫过于《弃妇》，戴望舒的第一句便使用了与李金发《弃妇》的首句相同的意象"披散的长发"。但从第二句开始，两人的风格便显露出不同。戴望舒的"像小珠碎落在青色的海带草间"的比喻，显得活泼可爱，充满动感。这与李金发的阴郁之气（"遂隔断了一切羞恶之疾视，与鲜血之急流，枯骨之沉睡"），形成了鲜明的对比。紧接着，"死鱼"这一非传统意象的出现，又让人想到了波德莱尔，而"神秘又凄切的幽光"更是对波德莱尔诗歌风格的体现。

在第二节中，戴望舒展开丰富的联想，颜色之间的碰撞和感官的不同感受交织在一起，带给读者奇异的体验。这正像我们在波德莱尔的《感应》中所感受的一样。第三节中，作者用"瘦猫"作比喻，将整首诗的格调依然定格在朦胧和神秘当中。在波德莱尔笔下，猫是神秘、不可言说的精灵，也是温柔迷人、催生灵感的神灵；它既是正面的谐和，又是反面的凝聚，是丑与美的集合物，在它的身上可以体现波德莱尔追求"奇异""神秘""丑中见美"的美学观。戴望舒使用"瘦猫"这一意象，正是从波德莱尔对猫的理解来接受的。"黑的衰老的瘦猫"并没有给人"丑陋"的感觉，相反它"流出我一切虚伪和真诚的骄傲"。在黑暗中，一只猫流露出"我"在白天的隐藏，它消失在"轻雾朦胧"中，似乎没有人看到，然而"我"却将"有情的眼藏在幽暗的记忆中"。这首诗是戴望舒模仿波德莱尔的诗歌中最像的一首，特别是从诗歌意象的选择上，基本上与波德莱尔的审美一致，也都一样突出了"神秘"这一特性。与李金发的《弃妇》相比，戴望舒的《十四行》更加容易看懂，诗歌的艺术性也更强，特别是第二节中对"爱与死"的描写，比李金发（"拿一根草儿，与上帝之灵往返在空谷里。/我的哀戚惟游蜂之脑能深印着；/或与山泉长泄在山崖，/然后随红叶而去。"）的诗歌艺术性要高出很多。戴望舒对色彩的感受和对各种感官的体验要更加精准，对诗歌语言的运用也更加娴熟。例如第一句，在收入《望舒诗稿》时是"看微雨飘落在你披散的鬓边"，后来作者将"看"字去掉，省去了动词的同时也略去了主语，增加了"微雨"的主动性，提升了整首诗的意境。其他如对动词的运用，"落在"代替"散落在"，"睡眠"代替"逡巡"，"飘"代替"漂浮"，"流出"代替"吐出"等，戴望舒故意弱化了动词的作用，突出了大自然万物皆有灵的特点，使诗歌的意境更加深远。

然而，戴望舒还是放弃了波德莱尔。虽然波德莱尔在诗歌的艺术性上已经达到了令人钦敬的高度，而戴望舒也深深地受到波德莱尔的作品吸引，但在艺术风格上，两人的差别非常大。"忧郁"是二人的共同特点，不同的是：波德莱尔的"忧郁"是从骨子里散发出来的，消极颓废是不可避免的；而戴望舒的"忧郁"更像是对生命的"感伤"，有着"自怨自艾"的倾向。从李金发的经验中，戴望舒看出了其中的问题所在，他也知道如果沿着这条路走下去只能是对波德莱尔的模仿，而走不出自己的路来。从文化背景上，东西方文化存在着巨大的差异。波德莱尔的神秘和对"丑"的意象的使用，在中国读者几乎是不可理解的：在中国文化中只有不可说的"天机"，却从无"神秘"可言。因此，在这一点上，中西文化几乎没有接洽的可能。戴望舒自己也更倾向选择美的意象和明丽轻快的诗风。这样的选择，是基于戴望舒对法国象征主义的审美经验和表现方式的深层理解，也是他对本民族的文化艺术传统的准确把握的体现。正如傅雷所说："只有真正了解自己民族的优良传统和精神，才能彻底了解别个民族的优良传统。"①

二、"雨巷"时期——对魏尔伦"音乐高于一切"的积极回应

"那被命名为象征主义的东西，可以很简单地总括在好几族诗人想从音乐收回他们的财产的那个共同的意象中……"② 波德莱尔是追求诗的音乐性的最初的诗人，魏尔伦则成功地实现了这一"好几族诗人"的夙愿。他的《诗的艺术》（*L'art poétique*）③ 一诗可以看作是前期象征主义诗歌的艺术章程。"音乐先于一切"，"带着某种误解去挑选你的字眼"，要让词义的"不定和确定结合在一起"，这样就可以造成朦胧感；"还有对色调的渴望"，因为"只有色调才能联结长笛的号角，梦想和梦想"，使读者产生丰富的联想、想象。而音乐则会让读者受到诗人情绪的感染，造成"使百里香和薄

---

① 刘海粟：《傅雷二三事》，《黄山谈艺录》，黄山出版社 1984 年版，第 104 页。

② 保尔·瓦雷里：《波德莱尔的位置》，施蛰存（编）：《戴望舒译诗集》，湖南人民出版社 1983 年版，第 117 页。

③ Paul Verlaine. L'art poétique, in Paris Moderne. Revue littéraire et artistique, deuxième volume (10 Novembre 1882), pp. 144 – 145.

荷发出香气"的效果。可以看出这与司空图、严羽所主张的诗要追求"味外之味""象外之象"的观念有近似的地方。杜衡指出："象征主义诗人之所以会对他有特殊的吸引力，却可以说是为了那种特殊的手法恰巧合乎他底既不是隐藏自己，也不是表现自己的那种写诗的动机的缘故。同时，象征派诗底独特的音节也曾使他感到莫大的兴味，使他以后不再斤斤计较被中国旧诗词所笼罩住的平仄韵律的推敲。"①

戴望舒的诗风演变过程与其翻译对象的变化有着密切的关联，他的诗歌创作也是在译诗过程中逐步走向成熟的。在对诗歌音乐性的探索中，他受到以音乐性见长的魏尔伦很大影响。

戴望舒将象征派的一些精湛的表现手法吸收到自己的创作中，促使自己的诗风变化。这种变化主要有三方面：一是运用象征派的结构和展示形象的特殊方式构思，却又不失中国古典诗歌的单纯、完整、集中和意在言外的长处；二是运用中国古典诗歌里常见的形象，如蔷薇、春花、丁香等，但又赋予富有象征意味的新的社会心理内涵；三是既不违背中国古典诗歌的音韵规律，又充分发挥了魏尔伦"音乐先于一切"的原则。这三个方面的变化，比较完整地体现在写于1927年春夏之交的《雨巷》中。由于吸收了象征主义容量较大的表现手段，诗人已不再满足一点一滴地表现个别具体的景象和情绪的变化，如初期的《夕阳下》《山风中闻雀声》等，而是立足于精神世界的总体，兴致淋漓地为自己的感受、情绪塑形。

我们来分析一下这首诗的妙处，以探讨戴望舒与法国象征派诗人的可能联系。

> 撑着油纸伞，独自
> 彷徨在悠长，悠长
> 又寂寥的雨巷
> 我希望逢着
> 一个丁香一样地

---

① 杜衡：《望舒草·序》，梁仁（编）：《戴望舒诗全编》，浙江文艺出版社1989年版，第51－52页。

结着愁怨的姑娘。

她是有
丁香一样的颜色，
丁香一样的芬芳，
丁香一样的愁怨，
在雨中哀怨，
哀怨又彷徨；

她彷徨在这寂寥的雨巷，
撑着油纸伞
像我一样，
像我一样地
默默彳亍着，
冷漠，凄清，又惆怅。
她默默地走近
走近，又投出
太息一般的眼光，
她飘过
像梦一般地，
像梦一般地凄婉迷茫。

像梦中飘过
一支丁香地
我身旁飘过这女郎；
她默默地远了，远了，
到了颓圮的篱墙，
走尽这雨巷。

在雨的哀曲里，
消了她的颜色，
散了她的芬芳，
消散了，甚至她的
太息般的眼光，
她丁香般的惆怅。

撑着油纸伞，独自
彷徨在悠长，悠长
又寂寥的雨巷，
我希望飘过
一个丁香一样地
结着愁怨的姑娘。①

　　"我"是抒情的主体，丁香一般的姑娘和悠长寂寥的雨巷，则是诗人情绪的客观对应物。通过这些意象，传达出诗人内心深处无法排解的惆怅和幽怨。丁香是古典诗歌里常用的意象，如李商隐的"芭蕉不展丁香结，同向春风各自愁"（《代赠》），李璟的"青鸟不传云外信，丁香空结雨中愁"（《山花子》）。戴望舒则在此加以点化，使丁香和姑娘两个意象重叠、交融，成为既是丁香又是姑娘的一个新的意象。丁香与姑娘交融所创造的意境含蓄幽远，不仅深化了古典诗歌中"丁香"的境界，而且也赋予它以新的社会心理内涵。这是诗人用象征主义的方法对传统诗歌意象改造的结果。这种改造也表现在音韵上，全诗七节，每节六行，基本上三、六两行押"ang"韵，又大量运用内韵，诗行中镶嵌带有"ang"的词汇。加之前后两节呼应和每行中若干诗行复沓，使"ang"韵的音响随诗人情绪起伏而流动全诗，谱写出既流畅又舒缓，飘逸而又蕴藉的节奏，呈现出统一中富于变化的新鲜与和谐。而且，诗中内韵、韵脚、双声叠韵和复沓的成分，都是附着于诗的

---

　　① 戴望舒：《雨巷》，梁仁（编）：《戴望舒诗全编》，浙江文艺出版社 1989 年版，第 27 - 28 页。

主体意象"姑娘（丁香）"和"雨巷"上，造成声、义、情三位一体。这是魏尔伦诗歌音韵特点与中国古典诗歌的音韵规律相结合而出现的新品，无怪乎叶圣陶先生（1894—1988）称赞他"替新诗的音节开了新纪元"①。朱湘（1904—1933）在给戴望舒的信中说："《雨巷》在音节上完美无疵。我替你读出之后，别人说是真好听。……《雨巷》兼采有西诗之行断意不断的长处。在音节上，比起唐人的长短句来，实在毫无逊色。"② 五十年后，戴望舒同乡作家冯亦代（1913—2005）十分感慨地说："我心里永远保持着他《雨巷》中的诗名给我的遐想。当年在家乡时，每逢雨天，在深巷里彳亍着，雨水滴在撑着的伞上，滴答滴答，我便想起了《雨巷》里的韵节。"③

　　读《雨巷》，我们很容易想起波德莱尔的《给一位过路的女子》。

　　　　喧闹的街巷在我周围叫喊，

　　　　颀长苗条，一身丧服，庄重忧愁，

　　　　一个女人走过，她那奢华的手

　　　　提起又摆动衣衫的彩色花边。

　　　　轻盈而高贵，一双腿宛若雕刻。

　　　　我紧张如迷途的人，在她眼中，

　　　　那暗淡的、孕育着风暴的天空

　　　　啜饮迷人的温情，销魂的快乐。

　　　　电光一闪……复归黑暗！——美人已去，

　　　　你的目光一瞥突然使我复活，

　　　　难道我从此只能会你于来世？

---

①　杜衡：《望舒草·序》，梁仁编《戴望舒诗全编》，浙江文艺出版社1989年版，第52页。

②　朱湘：《朱湘致戴望舒、施蛰存信》，转引自张大明：《中国象征主义百年史》，河南大学出版社2007年版，第168页。

③　南焱：《"雨巷诗人"戴望舒的悲情之旅》，http：//www.yuwen888.com/Article/Class35/4437.html。

远远地走了！晚了！也许是永诀！

我不知你何往，你不知我何去，

啊我可能爱上你，啊你该知悉！①

　　诗人在街道上偶遇的女子高贵纯洁，凝聚着世上一切的美好希望。"我"深深地被她吸引，但她匆匆地消失在茫茫人海之中，宛如惊鸿一瞥，只留下惆怅和不知所措的"我"。这首诗可看作是《雨巷》的原型，熟读《恶之花》的戴望舒应该是从这首诗中获得了写作《雨巷》的灵感。"穿着丧服的女子"与"丁香花一样的姑娘"都具有世间少见的美好：一个神圣高贵、不可侵犯，一个素雅清淡、亲切而空灵。在两个完全不同的东西方意象中，透露出两个作者对美好事物的共同向往。可惜，美好的事物常常可望而不可即，它们稍纵即逝，只留下作者独自叹息。波德莱尔的创作有如西方油画式的描摹，对周围的环境、过路女子的服饰、双手的动作和双腿的刻画都非常细致入微，读者似乎可以身临其境地感受当时的情境，甚至看到那位穿着丧服的女子。而戴望舒的创作完全是东方山水画式的写意，一切都是朦胧的：雨雾朦胧中悠长的巷子，丁香花一样飘过的姑娘……所有的意象和情境都只能通过读者的想象去体会和再现。在东西方诗歌不同的格调中，却反映着两位现代诗人共同的情绪——对美的向往和无时不在的幻灭感。戴望舒当初在读到波德莱尔的《给一位过路的女子》时，内心一定深深地被触碰过。当他创作《雨巷》时，眼前也一定浮现过这位"穿着黑衣的华丽女子"，只是这女子太陌生、太遥远，不如丁香花亲切可感。"喧闹的街巷"太没有诗意了，丁香花一定要出现在雨中，才能显得更唯美，更符合中国读者的审美惯性。如果说波德莱尔诗歌中的"我"有着与"过路的女子"相同的地位的话，戴望舒笔下的"我"几乎与诗歌的主角——丁香花一样的姑娘——没有关联。这既符合胡适的"须有个我在"的要求，也与中国古典诗歌的"无我"境界看似矛盾却又不违背，因为"我"所处的位置刚刚

---

①　波德莱尔：《恶之花》，郭宏安译，中国戏剧出版社 2005 年版，第 79 – 80 页。

好，既不破坏主体意象，又与它有着关联。不得不说，在那个年代戴望舒对诗人的位置把握得非常好。

由于戴望舒熟读魏尔伦的诗歌，对魏尔伦诗歌中的惆怅忧伤之情很能产生共鸣。我们做出一个大胆的推测：《雨巷》的最直接灵感来源可能是魏尔伦的《我熟悉的梦》：

> 我常做这个奇异的梦，令人心颤，
> 梦见一个陌生女人，我爱她，她爱我，
> 每次，她既非完全是同一人，
> 也不完全是另一个，她爱我，理解我。
>
> 因为她理解我，我透明的心
> 只有她懂，啊，我心中的谜
> 唯她能解，我苍白冒汗的额际，
> 只有她哭着使它凉爽清新。
>
> 她是棕发、金发或红发？——我不得而知。
> 她的名字？我记得它响亮而动听
> 就像被生活放逐的情人的名字。
>
> 她的目光与雕像的目光无异，
> 至于她的声音，遥远，庄重，宁静，
> 就像已归沉寂的亲爱的声音。①

弗洛伊德认为夜梦和白日梦都是幻想的表现，目的都是实现在现实中无法实现的愿望，因而是一种心理补偿机制的产物。根据弗洛伊德的理论，魏尔伦常常做的显然是白日梦，是对于遥不可及的理想爱人——或者说是爱情

---

① 魏尔伦：《三年后》，胡小跃译，魏尔伦、兰波、马拉美：《多情的散步——法国象征派诗选》，中国文联出版公司 1992 年版，第 11 - 12 页。

理想——强烈渴望的诗化表现（poétisation）。"我"是孤独的，但她对"我"高度理解，倾心爱"我"："她爱我，理解我。"诗人使用了"陌生女人"一词表明：她不是一个"我"认识的人。也就是说，她存在于诗人的生活世界之外，是不可能在现实中遇到的。诗人强调说她"她既非完全是同一人，／也不完全是另一个"。这就更加表明了她不是现实生活中的任何一个女性。由于她是在诗人幻想中出现的女子，诗人对她的每一次想象都会有所不同。但是，不论对其外形的想象有多少变化，她始终如一地保持着——或者说是承载着——诗人的爱情理想。

魏尔伦强调说自己有"透明的心"，但只有梦中女子才能完全理解；自己心中的谜，只有她能够懂得；自己"苍白冒汗的额际，／只有她哭着使它凉爽清新"。诗人否认她头发的颜色是我们在生活中可以看到的。或者说，诗人并不在意她的头发颜色。因此，她不可能是任何一个凡俗女子，只能是幻想中的女神。诗人说"她的目光与雕像的目光无异"，这就表明她是出自于艺术想象，她的目光才是纯净、非功利的。"至于她的声音，遥远，庄重，宁静，／就像已归沉寂的亲爱的声音。"这再次强调了她是可望而不可即的，只能存在于诗人的理想之中。诗人通过这篇作品向我们呈现了他的诗化幻想的爱情之梦。而只能在梦中与之相遇的理想爱人，又强化了诗人在现实中的失望、落寞和惆怅。

沿着这一思路，我们再看戴望舒的《雨巷》。我们可以断定，尽管戴望舒把爱情白日梦的地点放在了细雨蒙蒙的江南小巷，让"我"撑着中国人沿用了数百年的油纸伞，他的丁香姑娘仍然是爱情愿望的幻想实现。与魏尔伦不同，他是清醒的做梦者：即使是在艺术的白日梦中，他也知道自己希望遇到的丁香姑娘是"冷漠、凄清又惆怅"的。也就是说，他预感到自己的爱情理想不会实现，虽有邂逅，却仍错过，自己短短升腾的希望火星很快会破灭，仍然陷入到巨大的虚无和绝望中去。这表明，戴望舒对生命本身有一种比魏尔伦更强烈的悲剧感。

在诗歌中消融自我，达到"物我两忘"之境，一直是中国古典诗歌的特点。戴望舒在古典的意境中融入了与波德莱尔类似的现代人的情绪。虽然在创作诗歌的方法上，戴望舒没有走波德莱尔的道路，但是，在新诗走向现代的过程中，波德莱尔对戴望舒的影响是相当大的。戴望舒的《雨巷》里，流露出的强烈的忧郁，包涵着诗人对现实生活的苦恼和失望，是一种典型的"现代人的情绪"。很多人认为戴望舒诗歌的忧郁美，更多的是受到中国古代忧郁诗人的感染。艾青说过："望舒初期的作品，留着一些不健康的旧诗词的很深的影响，常常流露一种哀叹的情调。"① 卞之琳（1910—2000）也曾指出："在望舒这些最早期诗作里，感伤情调的泛滥，易令人想起'世纪末'英国唯美派（比如陶孙——Ernest Dowson）甚于法国的同属。"② 这种"情调"确实是传统的中国文人的所特有的忧患意识。但是，"忧郁"并不能简单地被视为一种负面消极情绪，波德莱尔就认为："欢悦，是'美'的装饰品中最庸俗的一种，而'忧郁'却似乎是'美'的灿烂出色的伴侣。我几乎不能想象任何一种美会没有'不幸'在其中。"③

三、"我的记忆"时期——"为自己制最适合自己的脚的鞋子"

在《雨巷》的创作时期，戴望舒便"差不多把头钻到一个新的圈套里去了，然而他见得到，而且来得及把已经钻进去的头缩回来"④。他并没有满足《雨巷》带给他的各种褒奖，很快就对自己提出更高的要求。不再满意那种太像诗的写法，而是追求"为自己制最适合自己的脚的鞋子"⑤。

因而，"魏尔伦和波德莱尔对他也没有多久的吸引力，他最后还是选中了果尔蒙、耶麦等后期象征派。"⑥ 从这些后期象征派诗人的作品里，他发现"韵和整齐的字句会妨碍诗情，或使诗情成为畸形的"⑦。于是，他决然

---

① 艾青：《戴望舒诗选·序》，《戴望舒诗选》，人民文学出版社1957年版，第1页。
② 卞之琳：《戴望舒诗集·序》，《卞之琳文集》，安徽教育出版社2002年版，第349页。
③ 波德莱尔：《随笔·美的定义》，伍蠡甫（编）：《西方文论选》（下卷），上海译文出版社1979年版，第225页。
④ 杜衡：《望舒草·序》，梁仁（编）：《戴望舒诗全编》，浙江文艺出版社1989年版，第53页。
⑤ 戴望舒：《诗论零札》，梁仁（编）：《戴望舒诗全编》，浙江文艺出版社1989年版，第692页。
⑥ 施蛰存：《戴望舒译诗集·序》，施蛰存（编）：《戴望舒译诗集》，湖南人民出版社1983年版，第2页。
⑦ 戴望舒：《诗论零札》，梁仁（编）：《戴望舒诗全编》，浙江文艺出版社1989年版，第691页。

宣布"诗不能借重音乐，它应该是去了音乐的成分"①。从果尔蒙等人的诗里他得出这样的结论："诗的韵律不在字的抑扬顿挫上，而在诗的情绪的抑扬顿挫上，即在诗情的程度上。"②

"译果尔蒙、耶麦的时候，正是他放弃韵律，转向自由体的时候。"③《断指》《古神祠前》体现了他的这种努力。事实上，他诗风转变以前写的《不要这样盈盈地相看》中的诗句，就已经透露了他学习果尔蒙的消息："静，听啊，远远地，在林里。/在死叶上的希望又醒了"；"静，听啊，远远地，在林里。/惊醒的昔日的希望又来了。"这两句和他译的果尔蒙（Remy de Gourmont，1858—1915）的诗集《西茉纳集》中的诗句，有着极为相似的语气："四月已回来和我们游戏了"（《冬青》），"西茉纳，到林中去吧：树叶已飘落了"（《死叶》）。而戴望舒诗中的"死叶"一词直接取自果尔蒙的《死叶》。

戴望舒对于《雨巷》格式的明显突破，表现在现代口语的运用和音乐外壳的蝉蜕两方面。《断指》的诗笔舒缓而不乏明朗，低沉中含有坚定，表面上没有明显的节奏和整齐的韵脚，但在现代汉语舒卷自如的挥洒中，却蕴藏着回肠荡气的诗情。《古神祠前》诗情的旋律体现在四个意象对比序列中，由低回至高昂到蛰伏：水蜘蛛、蝴蝶、云雀和鹏鸟。

1927 年，距写作《雨巷》不久，戴望舒写成了他自称为杰作的《我底记忆》。据杜衡回忆："1927 年夏某月，望舒和我蛰居家乡，那时候大概《雨巷》写成还不久，有一天他突然兴致勃勃地拿了张原稿给我看，'你瞧我底杰作'，他这样说。我当下就读了这首诗，读后感到非常新鲜，在那里，字句底节奏已经完全被情绪底节奏所代替，……他所给我看的那首诗底名便是《我底记忆》。"④

---

① 戴望舒：《诗论零札》，梁仁（编）：《戴望舒诗全编》，浙江文艺出版社 1989 年版，第 692 页。

② 戴望舒：《诗论零札》，梁仁（编）：《戴望舒诗全编》，浙江文艺出版社 1989 年版，第 691 页。

③ 施蛰存：《戴望舒译诗集·序》，施蛰存（编）：《戴望舒译诗集》，湖南人民出版社 1983 年版，第 3－4 页。

④ 杜衡：《望舒草·序》，梁仁编《戴望舒诗全编》，浙江文艺出版社 1989 年版，第 50 页。

我底记忆是忠实于我的，
忠实得甚于我最好的友人。

它存在在燃着的烟卷上，
它存在在绘着百合花的笔杆上。
它存在在破旧的粉笔盒上，
它存在在颓垣的木莓上，
它存在在喝了一半的酒瓶上，
在撕碎的往日的诗稿上，在压干的花片上，
在凄暗的灯上，在平静的水上，
在一切有灵魂没有灵魂的东西上，
它在到处生存着，像我在这世界一样。
它是胆小的，它怕着人们的喧嚣，
但在寂寥时，它便对我做亲密的拜访。
它的声音是低微的，
但它的话是很长，很长，
很多，很琐碎，而且永远不肯休：
它底话是古旧的，老是讲着同样的故事，
它底音调是和谐的，老是唱着同样的曲子，
有时它还模仿着爱娇的少女底声音，
它底声音是没有力气的，
而且还夹着眼泪，夹着太息。

它底拜访是没有一定的，
在任何时间，在任何地点，
甚至当我已上床，朦胧地想睡了；
人们会说它没有礼貌，
但是我们是老朋友。

·159·

它是琐碎的永远不肯休止的，

除非我凄凄地哭了，或是沉沉地睡了：

但是我是永远不讨厌它，

因为它是忠于我的。①

诗无定节、节无定行、行无定字，倚重字句音节和韵脚所形成的节奏已经完全取消。在经过锤炼后的清新自然的口语和疏密有致的意象排列中，流动着诗人情绪的旋律，是诗人个性的音乐。它把外在的韵律消溶到诗的内部骨骼，形式沉淀到内容中，而形成一种富于旋律的诗体。《我底记忆》明显地受到了果尔蒙《西茉纳集》中《发》一诗的影响：

西茉纳，有个大神秘

在你头发的林里。

你吐着干刍的香味，你吐着野兽

睡过的石头的香味；

你吐着熟皮的香味，你吐着刚籁过的

小麦的香味；

你吐着木材的香味，你吐着早晨送来的

面包的香味；

你吐着沿荒垣

开着的花的香味；

你吐着黑莓的香味，你吐着被雨洗过的

常春藤的香味；

你吐着黄昏间割下的

灯芯草和薇蕨的香味；

你吐着冬青的香味，你吐着苔藓的香味，

---

① 戴望舒：《我底记忆》，梁仁（编）：《戴望舒诗全编》，浙江文艺出版社 1989 年版，第 29 页。

你吐着篱阴结了种子的

衰黄的野草的香味；

你吐着荨麻如金雀花的香味，

你吐着苜蓿的香味，你吐着牛乳的香味；

你吐着茴香的香味；

你吐着胡桃的香味，你吐着熟透而采下的

果子的香味；

你吐着花繁叶满时的

柳树和菩提树的香味；

你吐着蜜的香味，你吐着徘徊在牧场中的

生命的香味；

你吐着泥土与河的香味；

你吐着爱的香味，你吐着火的香味。

西茉纳，有个大神秘

在你头发的林里。①

　　第一节都是以两个诗句（其实是一句话）说出要吟咏的事物。在《发》中，第二节用口语化的语言娓娓地述说着诗人从"你头发"中感觉到的各种香味，诗人一口气说出二十五个"你吐着……的香味"。《我底记忆》第二节从开头就连写了五句"它生存在……上"，接下来为了避免过多重复造成的单调，而改说"在……上"五次，并以"它在到处生存着，像我在这世界上一样"结束。从第三节开始，可以说是真正体现了戴望舒的风格。和以前的诗相比，可以看出：他抛弃了幽美古雅的词藻，采用现代人生活中的口语。语言朴实贴切；使用散文的句法，句式灵活自由；伴着诗情发展的节奏和旋律，是自然流畅的；虽然有着散文化的形式，乍看似乎松散，但实际上相当严谨；既不押韵也不整饬的散文句式，朴素无华的语言，并没有妨

---

　　① 戴望舒：《西茉纳集·发》，梁仁（编）：《戴望舒诗全编》，浙江文艺出版社1989年版，第217页。

碍诗人去创造迷人的诗境。

1927 年，在发表《耶麦诗抄》的《译后记》中，戴望舒称赞耶麦（Francis Jammes，1868—1938）"抛弃了一切虚夸的华丽、精致、娇美，而以他自己的淳朴的心灵来写他的诗的。从他的没有词藻的诗里，我们……感到一种异常的美感。这种美感是生存在我们日常的生活上，但我们没有适当地、艺术地抓住的"。① 几个月后，在发表《保尔·福尔诗抄》时，他在《望舒附记》中写道："他用最抒情的诗句表现迷人的诗境，远胜过其他用着张大的和形而上的词藻的诸诗人。"② 在这样带有明显偏爱的话语里，我们不难看出戴望舒对诗美的看法又有了新的变化。

从《我底记忆》开始，戴望舒的诗歌创作从《雨巷》时期进入到《我底记忆》时期。诗人走向魏尔伦的"音乐高于一切"的反面。在 1933 年出版的《望舒草》中，戴望舒未将他最为人所知、最广为传诵的《雨巷》收入，而将《我底记忆》放在诗集开头。杜衡在为这本诗集所做的序中写道："望舒自己不喜欢《雨巷》的原因比较简单，就是他在写成《雨巷》的时候，已经开始对诗歌的'音乐的成分'勇敢的反叛了。"③

在《我底记忆》这一时期，诗人将有关诗的音乐性的问题收集起来，写成诗论——《诗论零札》，其中就提到"诗不能借重音乐，它应该失了音乐的成分"。④ 所谓"去"音乐的成分，是指去掉诗韵和整齐的句子，而注重诗的内在节奏："诗的韵律不在字的抑扬顿挫上，而在诗的情绪的抑扬顿挫上，即在诗情的程度上"；"韵和整齐的字句会妨碍诗情，或使诗情成为畸形的"。⑤

象征主义诗人如波德莱尔、马拉美、兰波（Arthur Rimbaud，1854—1891）以及后来的瓦雷里（Paul Valéry，1871—1945）都致力于凸显文字的

---

① 施蛰存（编）：《戴望舒译诗集》，湖南人民出版社 1983 年版，第 254 页。
② 戴望舒：《译后记》，梁仁（编）：《戴望舒诗全编》，浙江文艺出版社 1989 年版，第 39 页。
③ 杜衡：《望舒草·序》，梁仁（编）：《戴望舒诗全编》，浙江文艺出版社 1989 年版，第 50 页。
④ 戴望舒：《论诗零札》，梁仁（编）：《戴望舒诗全编》，浙江文艺出版社 1989 年版，第 691 页。
⑤ 戴望舒：《论诗零札》，梁仁（编）：《戴望舒诗全编》，浙江文艺出版社 1989 年版，第 691 页。

魅力，让文字本身在诗行中发生冲撞，制造出其不意的更加自然的效果，而作者本身却应该隐去。在诗人隐去的同时，也就自然地隐去了诗情。魏尔伦在其所著的《诗的艺术》一诗中，提出了"细微之差"（nuance）的观念。所谓"细微之差"，包含诗情、文字和诗的音乐性。在诗歌的创作中，诗情已经体现在了对文字的运用上，文字事实上就是诗歌创作的本身。戴望舒将诗情与文字相对立显然不符合西方象征主义诗人的诗歌观念。因为专注于诗情，戴望舒开始对法国后期象征主义诗人保尔·福尔（Paul Fort，1872—1960）、果尔蒙、耶麦等诗人的作品发生兴趣。事实上，他在 1928 年就已经开始翻译这些诗人的作品。福尔的诗歌是散文体，他强调诗的内在的、自然流动的节奏，不在乎音节的整齐和韵脚。他认为诗的节奏比诗行更重要，让感情的流动做自然的音节，所以他选择散文体诗。戴望舒曾评价过福尔："保尔·福尔氏为法国后期象征派中最淳朴、最光耀、最富裕诗情的诗人。……他用最抒情的诗句表现出他迷人的诗境，远胜于其他用着张大的和形而上的辞藻的诸诗人。"①《我底记忆》就是对散文体诗的尝试。

结语：戴望舒不断寻求"为自己制最适合自己的脚的鞋子"

不同文学之间的影响不是一方施加影响，另一方接受影响的消极过程，而应该是两种文学的创造性融合。在戴望舒二十多年的诗歌创作中，始终贯穿着象征主义，但其学习的对象和创作的风格却在自己本人的生命历程中，随着象征主义本身的演变而延伸与扩大。从历时性的角度看，向内，戴望舒的诗歌记录了中国新诗从尝试逐渐走向成熟的过程；向外，在对象征主义的借鉴中，也经历了从前期象征主义到后期象征主义的过渡。从共时性的角度看，戴望舒意识到应当将中国的古典与外国的现代相结合，在当时各种文艺思潮中，他选择了象征主义作为切入点。从翻译到模仿、突破、创新，戴望舒自觉地从欧洲现代诗歌中寻求灵感的启迪，不断地进行艺术创新，寻找最适合自己的诗歌形式。

（作者：方丽平）

---

① 戴望舒：《译后记》，梁仁（编）：《戴望舒诗全编》，浙江文艺出版社 1989 年版，第 39 页。

穆木天对法国象征主义"纯诗"理论的阐发

"纯诗"（la poésie pure）是法国象征主义诗歌的一个重要术语。它其实是对美国诗人埃德加·爱伦·坡（Edgar Allan Poe, 1809—1849）在演讲《诗的原理》中提出的"纯诗"（the pure poetry）的直接翻译和运用。在法语中，它首先出现在波德莱尔（Charles Baudelaire, 1821—1867）发表于1857年的文章《再论埃德加·爱伦·坡》末尾，① 以批评浪漫主义大诗人雨果（Victor Hugo, 1802—1885）诗歌的"教诲"特征。作为象征主义一代宗师的马拉美（Stéphane Mallarmé, 1842—1898），沿着波德莱尔的思路，在1897年发表的《诗的危机》一文中，倡导"纯诗作"（œuvre pure），以取代对古典传统抒情方式的模仿和对浪漫主义式直抒胸臆的放任。② 1920年，法国后期象征主义诗歌的集大成者保尔·瓦雷里（Paul Valéry, 1871—1945）在为诗人吕西安·法布尔（Lucien Fabre, 1889—1952）写的长序里，把"纯诗"视为在西方文化危机和精神废墟上，诗人应该努力的目标。③ 他还把"纯诗"称为"绝对诗"（poésie absolue）。④

1925年，对诗歌问题有着浓厚兴趣的法兰西学院院士亨利·布雷蒙

---

① 夏尔·波德莱尔：《再论埃德加·爱伦·坡》，《波德莱尔美学论文选》，郭宏安译，人民文学出版社1987年版，第208－209页。

② Stéphane Mallarmé. Crise de vers, in Stéphane Mallarmé, *Divagations*. Paris：Bibliothèque-Charpentier, Eugène Fasquelle, éditeur, 1897, p. 246.

③ Paul Valéry. Avant-Propos, in Lucien Fabre, *Connaissance de la déesse*. Paris：Société littéraire de France, 1920, p. XIX.

④ Paul Valéry. Avant-Propos, in Lucien Fabre, *Connaissance de la déesse*. Paris：Société littéraire de France, 1920, p. XX.

·

（Henri Bremond，1865—1933），就"纯诗"问题做了一次公开演讲。这位
耶稣会士兼天主教神学家认为诗歌不受理性控制、诗歌与祈祷相通。他的观
点引发了一场热烈的"纯诗之争"。次年，他将演讲稿付诸出版，并附上了
他人的论辩文字，① 还出版了专著《祈祷与诗歌》。② 更多的诗人和理论家
卷入了正常争论：瓦雷里和另一位象征主义大诗人保尔·克罗岱尔（Paul
Claudel，1868—1955）分别陈述了自己对"纯诗"的理解，布雷蒙神甫则
出版了专著《拉辛与瓦雷里》以捍卫自己的观点③。

　　几乎与此同时，中国诗歌界也在围绕现代诗歌的弊病展开讨论，寻求解
决方案。"五四"时期新文学家们倡导的"诗体大解放"，在使诗歌冲破旧
诗樊笼而重获新生的同时，其"作诗如作文"的主张也遮蔽、甚至是忽略
了新诗本体意义上的艺术价值。口语化、散文化的诗歌在兴盛一时之后，迅
速走向衰落。因此，含蓄蕴藉的法国象征主义诗歌就被一些人视为补救中国
现代诗歌流弊的重要参考。周作人（1885—1967）提出"为诗而诗"的唯
美诗学主张，李思纯（1893—1960）提出要创造出深博、美妙、复杂的诗，
田汉（1898—1968）极力推崇过诗歌语言的音乐美。

　　在这样的语境中，法国诗歌界围绕"纯诗"展开的热烈争论自然而然
地引起了中国现代诗人和诗歌理论家们的关注。穆木天④（1900—1971）、
王独清⑤（1898—1940）、梁宗岱⑥（1903—1983）、朱光潜⑦（1897—
1986）、钱锺书⑧（1910—1998）等都就此发表了很有价值的意见。他们自
觉不自觉地运用了比较文学的方法，结合中国和西方的诗歌作品与诗歌理
论，对"纯诗"的内涵和深意，做了非常有启发性的阐发。他们在强化中

---

① 　Henri Bremond. La Poésie pure, avec un débat sur la poésie par Robert de Souza. Paris：Bernard
Grasset，1926.

② 　Henri Bremond. Prière et poésie. Paris：Librairie Grasset，1926.

③ 　Henri Bremond. Racine et Valéry：notes sur l'initiation poétique. Paris：Librairie Grasset，1930.

④ 　穆木天：《谭诗——寄沫若的一封信》，杨匡汉、刘福春（编）：《中国现代诗论》（上册），
花城出版社 1985 年版，第 93 - 101 页。

⑤ 　王独清：《再谭诗——寄给木天、伯奇》，杨匡汉、刘福春（编）：《中国现代诗论》（上
册），花城出版社 1985 年版，第 102 - 110 页。

⑥ 　梁宗岱：《谈诗》，《梁宗岱文集》（第二卷），中央编译出版社 2003 年版，第 84 - 100 页。

⑦ 　朱光潜：《谈翻译》，《朱光潜全集》（第四卷），安徽教育出版社 1988 年版，第 292 页。

⑧ 　钱锺书：《谈艺录》（下卷），三联书店 2001 年第版，第 773 - 821 页。

国诗歌本体意识的同时，也为中国现代诗歌理论的发展做出了重要贡献。其中最早正式谈论"纯诗"的是诗人穆木天。在日本留学期间，他深受法国象征主义的影响，在诗歌创作和诗学理论方面都取得了可观的成绩。在1926年3月出版的《创造月刊》第1卷第1期上，他发表了长篇论文《谭诗——寄沫若的一封信》，把对"纯粹诗歌"的不懈追求，作为其最高的诗学理想。这是中国象征派最重要的一篇诗学宣言。

关于写作这篇诗论的缘由，他说：

> 我同乃超谈到诗论的上边，谈到国内的诗坛的上边，谈些个我们主张的民族彩色，谈些个我深吸的异国薰香，谈些个腐水朽城 décadent 的情调，我们的意见，大概略同。[……]
>
> 我们的要求是"纯粹诗歌"。我们的要求是诗与散文的纯粹的分界。我们要求是"诗的世界"。乃超让我把我的诗的意见写出，我以为太平凡；但回来想想，或似有写出的必要。因略略想谈出一些。①

当时在日本留学的穆木天不可能看到布雷蒙、瓦雷里、克罗代尔等人从1926年开始发表的关于"纯诗"著作和论文。因此，他对"纯诗"的理论探讨，可能更多地源于他对波德莱尔、魏尔伦、马拉美等人诗歌与理论随笔的阅读。难能可贵的是，他对"纯诗"提出了一套比较完整系统的要求，非常值得我们加以梳理和考辨。

一、要求诗的统一性

穆木天要求重视"诗的统一性"。他解释说："我的主张，一首诗歌表现一个思想。一首诗的内容，是表现一个思想的内容。"他对中国新诗的现状很不满意："中国现在的新诗，真是东鳞西爪；好像中国人，不知道诗文有统一性之必要，而无统一性为诗之大忌。第一诗段的思想是第一诗段的思想，第二诗段是第二诗段的思想。甚至一句一个思想，一字一个思想，思想

---

① 穆木天：《谭诗——寄沫若的一封信》，杨匡汉，刘福春：《中国现代诗论》（上册），花城出版社1985年版，第94页。

真可称未尝不多。(这真如中国的政治一样!)"① 他的诗学主张是:

> 作诗,应如证几何一样。如几何有一个有统一性的题,有一个有统一性的证法,诗亦应有一个有统一性的题,而有一个有统一性的作法。例如维尼②的诗《摩西》(Moïse),他那种"天才孤独"的思想是何等统一,他那种写法是何等的统一。如同鲍欧(Poe)③ 的《乌鸦》(The Raven),也可作一个适例。如读毛利雅斯④的《绝句集》(Les stances),甚可感全诗集有一个统一性。勿论是由于 Fantaisie 产出来的诗,是由宗教心产出来的诗,都是很有统一的。因为诗是在先验的世界里,绝不是杂乱无章,没有形式的。⑤

由于不是谁都能够直接阅读他所列举的这些诗歌的法文版,穆木天就以中国读者耳熟能详的杜牧《泊秦淮》为例阐释他的"统一性"主张。他将这首诗称为"象征的印象的彩色的名诗":

> 烟笼寒水月笼沙
> 夜泊秦淮近酒家
> 商女不知亡国恨
> 隔江犹唱后庭花

他称赞这首诗"是何等的秩序井然,是何等的统一的内容,是何等统一的写法。由朦胧转入清楚,由清楚又转入朦胧。他官能感觉的顺序,他的感情激荡的顺序:一切的音色律动都是成一种持续的曲线的。里头虽有说不

---

① 穆木天:《谭诗——寄沫若的一封信》,杨匡汉,刘福春:《中国现代诗论》(上册),花城出版社 1985 年版,第 95 页。

② 即法国浪漫派诗人 Alfred de Vigny (1797—1863)。

③ 即埃德加·爱伦·坡。

④ 即《象征主义宣言》的作者莫雷亚斯。

⑤ 穆木天:《谭诗——寄沫若的一封信》,杨匡汉,刘福春:《中国现代诗论》(上册),花城出版社 1985 年版,第 95 页。

尽的思想，但里头不知那里人总觉是有一个思想。我以为这是一个思想的深化，到其升华的状态，才能结晶出这个"。①

他以杜牧的《赤壁》为例，指出同样是大诗人也可能创作出不符合"统一性"的作品：

> 折戟沉沙铁未销
> 自将磨洗认前朝
> 东风不与周郎便
> 铜雀春深锁二乔

穆木天说：读这首诗，"你觉不觉出它的上二句是一个统一的东西，下二句又是一个，上二句与下二句如用胶水硬贴到一同似的，总感不出统一来。"②他详细地解释了诗的统一性应该是什么样子，应该达到什么样的艺术效果：

> 要求诗的统一性得用一种沙（里淘）金的工夫。与诗的统一性相关联的是诗的持续性。一个有统一性的诗，是一个统一性的心情的反映，是内生活的真实的象征。心情的流动的内生活是动转的，而它们的流动动转是有秩序的，是有持续的，所以它们的象征也应有持续的。一首诗是一个先验状态的持续的律动。读一首好的诗，自己的生命随着他的持续的流动，读一首坏的诗，无统一的诗，觉着不知道怎办好，好同看见自动车跑来一样：这是一般都能觉出来的罢。若是读拉马丁（Lamartine）③的《湖水》（Le lac）是不是感得出什么东西——时间？运命？——在意识中流转，不停地持续地流转。持续是不断的，一首诗就怕断弦。杜牧之的"折戟沉沙……"的毛病，就是续弦的缘故。勿

---

① 穆木天：《谭诗——寄沫若的一封信》，杨匡汉，刘福春：《中国现代诗论》（上册），花城出版社1985年版，第96页。
② 穆木天：《谭诗——寄沫若的一封信》，杨匡汉，刘福春：《中国现代诗论》（上册），花城出版社1985年版，第95页。
③ 即法国浪漫派诗人 Alphonse Marie Louise de Lamartine（1790—1869）。

论律动是如何的松，如何的弛缓，如何的轻软，好的诗，永是持续的。诗里可以有沉默，不可是截断；因为沉默是律的持续的一形式。你如漫步顺小小的川流，细听水声，水声纵时有沉默，但水声不是没了，如果水声是没了，是断了，你得更新听新的水声了。中国现在的诗是平面的，是不动的，不是持续的。我要求立体的，运动的，在空间的音乐的曲线。我们要表现我们的反映的月光的针波的流动，水面上的烟网的浮飘，万有的声，万有的动：一切动的持续的波的交响乐。持续性是诗的不可不有的最要紧的要素呀！①

穆木天将他在诗歌的形式方面的主张概括为"我的诗之物理学"，总结为一句话："诗是——在形式方面上说——一个有统一性、有持续性的时空的律动。"②

二、现代诗不等于自由诗

胡适所示范和引导的新诗运动给人们造成了这样一种观念：现代诗＝自由诗。穆木天敏锐地看到了这个观念的偏颇和弊端。"我们要求的诗是数学的而又音乐的东西。"③ 他从形式与内容应该一致的常识出发，认为自由诗无法替代律诗和绝句，因为这些传统的中国诗歌形式有其特别能够表现的思想和感情：

诗的内容是得与形式一致，这是不用说的。实在说：内容与形式是不能分开。雄壮的内容得用雄壮的形式——律——去表。清淡的内容得用清淡的形式——律——去表。思想与表思想的声音不一致是绝对的失败。暴风的诗得像暴风声，细雨的声得作细雨调。诗的律动的变化得与

① 穆木天：《谭诗——寄沫若的一封信》，杨匡汉，刘福春：《中国现代诗论》（上册），花城出版社 1985 年版，第 96－97 页。
② 穆木天：《谭诗——寄沫若的一封信》，杨匡汉，刘福春：《中国现代诗论》（上册），花城出版社 1985 年版，第 97 页。
③ 穆木天：《谭诗——寄沫若的一封信》，杨匡汉，刘福春：《中国现代诗论》（上册），花城出版社 1985 年版，第 97 页。

要表的思想的内容的变化一致。这是最要紧的。现在新诗流盛的时代，一般人醉心自由诗（vers libre），这个犹太人发明的东西固然好；但我们得知因为有了自由句，五言的七言的诗调就不中用了不成？七绝至少有七绝的形式的价值，有为诗之形式之一而永久存在的生命。因为确有七绝能表的，而词不能表的，而自由诗不能表的。自由诗里许有七绝诗的地位罢？①

他指出自由诗和传统格律诗是无法互相取代的，"因为自由诗有自由诗的表现技能，七绝有七绝的表现技能。有的东西非用它表不可"。他要求保存传统形式，而且增加散文诗以造成中国现代诗歌样式的多样性。"我们对诗的形式力求复杂，样式越多越好，那么，我们的诗坛将来会有丰富的收获。我们要保存旧的形式，让它为形式之一，我们也要求散文诗。"②

散文诗和自由诗都是五四时期从西方输入到中国的诗歌新形式，尚处于试验阶段。穆木天认为散文诗最重要的特质是诗，应该具有使得旋律，以区别于一般的散文：

> 在我自己想，散文诗是自由句最散漫的形式。虽然散文诗有时不一句一句的分开——我怕它分不开才不分——它仍是一种自由诗罢？以所要写成散文的关系，因为旋律不容一句一句分开，因旋律的关系，只得写作散文的形式。但是它是诗的旋律是不能灭杀的。不是用散文表诗的内容，是诗的内容得用那种旋律才能表的。读马拉梅（Stéphane Mallarmé）的《烟管》（La pipe），他的调子总是诗的律动。散文诗是旋律形式的一种，如可罗迭儿（Claudel）③ 的节句（verset）为旋律的形式之一种一样。我认为散文诗不是散文，Poème en prose 不是 prose，散

---

① 穆木天：《谭诗——寄沫若的一封信》，杨匡汉，刘福春：《中国现代诗论》（上册），花城出版社 1985 年版，第 97 页。

② 穆木天：《谭诗——寄沫若的一封信》，杨匡汉，刘福春：《中国现代诗论》（上册），花城出版社 1985 年版，第 97 页。

③ 即 Paul Claudel（1868—1965），通译为"克洛岱尔"。

文诗是旋律形式之一种，是合乎一种内容的诗的表现形式。①

三、诗是表现而非说明

穆木天对当时新诗作品在艺术上的粗糙状态和诗作者对艺术的懈怠非常不满："中国人现在作诗，非常粗糙，这也是我痛恨的一点。"他再次强调说："诗要兼造型与音乐之美。"② 诗要表现微妙、纤细的潜意识，要表现宇宙的律动与内心的音乐，所以它必须要用暗示的方式，而不是一览无余、没有余地的说明。穆木天的论述确实是非常精当的：

在人们神经上振动的可见而不可见，可感而不可感的旋律的波，浓雾中若听见若听不见的远远的声音，夕暮里若飘动若不动的淡淡光线，若讲出若讲不出的情肠才是诗的世界。我要深汲到最纤细的潜在意识，听最深邃的最远的不死的而永远死的音乐。诗的内生命的反射，一般人找不着不可知的远的世界，深的大的最高生命。我们要求的是纯粹诗歌，我们要住的是诗的世界，我们要求诗与散文的清楚的分界。诗的世界是潜在意识的世界。诗是要有大的暗示能。诗的世界固在平常的生活中，但在平常生活的深处。诗是要暗示出人的内生命的深秘。诗是要暗示的，诗最忌说明的。说明是散文的世界里的东西。诗的背后要有大的哲学，但诗不能说明哲学。杜牧之的《泊秦淮》里确暗示出无限的形而上学的感——因其背后有大的哲学——但他绝不是说明为形而上的感。——你如读拉马丁、维尼，以及象征运动以后的诗，你总觉有无限的世界在环绕你的周围。用有限的律动的字句启示出无限的世界是诗的本能。诗不是像化学的 $H_2 + O = H_2O$ 那样的明白的，诗越不明白越好。明白是概念的世界，诗是最忌概念的。诗得有一种 magical power。③

---

① 穆木天：《谭诗——寄沫若的一封信》，杨匡汉，刘福春：《中国现代诗论》（上册），花城出版社 1985 年版，第 98 页。
② 穆木天：《谭诗——寄沫若的一封信》，杨匡汉，刘福春：《中国现代诗论》（上册），花城出版社 1985 年版，第 97 页。
③ 穆木天：《谭诗——寄沫若的一封信》，杨匡汉，刘福春：《中国现代诗论》（上册），花城出版社 1985 年版，第 98~99 页。

穆木天断然拒绝说明性文字成为诗的可能性："如果说明的东西可为诗，法律政治物理化学天文地理的记录都是诗了。诗不是说明的，诗是得表现的。"① 穆木天将前述对于表现与说明的区分，应用到对于最伟大的两位唐代诗人的总体把握上："放在时代里，杜甫是李白以上的大诗人，如同在法国的浪漫的时代里看嚣俄（Victor Hugo）② 是在维尼以上的大诗人。但是就时代的素质（tempérament）上说，李白是大的诗人，杜甫差多了"。③ 其原因在于："李白的世界是诗的世界，杜甫的世界是散文的世界；李白飞翔在天堂，杜甫则涉足于人海。读李白的诗，即总觉到处是诗，是诗的世界，有一种纯粹诗歌的感，而读杜诗，则总离不开散文，人的世界。"很显然，穆木天看重以想象力丰富著称的李白，而忽视了杜甫晚年在律诗技艺上已经达到炉火纯青的事实。他甚至把这个区分推广到判断雨果与维尼之高下："如同在对于诗的意识良心上说，雨果的诗的情感不如维尼远了。"④ 一般的读者和学者还是认为雨果的诗歌水准在维尼之上。雨果不是没有缺点，他写得太多，直抒胸臆，确实不够含蓄，基本没有象征派诗人要求的暗示。穆木天解释自己立论如此偏颇的目的是为了强调纯粹的诗歌："在我的思想，把纯粹的表现的世界给了诗歌作领域，人的生活则让散文担任。……我们要把诗歌引到最高的领域里去。"⑤

四、诗是国民生命与个人生命的交响

五四新文化运动的主要使命是唤醒精神沉睡已久的亿万民众，培养他们对现代自由、民主、科学的明确意识和坚定信念，改造国民性，重建中国魂，为中国在政治、经济、社会、文化、科技等方面实现现代化打下思想基

---

① 穆木天：《谭诗——寄沫若的一封信》，杨匡汉，刘福春：《中国现代诗论》（上册），花城出版社 1985 年版，第 98~99 页。

② 今通译名为"雨果"。

③ 穆木天：《谭诗——寄沫若的一封信》，杨匡汉，刘福春：《中国现代诗论》（上册），花城出版社 1985 年版，第 99 页。

④ 穆木天：《谭诗——寄沫若的一封信》，杨匡汉，刘福春：《中国现代诗论》（上册），花城出版社 1985 年版，第 98~99 页。

⑤ 穆木天：《谭诗——寄沫若的一封信》，杨匡汉，刘福春：《中国现代诗论》（上册），花城出版社 1985 年版，第 99 页。

础。所以，五四运动之后，这场运动的发动者和参与者们纷纷参与到新的政治革命之中，又因为政治主张的不同而投身于不同的政治阵营。文学研究会和创造社的大部分成员大都投入了 1925—1927 年的国民革命，从事政治宣传和军事斗争。创造社更是把文学与革命视为一体，严厉批判个人主义和形式主义的纯文学。

那么，作为创造社成员，穆木天如何解决他既主张国民文学（包含国民诗歌），又主张纯粹诗歌的明显矛盾呢？他认为这个矛盾根本就不存在，因为国民（即中国人之整体）的生命与个人（即个别的诗人）的生命必须发生波德莱尔所说的应和或交响，否则二者都不可能存在。曾有一个在中国流传甚广的观点，认为诗人是时代精神的传声筒。这个主张只看到了诗人与其时代和人群的关系，是一种文学上的机械唯物论。穆木天"国民生命与个人生命交响"的论点，则充分考虑到了诗人人格的主体性、思想的独立性和艺术的自主性（autonomie）。同时，在新文学走向严重的政治工具化之初，他用"交响说"为象征主义诗歌寻求存在的理由。

> 国民的生命与个人的生命不作交响（Correspondance），两者都不能存在，而作交响时，二者都存在。巴理斯（Maurice Barrès）把美的（Beau）与画的（Pittoresque）分开（参照 Colette Baudoche）。我们要表现的是美的，不是画的。故园的荒丘，我们要表现它，因为它是美的，因为它与我们作了交响（Correspondance），故才是美的。因为故园的荒丘的振律，振振的在我们的神经上，启示我们新的世界；但灵魂不与它交响的人们感不出它的美来。国民文学是交响的一形式。人们不达到内生命的最深的领域没有国民意识。对于浅薄的人，国民文学的字样不适用。国民的历史能为我们暗示最大的世界，先验的世界，引我们到怀旧的故乡里去。如此想，国民文学的诗，是最诗的诗也未可知。我要表现我们北国的雪的平原，乃超很憧憬他的南国的光的情调，因我们的灵魂的不同罢？我们很想作表现败墟的诗歌—那是异国的熏香，同时又是自我的反映——要给中国人启示无限的世界。腐水、废船，我们爱它，看

不见的死了的先年（Antau Mort①），我们要化成了活的过去（Passé vivant）。我要抹杀唐代以后东西，乃超②要近还要古的时代——先汉？先秦？听我们的心声，听我们故国的钟声，听先验的国里的音乐。关上园门，回到自己的故乡里。国民文学的诗里——在表现意义范围内—是与纯粹诗歌绝不矛盾。③

如果我们把"国民文学"的概念放宽，则所有的文学作品——包括思想、趣味、形式彼此对立冲突的文学作品都可以构成一个时代的"国民文学"。然而，"国民文学"在实际的评判中是狭义的，立论者常常以先进、正确自居，唯我独尊，只认可被是先进的、正确的，坚决排斥和打击不合自己要求的流派和作家。五四时期新文学作家对于鸳鸯蝴蝶派的批判、1928 年创造社对鲁迅的批判、1930 年代初期"左联"对"第三种人"的批判、1936 年左派作家内部因为"国防文学"和"民族革命战争的大众文学"的口号而发生激烈敌对，都是实际发生的例子。加入左联以后的穆木天也将不再认为象征主义诗歌可以成为国民诗歌。

五、强调韵律和节奏的重要性

探讨诗歌，必然要讨论诗韵问题。中国和西方的古典诗歌都是用韵的，虽然押韵的方式不同。即使是象征派诗歌的奠基人波德莱尔，其《恶之花》也还是严格押韵的，只不过在押韵的方式上做了多种尝试。中国现代诗歌同时受到西方格律诗与自由诗的影响。因此，两种初作倾向新诗中几乎同时出现，隐隐相争。有些人在白话诗歌中自觉地尝试韵律和节奏，如新月社诗人们。有些人则几乎不关心押韵和节奏，如创造社的郭沫若和象征派的李金发。

波德莱尔虽然没有特别讨论韵律问题，但《恶之花》中的十四行体达

---

① 此处法文有误，作者可能使用的是 Anté-mort。

② 即冯乃超（1901—1983）。

③ 穆木天：《谭诗——寄沫若的一封信》，杨匡汉，刘福春：《中国现代诗论》（上册），花城出版社，1985 年，第 100 页。

到了极高的艺术水准，其他类型的诗歌也都有很强烈的韵律和旋律。魏尔伦将诗歌的音乐性提高到无以复加的高度，似乎诗歌越像是音乐，其水准越高。马拉美沿着这一思路把诗歌的音乐性推到了更加绝对化的境地，音乐性成了判定诗歌质量的重要标准。1920 年代，T. S. 艾略特的无韵诗创作已经取得了巨大成就，但他的影响也要等到十年以后，才在英语诗歌界引起年轻人的仿效，并渐渐被中国新一代诗人知晓。在穆木天的时代，依然是波德莱尔、魏尔伦、马拉美等老一代象征主义诗人被大家阅读和模仿。明乎此，我们也才能理解穆木天特别要加上他对诗韵的意见："关于诗的韵（rime），我主张越复杂越好。我试过在句之中押韵，我以为很有趣。总之韵在句尾以外得找多少地方去押。"同时，他也不强求别人，表现得很大度："不押韵的诗也有好处。"①

在古代，中国和西方的书写和印刷都没有标点符号。西方的标点符号由古典时期希腊文和拉丁文演变而来。到了 16 世纪，主要有朗诵学派和句法学派。标点符号的书写规范和使用方法在 17 世纪以后进入稳定阶段。没有标点符号，使中国古代典籍读起来很吃力，而且因为断句不同而产生歧义与误解。汉朝经师发明了"句读"符号，将语意完整的一小段为标为"句"，句中语意未完，语气可停顿的一段标为"读"（dòu）。宋朝开始使用"。"和"，"来表示句读。明代出现了人名号和地名号。但是，标点符号的缺乏对诗歌，尤其是严整的四言、五言、六言和七言诗的抄写、印刷和阅读，都没有多少影响，因为其句读很容易分清。

新文化运动不仅要推动白话文作为官方语言以便更方便地表达和传播新思想，而且要推动现代标点符号的使用以使阅读变得更容易。1919 年，国语统一筹备会在我国原有标点符号的基础上，参考各国通用的标点符号，规定了 12 种符号，由当时教育部颁布全国。同年，上海商务印书馆出版的胡适的《中国哲学史大纲》，成为正式采用白话和新式标点第一部现代中文著作。次年，在陈独秀、胡适等人的支持下，在上海印刷的《水浒传》，成为使用新式标点符号、分段的古典书籍。

---

① 穆木天：《谭诗——寄沫若的一封信》，杨匡汉，刘福春：《中国现代诗论》（上册），花城出版社 1985 年版，第 100 页。

在散文类文本（包括小说、随笔和非文学性的文字）中，标点符号是清楚表达思想，正确理解意思的必要条件。但是，在现代诗歌里，标点符号的使用情况比较复杂：有些从头到尾都使用标点符号，有些诗则一个标点也没有；有些是行中使用，行末不使用；有些诗则是部分诗行使用、部分诗行却又不使用。标点符号有两个基本功能：一个是帮助理解的"意义功能"，一个是制造停顿的"节奏功能"。对于节奏整齐、停顿规则的诗歌来说，有没有标点符号并不会产生太大的意义差别。用不用标点符号，有时候只是个人习惯的问题。未来主义诗人就主张不用诗中标点，以免影响诗歌营造的整体氛围。由于未来主义的影响不大，穆木天可能还不知道这一派关于标点的主张。他主要还是从象征主义诗学关于诗歌的音乐性和暗示性的强调中得到了废止句读的理论依据："我主张句读在诗上废止。句读究竟是人工的东西。对于旋律上句读却有害，句读把诗的律，诗的思想限狭小了。诗是流动的律的先验的东西，决不容别个东西打搅。把句读废了，诗的朦胧性愈大，而暗示性因越大。"①

波德莱尔对诗歌的艺术性有很高的期待，他对自己的诗歌总是反复修改，以锤炼精严整饬的诗句，创造出动人的节奏和旋律。然而，作为象征派的仰慕者，年轻的穆木天居然对于后辈诗人们景仰万分的象征派大师波德莱尔，提出了严肃的批评。这并非是少年轻狂，而是深思熟虑之后的诗歌主张。很可能是针对新诗创作中"作诗如说话"的风气有感而发，穆木天认为把散文改写为韵文并不能算作真正的诗歌。这是新诗发展初期少有的极度清醒、非常有见地的诗学主张。他指出："连波德莱尔这样的大师，都未能幸免于这个问题。""波德莱尔的毛病在先作成散文诗，然后再译成有律的韵文。先当散文去思想，然后译成韵文，我以为是诗道之大忌。"② 他主张："我们如果想找诗，我们思想时，得当诗去思想（Penser en poésie, to think in poetry）。"③

---

① 穆木天：《谭诗——寄沫若的一封信》，杨匡汉，刘福春：《中国现代诗论》（上册），花城出版社 1985 年版，第 101 页。

② 穆木天：《谭诗——寄沫若的一封信》，杨匡汉，刘福春：《中国现代诗论》（上册），花城出版社 1985 年版，第 101 页。

③ 穆木天：《谭诗——寄沫若的一封信》，杨匡汉，刘福春：《中国现代诗论》（上册），花城出版社 1985 年版，第 101 页。

他解释说：

　　我得以诗去思想。Penser en poésie。我希望中国作诗的青年，得先找一种诗的思维术，一个诗的逻辑学，作诗的人，找诗的思想时，得用诗的思想方法。直接用诗的思考法去思想，直接用诗的旋律的文字写出来：这是直接作诗的方法。因为是用诗的逻辑想出来的文句，所以他的syntaxe，得是很自由的超越形式文法的组织法。换一句说：诗有诗的grammaire，决不能用散文的文法规则去拘泥他。诗句的组织法得就思想的形式无限的变化。诗的章句构成法得流动、活软，超于韵文的组织法。用诗的思考法去想，用诗的文章构成法去表现，这是我的诗论。我们最要是 Penser en poésie。①

结语

　　中国象征派对"纯诗"的赞美和追求要真正落实到汉语写作中去，并不是一件容易的事。在明清时期，中国诗歌界已经形成了"诗尊盛唐"的观念。然而，晚唐诗人如李商隐、温庭筠、赵嘏，北宋初期杨亿、刘筠、钱惟演等人宗法李商隐的"西昆体"诗人，从北宋代末期延续到南宋以黄庭坚为首的"江西诗派"，和以周邦彦、吴文英、姜夔为代表的婉约派词人，都比李白、杜甫、白居易等大诗人表现出了更加强烈的诗歌自觉意识。他们在诗歌的结构、形式、语言、韵律、意象等方面都做了积极的探索，并取得了显著的成绩。但是，胡适的"文学改良论"和陈独秀的"文学革命论"，把他们的创作一概归入雕琢的贵族文学之列，贬斥为没有价值的文学。象征派的"纯诗"主张却让诗人们重新发现了这些被称为形式主义的诗歌的艺术价值和借鉴作用。

　　穆木天强调真正的诗意必然是直接通过旋律的文字流溢出来，而不是人为制造出来。在新诗发展将近一个世纪以后，我们可以看到穆木天批评的以

---

① 穆木天：《谭诗——寄沫若的一封信》，杨匡汉，刘福春：《中国现代诗论》（上册），花城出版社 1985 年版，第 101 页。

韵律制造诗意倾向不仅没有得到解决，反而由于当代诗人连韵律、节奏都完全放弃而变得更加严重，以至于将说话分行以做诗的"梨花体"① 也得到喝彩与吹捧。因此，穆木天的这篇诗论对于我们今天仍然具有极高的理论价值。

（作者：方丽平）

① "梨花体"是"丽华体"之谐音，源于女诗人赵丽华的名字。她的一些作品形式引发广泛争议，被网友戏称为"口水诗"。赵丽华是中国作家协会会员，被定为国家一级作家，曾担任第二届鲁迅文学奖诗歌奖评委，兼任《诗选刊》社编辑部主任。赵丽华式"诗歌"的制造方法被总结为四点：1）随便找来一篇文章，随便抽取其中一句话，拆开来，分成几行，就成了梨花体。2）记录一个4岁小孩的一句话，按照他说话时的断句罗列，也是一首梨花诗。3）当然，如果一个有口吃的人，他的话就是一首绝妙的梨花诗。4）一个说汉语不流利的外国人，也是一个天生的梨花体大诗人。在遭到众多网民嘲笑恶搞的同时，与"普通读者"智商不同的某些诗人和评论家却高度评论赵丽华的作品。比如刘亮程："丽华的诗歌有种飘飘欲仙的感觉，她发现和捕捉到生活中像烟一样轻盈的那些东西，语言亦松弛到自在飘忽状态，内在的诗意却被悠然守定。"千寻："丽华是近年来诗歌界最具实力和影响力的诗人之一。她的诗歌被公认为在探求诗歌感性与知性、内在复杂度与外在简约形式的切点上有超乎寻常的把握和悟性，写作姿态随意、自如，毫无矫情、造作，有时从容、淡定，有时又大胆、前倾……"车前子："翻看各个杂志和选本上的赵丽华作品，我能够从港口的一堆轮船中把她和别人区别开来，我不是通过辨别她诗歌的色彩和形状，而是听她诗歌的声音。她的诗歌有一种非常独特的声音，不是'嘘——'的一声，是'砰——'的一声。"我们且看几首被吹捧和吹捧的"丽华体"诗歌。《一个人来到田纳西》："毫无疑问/我做的馅饼/是全天下/最好吃的"。赵丽华自我点评说："（这首诗）既是对华莱士·史蒂文森《田纳西的坛子》在敬意之后的一个调侃和解构，也是对自身厨艺诗艺的自信展示。"《我终于在一棵树下发现》："一只蚂蚁，另一只蚂蚁，一群蚂蚁/可能还有更多的蚂蚁"。诗人芦哲峰点评说："我们的认识永远都有局限性，想认识这个世界的全部，只能是徒劳。"《我爱你的寂寞如同你爱我的孤独》："赵又霖和刘又源/一个是我侄子/七岁半/一个是我外甥/五岁/现在他们两个出去玩了"。诗人芦哲峰点评说："先来看诗的内容，本诗表面上写了两个孩子。其实写的是三个人，两个孩子以及作者自己。两个孩子是正面描写，作者自己隐在幕后。正文写道：两个孩子，结伴出去玩了。然后呢，然后没了。不，然后诗才开始。两个孩子出去玩了，剩下了孤单的作者，在旁边看着。所以诗的标题才会是：我爱你的寂寞如同你爱我的孤独。因为，孩子的世界和大人的世界，是完全不同的两个世界，相互之间无法进入。孩子寂寞或者不寂寞，大人孤独或者不孤独，都是对方无法真正理解的。但是，依然会有爱，作为孩子和大人之间的纽带。"在现代诗歌中，从大白话中发现了高度诗意并写入诗论的是艾青。1939年，他在《诗的散文美》中提到有位工人在墙上写了一个通知："安明，你记着那车子！"艾青认为："这是美的，而写这个通知的也该是天才的诗人。"1980年，在出版《诗论》的时候，艾青把这句话改为"这是美的，而写这通知的应是有着诗人的禀赋"。参见《梨花体》，见《百度百科》，网址 http：//baike. baidu. com/view/549209. htm。我们只能说，这需要像在赤身裸体的皇帝身上发现美轮美奂的新皇袍并高声赞美一样，需要特别的智商和勇气。

对经典的反叛与重构
——论米歇尔·图尼埃作品中的互文性策略

互文性也叫做"文本间性"，是当代西方后现代主义文化思潮中产生的一种文本理论。互文性最早出现于 20 世纪 60 年代的法国，首先由法国符号学家、女权主义批评家朱丽娅·克里斯蒂娃在其《符号学》一书中提出："任何作品的文本都像许多行文的镶嵌品那样构成的，任何文本都是其他本文的吸收和转化。"① 其基本内涵是：每一个文本都是其他文本的镜子，每一文本都是对其他文本的吸收与转化，它们相互参照，彼此牵连，形成一个潜力无限的开放网络，以此构成文本过去、现在、将来的巨大开放体系和文学符号学的演变过程。

通过各国学者的不断阐释，互文性理论经历了由广义到狭义，由模糊到精确的变化过程，并演变为两个方向：一个方向是对互文性概念的广义解读，即解构批评研究，它与美国耶鲁学派的解构批评、新历史主义、女权主义相结合。另一方向是对互文性作狭义上的界定，即诗学和修辞学方向，主要代表人物有法国叙事学大师热奈特。广义的互文性致力于思考文学的文学性，坚称："任何文本都是一种互文，在一个文本之中，不同程度地以各种多少能辨认的形式存在着其他文本。"② 而狭义的互文性则旨在研究一个具体文本与另一个被其引用、改写、套用、指涉、抄袭等的其他文本之间的关系。

---

① Julia Kristeva. The Kristeva Reader. Oxford：Basil Blackwell，1986，p. 37.
② Gérard Genette. Palimpestes：La Littérature au Second Degré. Paris：Points Essais，1992，pp. 1 - 2.

本论文主要从狭义的互文性写作策略入手，研究米歇尔·图尼埃（Michel Tournier，1924—2016）是如何"通过经典改写、戏仿等方式，给古老神话注入新鲜血液，向读者传达古老神话的新时代寓意"。①

一、体裁互文性

热奈特总结了互文性的五种类型：狭义互文本性、副文本性、元文本性、超文本性和广义文本性。其中广义文本性就是指不同体裁文本之间的互文关系，它包括文学体裁、叙事模式、语言类型等。

1. 与元小说的体裁互文

亚里士多德将文学作品分为三类：诗歌、戏剧、叙事史诗。随着文学体裁的不断发展与演变，我们今天可将文学体裁分为四大类：小说、散文、诗歌、戏剧，而各大类之下又可细分诸多亚类。诸如，我们可将小说又分为叙事体小说、散文体小说、诗体小说、意识流小说、纪实体小说、元小说等等。

元小说又译为"超小说"、"反小说"，是二十世纪后现代文学中的一种小说形式。元小说常与超小说、自省小说、自我陶醉小说、自我生产小说、反小说这些概念混杂在一起使用。

元小说有如下两个主要特性：

第一，自反性。就是指小说必须不断地将自身显示为虚构作品。这使得元小说的"作者往往身兼叙事者、主人公、作者等多重身份，并经常自由出入作品，对作品的人物、主题、情节等发表评论。由于元小说作者在作品中表现了强烈的自我思考，所以又被称为'自我意识小说'"。②

图尼埃的《礼拜五或太平洋上的灵薄狱》（Vendredi ou les limbes du pacifique，1967）就是一部典型的元小说。作者在改写"鲁滨孙"故事的同时，在小说中插入了大量的"航海日志"。这些日志是作者以第一人称口吻讲述的，其中不仅有对小说人物的评论、对故事情节的预言性暗示，还夹杂着大量的对"存在"、"他者"、"自我"、"客体"、"主体"、"时间"、"永

---

① 杨阳：《法国当代作家米歇尔·图尼埃文学思想溯源》，载《湖南科技大学学报（社会科学版）》2014 第 4 期，第 120 页。

② 陈惇：《西方文学史（第三卷）》，四川人民出版社 2003 年版，第 295 页。

恒"等哲学命题的思考，可以说这是一部元小说式的、表达作者"自省"、"自我意识"的"自我哲学思考小说"。

图尼埃的《桤木王》（Le Roi des aulnes，1970）也可称得上是一部自我陶醉小说、自省小说。小说的前一百四十三页是作者以第一人称写成的成长日记。日记中，主人公为读者讲述了自我成长经历中的种种征兆与象征，隐喻了主人公的恶魔本性，暗示了小说的矛盾性、悲剧性结局。此外，日记中将大量对《圣经》故事、历史人物、文学著作的指涉，以及对"倒错"、"存在"、"虚无"、"承载"、"矛盾"等哲学主题的讨论融为一体。最终，醉心于莱布尼茨式的"单子"世界的主人公在孤立封闭中，将性格中的单纯与善良表现为邪恶与冷酷，成长为歌德《桤木王》中的吃人魔鬼。可以说，《桤木王》是一部集心理日记、哲学思考、写实小说于一体的"自我陶醉式的元小说"。

第二，套文本。顾名思义，就是指一个文本中套用另一个文本。套文本的技巧使得"元小说成为一种处于小说与批评边缘的写作，它有着对自身虚构性的清醒认识，批评视角被融入小说，从而使得读者与作者合二为一"。①

图尼埃的短篇小说《绘画的传说》（La légende de la peinture，1989）也是这类套文本式的元小说。小说由两个小故事构成。在第一个故事中，作者以第一人称讲述了远在美国从事电子信息工作的童年玩伴回故乡看望自己一事。其间，二人展开了对信息传播人与信息创造者孰重孰轻之讨论。图尼埃给出了自己的论断："创作不能缺少发光。我渴望的既不是荣誉也不是财富。但我需要被阅读。如果一个音乐家的音乐无人弹奏，一个戏剧家的作品无法登台，那还算什么呢？传播给创造增添了一种无限而未知的生命，如果没有这生命的话，创造只是一个毫无生机的东西。"②

接下来，图尼埃就套用了第二个故事，这是一个援引、改编自古波斯诗人莫拉维《玛斯纳维启示录》中的一篇。故事中，一名中国画师与一名希腊画师比赛，分别在巴格达哈里发的宫廷主厅的两面墙壁之上作画。中国画

---

① 陈惇：《西方文学史（第三卷）》，四川人民出版社2003年版，第295页。
② 米歇尔·图尼埃：《爱情半夜餐》，姚梦颖译，人民文学出版社2012年版，第257页。

师耗费了三个月，画出一个仙境般的花园；而希腊画师并没有画，仅仅是在墙壁上装了一面大镜子，不仅把中国画师的画一览无余地反映在镜子里，还反射出一群穿着华丽、头戴翎饰、兴高采烈地辨认自己形象的观众。于是，希腊画师获得了比赛的优胜。

通过第二个故事的套用，图尼埃证明了自己在第一个故事中的论点：原创固然重要，但是作品的传播更重要。

图尼埃在《金滴》（La Goutte d'or，1986）中也同样使用了套文本的手法。《金滴》是一部以"形象"与"本质"为主题的长篇小说，表现了形象的虚假与本质的真实。其中，作者又嵌入两部短篇小说——《红胡子或国王的画像》（Barbe rousse）和《白雪皇后》（La Reine des neiges）。"红胡子"国王外表凶恶，却本质善良；"白雪皇后"外表美艳，却邪恶无比。这两则短篇的主题从侧面印证了《金滴》整部小说的主题。

正是通过文本套用，作者将自我指涉与文本创作联系起来，把自己与读者、小说与评论、艺术与生活联为一体。

2. 与童话的体裁互文

在西方文化中，童话蕴含仙女、神话、魔幻之意。因此，童话是指具有魔幻色彩的关于仙女的神话传说。因童话起源于神话与民间传说，所以可以说，童话并非是为儿童而作。童话文学包括了古典童话、民间童话、文学童话、传奇童话等形式，是一种重要的文学体裁。

童话具有如下主要特征。在词汇层面，童话中多使用口语词，大量的颜色词及拟声词；在句法上，多采用简短句、并列句、排比句、疑问句；在修辞手法上，多采用拟人、比喻、夸张、象征等表现手法；在艺术手法上，多表现魔幻、荒诞的艺术色彩。

图尼埃在小说中追求与童话寓言的体裁互文，特别是在其创作中后期，他的创作思想发生转向，开始逐渐放弃哲学小说，转向童话寓言创作。

《红胡子或国王的画像》以最具童话代表性的语言"很久、很久以前"开篇，嵌入了作者对小说童话寓言体裁的指涉。在《皮埃罗或夜的秘密》（Pierrot ou les secrets de la nuit，1980）中，图尼埃不仅大量使用色彩词、拟声词、同义词，还创作文字游戏，使用一系列字母"F"开头的词，让故事更富有童话的趣味性。他插入的法国童谣"在月光下"深化了小说的童话色彩。为激发不同年龄层读者的兴趣和好奇感，图尼埃还大量使用疑问句、并列句、简单句，并插入暗喻、对比、拟人、夸张等修辞手法，展现了一个源于现实，但又超越真实的、虚幻的、神奇的童话故事。

图尼埃将《爱丽丝梦游仙境》、《小王子》等童话体裁作品视为自己写作的榜样。他在自己的童话寓言中加入了虚幻、神奇等元素，运用绚丽的色彩和独特的文字表现手法，将现实主义与浪漫主义结合，将纪实性故事与抒情的梦幻结合，将经典神话与虚幻神奇结合，赋予自己作品一种与原作迥然不同的风格。

3. 与框形结构小说的结构互文

框形结构是较早出现的一种小说结构类型，特点是通过一定的关联形式，把许多各自独立的短篇故事框入一个整体。各个故事的情节和人物没有直接联系，但又共同表现现实生活的某些相同的侧面，使整部小说有一个主题。如：文艺复兴巨匠薄伽丘（Giovanni Boccaccio）的《十日谈》，阿拉伯民间故事集《一千零一夜》等，都是典型的框形结构小说。

图尼埃的短篇小说集《爱情半夜餐》（Le Médianoche amoureux，1989）就套用了《十日谈》的叙事结构，小说集由二十个独立的、极富寓意的短篇小说构成，故事间没有直接联系，但有一个整体的编排：前十部题材是小说，具有写实性，反映现实的残酷无情，后十部的题材是童话寓言，具有虚幻性与传奇性，走向色彩绚丽、发人深省的儿童文本。第一个故事"午夜情人"给整部小说搭起了一个《十日谈》式的叙事框架，主人公纳迪热和伊夫是一对已没有任何共同语言的夫妻。在离婚前夜，他们邀请了一些朋友参加一顿"爱情晚餐"，以便在餐桌上给亲友们宣布他们即将离异的消息。但席间朋友们讲的故事为主人公夫妻提供了太多谈论的共同话语，他们也因此放弃了要离婚的想法。故事从现实小说走向童话寓言的编排也寓意了整部作品的走向。

对比前十篇写实小说与后十篇虚幻寓言，小说客观写实，缺乏演绎与传达的力量，加剧了男女主人公的分离；而童话则充满生命的柔情，富有传递与沟通的能量，最终促成了主人公的结合与统一。

二、引用

引用可以分为直接引用和不完全引用。直接引用指某些文本片段在一部作品中直接以原文的形式出现，没有任何改动。不完全引用则是不完全忠实地引用，作者会对引用的内容略作改动，包括语言的删减、句型结构的变化、词语的替换等。

图尼埃的小说中遍布着对《圣经》文本的直接引用，其中不乏文学文本，甚至法国儿歌。

《礼拜五或太平洋上的灵薄狱》中，有十余处对《圣经》的引用。其中少数为直接引用，大多数为略有改动的引用。在故事末尾，当白鸟号到来，礼拜五离去，鲁滨孙顿时从非人世界降落人世，并老了许多。他需要寻找新的仆人来伺候他。这时作者原文引用了《圣经·旧约·列王记》的第一章第一段："大卫王年纪老迈，虽用被遮盖，仍不觉暖。所以臣仆对他说：不如为我主我王寻找一个处女，使她伺候王、奉养王，睡在王的怀中，好叫我主我王得暖。"①

在《桤木王》结尾处，当迪弗热承载起自己救的犹太小孩埃弗拉伊姆，化身以色列骏马时，犹太小孩喊出上帝在暴风中对约伯说的话："看那比希摩特吧，我创造了你，也创造了他，他食草为生，像牛一般……"② 这段引自《圣经·约伯记》的诗句预言着承载者迪弗热将化身桤木王，长年潜伏于长满芦苇的池沼之中。

《桤木王》中，纳斯托尔可以完整地背诵詹姆斯·奥利弗·库伍德的《金圈套》。作者借小说人物之口，直接引用了《金圈套》中的数个原句，让"布拉姆的呼喊""狼群的嚎叫""北风的呼吼""北极曙光"闯入迪弗热的生活中，预言了即将到来的极北冒险之旅。

《皮埃罗或夜的秘密》中，图尼埃原文引入了法国儿歌"在月光下"，不仅指涉了皮埃罗对抗阿兰根、本质对抗假象的胜利，也完好地承接了前后文本。

当鲁滨孙面对空虚的孤岛生活，图尼埃通过不完全忠实地引用《圣经》

---

① 米歇尔·图尼埃：《礼拜五或太平洋上的灵薄狱》，王道乾译，上海译文出版社 1994 年版，第 233 页。

② 米歇尔·图尼埃：《桤木王》，许钧译，上海译文出版社 2000 年版，第 367－368 页。

文本，表达了对世界虚无的认知。作者这样引用道："日光之下并无新鲜事，行义事也未见比愚人无所事事得到更多的报偿，建筑房屋、栽种各种果木树，挖造水池，又有许多牛群羊群，都是虚空，因为这一切都是捕风。"①这段叙述中的首句，则直接援引自《圣经》；"行义事也未见比愚人无所事事得到更多的报偿"②是作者自己添加的，在《圣经》中并无相对应文本；"建筑房屋、栽种各种果木树，挖造水池，又有许多牛群羊群，都是虚空，因为这一切都是捕风"③则是对《旧约·传道书》第二章中的句子做的节选引用，对不需要的句子删除，对不确切的词语进行替换。可以说，图尼埃的所有引用都是建立在文本的需求之上。

图尼埃还对某些引用进行了文本结构上的分行处理，让原本未分行的叙事性文体，转换为分行排列的诗歌型文体。

三、改写

改写是指后文本对前文本的意义的改变或颠覆，从而使前文本获得新的诠释和意义。改写也可称为重写，也包含了反写、续写等互文性手法。

1. 对"鲁滨孙"主题的改写与续写

图尼埃是位擅长经典改写的作家，他的首部作品《礼拜五或太平洋上的灵薄狱》就是对笛福《鲁滨孙漂流记》的改写。首先，从《礼拜五或太平洋上的灵薄狱》和《鲁滨孙漂流记》的题目可以看出，这是图尼埃对笛福的"鲁滨孙"故事的反写。图尼埃反转了主仆关系，从而也反转了作品主题，他让野蛮战胜文明，自然战胜人性，感性战胜理性，酒神狄奥尼索斯精神战胜太阳神阿波罗精神。除了反转主题以外，图尼埃还在作品中指涉了大量哲学命题，完成了对文学经典的全新改写。

而后，图尼埃对这本改写的小说进行了二度改写，起名《礼拜五或原始生活》（Vendredi ou la vie sauvage，1977）。《礼拜五或原始生活》是对

---

① 米歇尔·图尼埃：《礼拜五或太平洋上的灵薄狱》，王道乾译，上海译文出版社 1994 年版，第 154 页。

② 米歇尔·图尼埃：《礼拜五或太平洋上的灵薄狱》，王道乾译，上海译文出版社 1994 年版，第 154 页。

③ 米歇尔·图尼埃：《礼拜五或太平洋上的灵薄狱》，王道乾译，上海译文出版社 1994 年版，第 154 页。

《礼拜五或太平洋上的灵薄狱》的儿童化、简单化、清晰化改写，删掉了不适合儿童阅读的哲学思考及对性的描写，简化了句子结构，明晰了句子寓意，使文本走近儿童。这也使得该部小说成为图尼埃销量最好的作品，在法国儿童图书销售榜上长年位居前列。

图尼埃并没有就此打住，他又在《大松鸡》（Le Coq de bruyère，1978）中续写了"礼拜五"的故事，给了鲁滨孙一个收尾，即《鲁滨孙的结局》（La Fin de Robinson Crusoe）。结局是现实的、残酷的，就如同古希腊哲学家赫拉克利特所说的"人不能两次踏进同一条河流"一样，重回欧洲大陆的鲁滨孙无论如何也无法找到、更无法重返这个小岛。

2. 对《圣经》故事的改写

图尼埃的改写也不停留在"鲁滨孙"主题上，他还改写了《圣经》中"三王朝圣"的故事，即三位智者加斯帕德、梅勒希尔和巴尔塔扎尔朝拜新生儿耶稣的故事。在对《圣经》故事的改写中，作者吸取了艾德扎德－夏波（Edzard Schaper）小说——《第四个圣王的传奇》的创作灵感。他效仿夏波，在故事中添加了最具改写特色的第四个圣王——道尔，道尔的加入给予作者无限的二度创作空间。夏波笔下的第四圣王来自俄国，他独自一人，由于各种原因迟到了三十三年。当他见到耶稣时，耶稣以被钉死在十字架上。而图尼埃的第四个圣王——道尔，是个印度王子，他带领着浩荡的朝拜队伍前往耶路撒冷。在朝拜旅途中的见闻让他成长、成熟，朝圣之路就是一段启蒙与发现之旅。此外，小说还呼应了图尼埃整体作品的内互文性，即不同文本间指涉的共同主题——二元性，为读者展示了不同社会、不同文明中的对立与冲突。在《三王朝圣》（Gaspard, Melchior et Balthazar，1980）的后序中，图尼埃讲到重写此宗教主题的目的："这一事件的魅力在于（耶稣诞生的）马槽的贫瘠和简陋与圣王们的奢华形成一种鲜明的冲突。"①

此后，图尼埃效仿对"礼拜五"主题的改写，再度改写了自己的小说《三王朝圣》，完成了精简版、儿童版的《三圣王》（Les Rois mages，1983），使作品更加接近童话寓言。作者借用童话的经典开篇方式"传说很久以前"开篇。故事不仅充满着《八十天环游地球》式的冒险传奇色彩，还遍布着无数的虚幻与现实相结合的描写，使得"最日常的熟悉与最伟大

---

① Gilles Lapouge. "Michel Tournier S'Explique, Entretein avec Tournier." Lire. 1980 (64), p. 31.

的虚幻幸福地结合在一起。"①

而后，图尼埃在《爱情半夜餐》中对此主题再度进行了重写，创作了"圣王之法斯特王"。这部仅五页的短篇小说更像是一则童话寓言，寓意着成人世界的肮脏、诡计、无知，婴儿教会了法斯特天真、单纯，赐予了他信心与光明，使他"全部怀疑与令人不安的无知从他心底消失"。②

四、用典

用典即引用典故、引经据典，是文学中早有的一种修辞手法。刘勰早在《文心雕龙》中就对"用典"做了阐释："据事以类义，援古以证今。"即以古比今，以古证今，借古抒怀。

在互文性理论产生后，作为一种互文性写作手法与策略，用典的指涉范围略有拓宽，它不仅指对经典的借用，还包括暗指或间接所指的某个人、某件事、某种思想等等。因此，用典也被称作"指涉"、"引喻"、"暗指"。

用典是图尼埃作品的突出特征之一。图尼埃在创作中旁征博引，使自己的作品中遍布对圣经故事、古希腊罗马神话、神话传说、历史人物、文学作品、哲学著作、甚至音乐作品的延引与借用。

《礼拜五或太平洋上的灵薄狱》中遍布着《圣经》这个预文本，"以赛亚"、"摩西"、"亚当"、"该隐"、"大卫王"等人物夹杂于小说之中。《桤木王》的主人公名叫"亚伯"。亚伯是耶稣的二儿子，是该隐的兄弟，以放牧为生，后被该隐所杀。图尼埃借人物名字的用典，隐喻了主人公善良、单纯的性格，游牧民族的特性，及最终悲惨的结局。《流星》（Les Météores，1975）展现的雌雄同体主题是对《圣经》中上帝造人说的指涉。《亚当之家》（La Famille Adam，1978）从名字上就指涉了圣经人物，重述了上帝造人的故事。《音乐与舞蹈的传说》（La légende de la musique et de la danse，1989）、《香水的传说》（La légende des parfums，1989）再次用典了亚当与夏娃伊甸园故事，将圣书故事变身童话寓言。《愿快乐常在》（Que ma joie demeure，1978）的主人公与《圣经》中的大天使"拉斐尔"同名，隐喻了主人公的神圣身份。《维罗尼克的尸衣》（Les suaires de Véronique）中的女

---

① Michel Tournier. Le Vent Paraclet. Paris: Gallimard, 1977, p. 52.
② 米歇尔·图尼埃：《礼拜五或太平洋上的灵薄狱》，王道乾译，上海译文出版社1994年版，第194页。

主人公叫维罗尼克，这个名字源于在耶稣受难之时，替身背十字架的耶稣擦去额头汗水的圣女维罗尼克（Veronica），因此在宗教中，维罗尼克具有"印有耶稣面相的织物"之意。图尼埃倒转了维罗尼克的神圣形象，将她描写成一个乱用自己神圣形象、随意摄取他人灵魂的摄影师。

《礼拜五或太平洋上的灵薄狱》中时常出现"朱庇特"、"牧神"、"天神乌拉诺斯"、"维纳斯"等古希腊罗马神话人物，给予文本无穷的神话寓意。以希腊神话人物"那喀索斯"为例，他是古希腊神话中的美少年，因过度迷恋水中自己的倒影而溺水身亡。他的名字那喀索斯（Narcissus）在英文中，也用来指代"自恋者"。图尼埃将鲁滨孙喻为一个"新型的那喀索斯"，但与原型相反，鲁滨孙不是自恋，而是在没有一个人的荒岛过分"自伤"，以致不能自拔，他"充满着对自己的厌恶，对自己反复不停地沉思默想"。① 《桤木王》是一部以古老的"吃人恶魔"为主题的小说，小说的开篇即阐明了我"是个吃人的魔鬼"。《特里斯坦·沃克斯》（Tristan Vox，1978）让人联想起西方家喻户晓的爱情悲剧《特里斯坦与伊索尔德》，而图尼埃笔下的伊索尔德则变身为对丈夫特里斯坦不忠的妻子。

图尼埃笔下人物吉尔·贞德是一个暗含善恶二元体的人物。吉尔暗指吉尔·德·莱斯（Gilles de Rais），他是英法百年战争时期的法国元帅，也是法国历史上臭名昭著的杀人恶魔，他残害了数以百计的儿童；而贞德又赋予了人物无上的神圣感，把人物指向善良与无辜。这就如同《桤木王》的主人公阿贝尔·迪弗热，阿贝尔暗亚当的儿子亚伯，迪弗热则是吉尔·德·莱斯的一个城堡的名字。正是在这个城堡中，德·莱斯用无数儿童的鲜血做炼金术实验。图尼埃在《桤木王》中还引入了法国历史上最后一个被公开斩首的囚犯——尤金·维德曼（Eugene Weidmann）。他将维德曼描述成与迪弗热长相一模一样的人，二人犹如是亲兄。"啊，迪弗热先生，他多像您啊！真的，就像您的兄弟！就是您迪弗热先生，完全就是您！"② 暗喻了迪弗热潜藏的恶魔本性。

图尼埃作品中遍布对经典文学作品及人物的借用。《礼拜五或太平洋上的灵薄狱》来自《鲁滨孙漂流记》；《桤木王》源自歌德的叙事诗《桤木

---

① 米歇尔·图尼埃：《礼拜五或太平洋上的灵薄狱》，王道乾译，上海译文出版社1994年版，第82页。

② 米歇尔·图尼埃：《桤木王》，许钧译，上海译文出版社2000年版，第131、256页。

·

王》，又译《魔王》；其中作者还借用歌德《浮士德》中的恶魔"靡非斯特"这个名词，将纳粹军官布拉特森少校描述成一个"活脱脱的靡非斯特"；迪弗热的坐骑"蓝胡子"源于夏尔·佩罗（Charles Perrault）的同名寓言，"蓝胡子"的吃人魔鬼形象在迪弗热的坐骑身上得到了体现；《金滴》中套入的短篇故事"白雪皇后"是对安徒生童话《白雪皇后》的借用；《流星》中保罗寻找让的环球之旅，是对《尼尔斯骑鹅旅行记》以及《八十天环游地球》的致敬；《流星》借用了柏拉图在《会饮篇》中阐述的雌雄同体人的典故；《皮埃罗或夜的秘密》借用了意大利戏剧中经典角色阿兰甘和皮埃罗，讲述了现代版的三角爱情故事。

作为一名哲人作家，图尼埃作品中大量充斥着对各类哲学命题、哲学思想的指涉。《礼拜五或太平洋上的灵薄狱》中的"主体""客观""时间""大笑""疯癫""性欲""存在"等词语，指涉了作者对笛卡尔的"我思"、萨特的"存在"、尼采的"超人"与"酒神"、弗洛伊德的"多相病态"、莱布尼茨的"单子"、列维–斯特劳斯的"人种学"等哲学思想的思考。《少女与死亡》（La jeune fille et la mort，1978）是一部隐喻萨特"存在与虚无"与康德"先验论"思想的哲学小说，面对虚无、无意义的人世，少女"先验"地感受到死亡的临近。

图尼埃对神话、文学、历史等主题进行旁征博引的同时，还不时地将音乐作品引入自己的文学创作中。小说《愿快乐常在》的篇名源于巴赫的同名钢琴曲，主人公最终在这首曲子的帮助下，实现了自我升华与向神圣的回归。"一位俊美的有发光翅膀的天使长从中冉冉升起，这就是那位一直在守护着他，不让他成为十足道地的比多什的天使长拉斐尔。"①《皮埃罗或夜的秘密》中插入了法国著名的儿歌"在月光下"；《少女与死亡》的篇名源于舒伯特著名的第七乐曲《死神与少女》。

五、戏仿

戏仿起源于古希腊罗马时期祭祀仪式上对神灵和英雄人物的戏谑模仿。文艺复兴以后，戏仿被文人使用，开始成为一种文学表现方式。在后现代语境下，戏仿就是以戏谑的语气对前文本进行的模仿，以达到调侃、嘲讽、游

---

① Michel Tournier. Le Coq de Bruyère. Paris：Gallimard，1978，p. 99.

·

戏、甚至致敬的目的。戏仿重复前文本中的内容、主题、人物，并加以更新，是互文性的一种重要手段与策略。

图尼埃也钟情于这种互文性表现形式。《面包的传说》（La légende du pain, 1989）是对莎士比亚悲剧《罗密欧与朱丽叶》的戏仿；《小拇指的出逃》（La fugue du petit Poucet, 1978）戏拟了佩罗家喻户晓的童话《小拇指》；《安格斯》（Angus, 1989）是对雨果《历代传说》中"安格斯"故事的戏仿。

《面包的传说》中的男女主角相恋，却因家族仇恨而不能走到一起。然而，导致两个家族仇恨的理由却极其荒诞，只因两个家族喜欢两种口味截然相反的面包。一方喜好硬面包；一方崇尚软面包。故事中，图尼埃戏谑性地倒转了罗密欧与朱丽叶故事的悲剧结尾，让笔下的男女主角走到一起，而"罗密欧与朱丽叶"的结合也让两个家族发现：世界上最好吃的面包是外软里硬的巧克力面包。故事的荒诞性、语言的虚幻性与简单化，以及结局的完美性都呼应了作品的童话体裁，实现了对莎翁经典悲剧的戏拟与反写。

《小拇指》是佩罗的代表性童话作品，故事讲述了被父母抛弃的小拇指兄弟们如何机智地杀死魔鬼，逃离魔窟，重回父母身边的故事。图尼埃在这个经典童话基础上，进行了戏仿性改写。对比佩罗笔下被父母抛弃的小拇指，图尼埃的小拇指主动选择出逃，原因是小主人公不愿随父母放弃森林生活，住进钢筋混凝土建成的高楼。图尼埃还沿用了佩罗的"魔鬼之家"一词，但是他笔下的魔鬼非但不是魔鬼，而是小拇指的思想导师，魔鬼启迪着小主人公踏上回归自然之路。作者通过荒诞、虚幻等手法的使用，实现了对原作的戏仿与颠覆。

《历代传说》是雨果一部诗歌集，作者用诗歌体裁描述了人类社会与历史，体裁新颖。诗集写作时间延续近四十年，诗歌内容跨越人类历史，全书共分为六十一章，每章包含一首或若干首诗，是一部史诗级鸿篇巨作。图尼埃的《安格斯》重述了《历代传说》第十七章"头盔上的鹰"的故事。在雨果的诗中，苏格兰小男孩安格斯善良、单纯，他勇敢地与巨人蒂菲恩斗争，却最终被巨人杀死。在雨果笔下这是一部史诗般的、具有浓厚悲剧色彩的叙事诗。而在图尼埃笔下，小男孩安格斯没有了雨果笔下的单一性格。他善良又邪恶，傲慢又谦虚，并最终取得了与巨人蒂菲恩斗争的胜利。然而胜

·

利的理由却非常荒诞：巨人手下留情，因为安格斯正是巨人之子。图尼埃通过戏拟雨果的诗歌，驳斥了雨果善恶分明的世界观，阐释了自己善恶共存、善恶转化的矛盾观。作者也借用此观点启迪儿童读者：小主人公正是在对恶魔父亲拒绝与接受的矛盾心态中，得到了成长，成为一个真正的男人。此外，图尼埃还在这个童话中指涉了"俄狄浦斯杀父"主题。小安格斯在杀死恶魔后，才在恶魔临终前的遗书中获知恶魔就是自己的父亲，而父亲变为恶魔也是有缘由的。在对经典主题与作品的戏仿中，图尼埃给作品注入了全新的、且极富二元性、矛盾性的生命力。

结语

图尼埃不仅擅长通过引用、改写、用典、戏仿等互文性策略，实现对"他者"文本的颠覆与重构，而且他还不断将自己改写的作品进行再度改写或续写，并在不同的作品中注入相似的二元性主题，使自己不同的作品之间形成了一个立体的内部互文体系，可谓："从《礼拜五或太平洋上的灵薄狱》中孤岛鲁滨孙与他者，《桤木王》中迪弗热的魔性与人性，《流星》中双胞胎的相似与对立，再到《金滴》主人公所追求的象征与形象等，图尼埃为读者展示了一幅幅不同的二元对立与统一的画面。"[①] 而这种二元主题是图尼埃在作品中始终探讨与追寻的一个永恒主题。

图尼埃拒绝原创，追求二度改写，给古老主题注入新的哲学深度。他采用现实主义、自然主义手法，结合浪漫主义色彩和后现代主义技巧，给读者似曾相识的阅读体验及颠覆原著的哲学思考。

（作者：杨阳，原载于《社会科学》2017 年第 6 期）

---

① 杨阳：《论米歇尔·图尼埃的二元文学观》，载《外语学刊》2015 年第 2 期，第 137 页。

"潇湘八景"诗画在日本的传播与影响

一、八景图缘起

潇湘八景，缘起文化底蕴深邃厚重的潇湘。最早的《八景图》，是北宋文人宋迪1063—1064年任荆湖转运判官时，洞庭行舟，潇湘览胜，感怀风景美不胜收，运笔绘成。这样分析的依据，有宋迪在零陵淡山岩留下摩崖题名为证。（见图1）

图1释文："嘉祐八年三月初八日转运判官尚书都官员外郎宋迪游。"①

嘉祐八年即1063年，因1065年宋迪已在山东莱州，推测他在潇湘绘得《八景图》，在客观上有合理性。宋迪绘《八景图》无存，仅在沈括（1029—1093）著《梦溪笔谈》卷十七"书画"有记录："度支员外郎宋迪工画，尤善为平远山水。其得意者有平沙雁落、远浦帆归、山市晴岚、江天暮雪、洞庭秋月、潇湘夜雨、烟寺晚钟、渔村夕照。谓之八景，好事者多传之。"②

如上，不难想象，当年宋迪舟行湘潇二水，至潇水上游后，跋涉淡山岩的情形。这一史实也是促进笔者往淡山岩实地调研的动力。

淡山岩洞，深100多米处，右侧天然泉池，岩顶天洞自然开，新月映

---

① 拓片右上印：嘉定瞿木夫藏印；右下印：北京大学京师藏印；左下印：东武刘喜海藏印。（清）金石家瞿中溶（1769—1842）著《古泉山馆金石文编残稿》载"永州淡山岩宋迪题名"。《丛书集成初编》，中华书局1983年版，第407页。（该印件惠蒙湖南科技学院国学院院长张京华教授厚意赠与）

② 沈括：《梦溪笔谈》卷十七，胡道静校注，古籍出版社1987年版，第549页。

池，美轮美奂。左侧岩壁原有宋代石刻 120 多条，上世纪"深挖洞广积粮"时期，宋代石刻几近全毁。目前，在天洞外侧只剩下 12 条石刻。2019 年 4 月 21 日，湖南科技学院国学院院长著名文史学研究专家张京华教授在繁忙中裁时，特地为我作详细的实地讲解。当日，在淡岩天洞外侧，奇迹地发现了南宋卫樵①于绍定六年（1233），在宋迪曾览胜探秘的淡山岩（或许正是宋迪石刻题名的旁侧）留下的题诗，诗中言及了宋迪绘《八景图》（见图 2、图 3）。

卫樵诗释文：

其一

嵌岩洞谷到曾多，无奈冥搜暗索何。

此处云穿风月透，短筇浑不待扪萝。

其二

惭愧州家一事无，薄游还爱小蓬壶。

若凭妙笔丹青写，应胜从来八景图。

卫樵题诗中"应胜从来八景图"句，肯定潇湘真景美胜过八景图，穿越北宋到南宋，沐浴潇湘真景美，文人意绪同然。

潇湘二水真景究竟何如？有诗为证。

宋代欧阳圭斋（1272—1357）赋《八景台》诗，赞潇湘风景美：

八景台

山几层兮水几重，晴岚夕照有归鸿。

潇湘八景丹青画，尽在高台指顾中。

诗中的"晴岚、夕照、归鸿"词，意涵八景意象。《长沙府志》有"城西高台"记载。江流清澈，水陆洲十里，春盛时，柳梢新翠，麓山微岚。洲北

---

① 卫樵，字山甫，昆山（今属江苏）人。泾次子。曾第进士。理宗绍定五年（1232）知永州县令（清光绪《零陵县志》卷一四）。官终知信州。事见《淳祐玉峰志》卷中。

江神庙，水与堤平，鱼鸟飞沉，两侧树参天，趺坐古根，茗饮以不酒，浪纹树影以为侑，观芽黄柳花忘返。岳麓在几席，朝夕设色，几近误游。

宋代张祁（生卒年不详）赋《渡湘江》诗，赞潇湘风景美：

渡湘江
春过潇湘渡，真观八景图。
云藏岳麓寺，江入洞庭湖。
晴日花争发，丰年酒易沽。
长沙十万户，游女似京都。

张祁表达了潇湘实地览胜，遥望洞庭，船行湘江，眺望岳麓，以文人的豪放，言说长沙富庶，"晴日花争发，丰年酒易沽"，十万户街景如京都繁华，随意流露出"文痞调"——长沙胜似京城多"游女"。"真观八景图"句，表明张祁熟知宋迪滞留潇湘绘《八景图》史实。自《梦溪笔谈》载宋迪曾绘《八景图》面世，羁旅潇湘的文人墨客对八景都耳熟能详。以上，从宋迪步履永州零陵，留下题名石刻，以及南宋、明代、清代遗留下来的勒刻题诗以及史料记载潇湘二水风景赋诗，都佐证也折射出宋迪游潇湘，亲目真景美，挥毫绘得《八景图》的思考有合理性。

八景图现存最早者，有南宋王洪、牧溪、玉涧等所绘作品（王洪绘八景图藏美国普利斯顿大学美术馆。篇幅限，这里仅示玉涧绘八景图一幅，见图4）。

○传牧溪《远浦归帆图》重文1幅　南宋13世纪　纸本墨画32.5×112.5　日本文化厅藏

○传牧溪《平沙落雁图》重文1幅　南宋13世纪　纸本墨画33.0×109.7　出光美术馆藏

○玉涧《山市晴岚图》重文1幅　南宋13世纪　纸本墨画　33.0×83.1　同上

○传牧溪《渔村夕照图》国宝1幅　南宋13世纪　纸本墨画34.4×112.4　根津美术馆藏

·

　　○传牧溪《烟寺晚钟图》国宝 1 幅　南宋 13 世纪　纸本墨画
32.3×103.6　富山美术馆藏

　　○传牧溪《洞庭秋月图》1 幅　南宋 13 世纪　纸本墨画　29.4×
93.1　德川美术馆藏

　　○玉涧《远浦归帆图》重文 1 幅　南宋 13 世纪　纸本墨画　30.6×
78.0　同上

　　○玉涧《洞庭秋月图》重文 1 幅　南宋 13 世纪　纸本墨画　33.3×
85.5　个人收藏

　　上列中国南宋牧溪、玉涧绘潇湘八景图的藏家都在日本,是如何传去的呢?

　　日本大正晚期书画师高木文依据 28 种典籍考证,[①] 撰文 "牧溪、玉涧
潇湘八景图传来研究" (聚方阁,1926。文后附牧溪、玉涧八景图 7 幅及日
本历史上收藏者名簿,有权贵、富豪、缙绅、巨贾),高氏论文再稿 "牧
溪、玉涧真迹潇湘八景图传来考证" (好日书院,1935)。据高木氏考证,
牧溪八景图,经由日本僧圆尔办圆 (1202—1272),1235 年来大宋求法,在
杭州径山万寿寺住持无准师范足下与牧溪同门修禅。1241 年归国时,牧溪
赠予他猿鹤观音图等多幅水墨画,《观音图》款识 "蜀僧法常谨制",钤牧
溪朱文方印 (《支那名画宝鉴》)[②] (见图 5)。这里再依据杭州径山万寿寺
无准师范师徒系谱印证 (见图 6-1、图 6-2、图 7)。[③]

　　中国最早赋八景诗者,乃北宋诗僧惠洪 (1071—1128)[④] 于元符二年
(1099) 题咏宋迪《潇湘八景图》诗。日本高僧惟肖得岩 (1360—1437)

---

　　① 高木文: "牧溪、玉涧真迹潇湘八景图传来考证",东京: 好日书院 (初稿,聚方阁刊,
1926 年) 1935 年,第 13-14 页。高木氏考证用 28 种文献:《等伯画说》《相阿弥御饰记》《京华
集》《天正津田终及日记》《天正四年名物记》《天正五年名物记》《宗湛日记》《宗湛由绪记》《天
正今井宗及日记》《山上宗日记》《信长日记》《太太阁记》《丰公遗物账》《利家夜话》《骏河文物
记录》《宽永廿一年柳营御数寄屋道具账》《诸家谱》《玩货名物记》《古名物记》《柳营御物账》
《狩野荣川临摹本》《有德院实记》《西条松平家记录》《云州御藏账并卖出账》《井伊、佐野家记
录》《文晁过眼录》《集古十种》《图绘宝鉴》。

　　② 徐邦达: "僧法常 (牧溪) 传记订正"《历代书画家传记考辨》,人民美术出版社 1983 年
第 1 版,第 25 页。

　　③ 吴立民、徐孙铭编:《禅宗宗派源流》,中国社会科学出版社 1998 年版,第 668、670 页。

　　④ 周裕锴:《宋僧惠洪行履著述编年总案》第二卷,高等教育出版社 2010 年版,第 45 页。

"平沙落雁图叙"记有："尤以僧史寂音觉范惠洪及宋迪作品为最胜"，[①] 这表明，日本禅僧在南宋中晚期已经读到惠洪题咏宋迪绘八景图的诗，也表明，潇湘八景在东瀛本土传播开来，初始缘起于禅宗文化交流。

二、中国禅僧大休正念、一山一宁最早在日本写下潇湘八景诗

南宋牧溪绘水墨八景图，以墨的浓淡成画，曲尽禅意，浓淡间表达出华夏人深邃的哲思和情感。那么，是谁最早在日本写下"潇湘八景诗"呢？

1269年，禅宗杨歧派禅僧大休正念（1214—1289）赴日弘法，[②] 任镰仓净智寺第二代住持，大休最早在日本写下"潇湘八景诗"，收入《念大休语录》，[③] 抄录如下：

山市晴岚

山市晴岚晓半开，渔樵肩负四方来。

东头卖了西头买，歌唱相随戴月回。

远浦归帆

皋亭眺望临江渚，远浦回帆疾似飞。

满载顺风人到岸，大家洗脚上舡归。

平沙落雁

秋高云静江天阔，雁阵惊寒八字斜。

倦羽知归日欲暮，排风嘹唳落平沙。

烟寺晚钟

翠岳回环藏古寺，烟林密密绝嚣尘。

钟声透青云霄外，唤醒昏昏睡梦人。

渔村夕照

簇簇江村春树密，夕阳西照水流东。

渔舟两两歌归棹，欸乃一声烟霭中。

---

① 朝仓尚："禅宗文学——中国文学接受实态"《中世文艺》，东京：清文堂1969年版（昭和四十四），第3页。

② 吴立民、徐孙铭编：《禅宗宗派源流》，中国社会科学出版社，1998年版，第670页版。

③ 朝仓尚："禅宗文学——中国文学接受实态"《中世文艺》，东京：清文堂1969年版（昭和四十四），第8页。

潇湘夜雨

孤舟夜泊潇湘岸，静听萧萧雨打蓬。

却忆寒岩岩下寺，微风瑟瑟撼幽松。

洞庭秋月

洞庭波面连天碧，秋月婵娟迥不同。

好似临台开宝镜，清光直透水晶宫。

江天暮雪

暮天四望彤如云，六出琼花缭乱飞。

满目江山浑似画，渔翁披得玉蓑归。

　　大休的八景诗与前述《梦溪笔谈》所列八景的排序不同，有春夏秋冬之序，这吻合了日本人崇尚自然季节的文化习惯，成为后来日本八景诗画的排序范式。大休的组诗中，《山市晴岚》诗句"东头买了西头买，歌唱相随戴月回"；《远浦归帆》诗句"满载顺风人到岸，大家洗脚上舡归"；《渔村夕照》诗句"渔舟两两歌归棹，欸乃一声烟霭中"，近景，跃然流动，显然禅僧大休同在景中，栩栩如生地描写出"山市熙攘、帆归人悦、丰收欢喜"，透出日本人直面生活，也满足生活的轻快基调。"欸乃"，摇橹声。典故出自元结的《欸乃曲》"谁能听欸乃，欸乃感人情。"柳宗元的《渔翁》诗"烟销日出不见人，欸乃一声山水绿"。《洞庭秋月》诗句"好似临台开宝镜"，隐喻"鉴物如水"禅意透彻，表达了修禅，矢志弘法的执念。《潇湘夜雨》诗，是这组八景诗的"诗眼"。大休遥在东瀛，会不由地忆起故乡的"寒岩、幽松"，表达禅意，余韵不尽。"夜雨"诗句"孤舟夜泊潇湘岸，静听萧萧雨打蓬"，雨飘空濛，引读者思入寂寥。大休的八景诗，淡化了"潇湘清怨、九嶷悲怆、苍梧云愁"的意韵，但透过"洞庭波面连天碧"、"渔翁披得玉蓑归"诗句，不由地联想起柳宗元赋《江雪》诗句："孤舟蓑笠翁，独钓寒江雪。"依然传播出浓厚的潇湘意境。

　　最早在日本写下潇湘八景诗者，还有 1299 年作为元朝使者赴日弘法的禅僧一山一宁（1247—1317）。一山学问渊博，工诗文善书法，通儒释道。曾任日本京都南禅寺（皇族礼佛名寺）第三世住持。一山大师晚年，受命宫廷，任御宇多天皇帝师，1317 年 10 月圆寂，龟山上皇敕旨，帝师灵塔，建南禅寺皇家陵园驹泷本堂。（见图 8）。

一山题诗的八景图，是日本禅僧思湛绘《平沙落雁图》（见图 9，日本现存最早的水墨八景图）。《平沙落雁图序》云："东阳八咏，沈隐侯所制也。述而作者，于今弗绝。南康八境，自太守孔君始。东坡苏公，叙而赋之。一不为少，若潇湘八景图，湘山野录云，出于宋复古氏，然坡集唯称复古潇湘晚景而已，不兼系其八也，可惜也，及寂音石门集，八景具焉，称之无声句，妙绝可想见矣。宋释文莹撰记北宋杂事。"① 《东海璚华集》题诗如下：

柴塞寒应早，南来傍素秋。飞飞沙渚上，岂止稻粱谋。

平沙落雁　一山书（一山印）

《平沙落雁图》题诗，素描大地，塞北早寒，深秋萧瑟，沙渚雁飞，划破天际，不为"蝇头小利"觅食忙，雁有高目标。画景因一山诗"飞飞沙渚"一语勾勒出动感，栩栩如生。一山诗的出典，有欧阳玄（1272—1357）《平沙落雁》诗："翩翩数行下，滩碛俯苍波。此处稻粱好，人间缯缴多。"一幅秋至荒漠塞更寒，雁忙觅食飞沙渚之远景图，疏旷空灵，秋色素淡，秋容萧瑟，秋气凛冽，秋意深深，秋天清朗高远的意趣。"稻粱谋"，本意只着眼衣食之计，杜甫有"君看随阳雁，各有稻粱谋"诗。"岂止稻粱谋"，反其意道出一山为弘法至东瀛的抱负，有如鸿雁扶摇致远。与上述《平沙落雁图》关联的这组潇湘八景图中，《洞庭秋月图》题诗，"上下正交光"句，言天地两维，"婵娟一片影"拟人化，生成出妩媚的意绪，一个"影"字，令人瞬间升起透视联想，思绪飞扬，穿越"河汉"而至无尽藏。"澄波接渺茫"，画面平湖，水墨淡淡浸润如烟，"澄波"涟漪邈远。这样的景致，要求画技高妙，水影、云影、天宇透出朦胧光影，与渺茫远景相映衬。画僧非在潇湘，却绘成一幅绝妙的潇湘八景图。中国禅僧一山的诗注释画，日本

---

① 朝仓尚："禅宗文学——中国文学接受实态"《中世文艺》，东京：清文堂 1969 年版（昭和四十四），第 4 页。

禅僧思堪的画曲尽禅意，天衣妙合。一山大师在东瀛，亲手播撒潇湘八景的
文化种子，花蕊绽放历久弥新，"何以香如许，有源活水来"。佛学蕴含深
邃的文学意韵，弘法中启发慧觉，普度众生，达到教化之功。

三、日本皇族珍视八景诗画的契机

据室町幕府宝库总掌管能阿弥笔书史料《室町殿行幸御饰记》（德川美
术馆藏。2008 年特展展出。2019 年 10 月，出光美术馆特别展《潇湘八景
——"卧游"发展与继承》辟专栏介绍这份史料）记载：永享 9 年
（1437），后花园天皇（1419—1470）行幸室町幕府第六代将军足利义教
（1394—1441）的室町殿。室町殿"御十二间"东西墙壁，分别挂饰着四幅
第三代将军足利义满（1358—1408）时代雪藏的中国南宋末期画僧牧溪绘
八景图，正面障壁挂饰着南宋宫廷画最高代表夏珪绘八景图；"西侧御七
间"东西墙壁，分别挂饰着四幅玉涧绘八景图。

室町幕府，广开与中国贸易，幕府将军有深远的战略思考。大量吸收中
国优秀文化的同时，幕府倾注巨大财力，抛金撒银，聚敛中国瑰宝（含诗
画，水墨八景图就在其中），经由将军府宝库总管能阿弥鉴别后，从文化上
最大化发挥中国瑰宝的存在价值，统筹规划大型茶会，以全新审美意趣，精
心设计艺术布置，大规模展示中国瑰宝，以有别于传统的"和"风文化审
美鉴赏视点。在将军府会所，庞大的中国瑰宝展示，以开放性彰显将军幕府
具有高雅文化鉴赏力，顺理成章地成为先进文化的代表，幕府本身有军权，
无须赘述，而大型文化活动不断演绎，必然从政治上、文化上，逐步构建起
与皇族王朝文化相抗衡且完整的政体系统，这个体系形成的深远意义及其目
的已不言而喻。

尤其值得一提的是，《潇湘八景图》在室町幕府的文化活动的推进过程
中，发挥了巨大的作用且成为《潇湘八景图》传入日本皇宫宫廷的契机。
2019 年 10 月 22 日，日本新天皇即位，出光美术馆隆重举办特展《潇湘八
景——"卧游"发展与继承》，第一展室展出玉涧绘"山市晴岚图"。这幅
图正是 16 世纪，室町第五代将军足利义教隆重举办唐物瑰宝展，恭请天皇
行幸室町殿时，挂饰在室町殿御七间的那幅玉涧绘八景图之一的"山市晴

·

199

岚图"。

传去日本的这些中国名画家所绘《潇湘八景图》，不仅是将军府的珍藏瑰宝，还因为玉涧八景图笔致粗放的画风，经由日本僧雪舟、雪村，直至江户时代狩野探幽等狩野派几代画家传承，牧溪（四川僧，径山无准师范弟子）淡墨画风，从而奠定并定格了将军府御用绘师"同朋众"阿弥派画风笔致。夏珪谨直笔风成为"楷体山水"标准画样。日本周文的"潇湘八景图屏风"，正是以夏珪标准画样绘成的潇湘八景图经典之作。玉涧、牧溪、夏珪的作品因将军府作为瑰宝珍藏，天皇行幸室町幕府，推测将军敬献给天皇的唐物瑰宝中有八景图。宫中设八景厅，障壁画饰洞庭秋月图，潇湘八景图在日本成为水墨画典范而得以传承至今。

潇湘八景传去日本，在与"和"文化碰撞融合中，以底蕴文化厚重深邃，华蕊芬芳经久不衰，定格为艺术极品，备受紫金贵族的激赏仰视，史实为证。

京都，日本千年皇都（延历十三年（794）—至明治二年（1869）），京都御所，乃恒武天皇自平安京（奈良）迁入后，由京都市东洞院土御门殿扩建而成。光严天皇元弘二年（1332）在此即位钦定为皇宫。宫中"御学问所"，以"天子御艺能之事，第一御学问也"为意旨构建。1408 年 3 月，室町幕府第三代将军足利义满，隆重恭迎后小松天皇行幸北山殿（现金阁寺），将军献给天皇的唐物瑰宝应包含八景图，以此契机，八景文化传入宫中，御学问所内始设"八景厅"（现存），内饰障壁画《洞庭秋月图》(2013 年 10 月 3 日，笔者获准参观)。① 宫中和歌例会、太傅侍讲、隆重迎宾活动都在御学问所八景厅进行，这里是皇宫的文化中心。太子蒙学亦沐浴在八景文化氛围中。（见图 10 - 1 ~ 图 10 - 5）

嵯峨天皇（786—842，讳神野，自号嵯峨）膜拜潇湘文学，公元 815年，于自己婚殿嵯峨院（现京都北麓大觉寺）旁侧，拟洞庭湖，凿土垒石筑堤，建成日本史上第一个人工湖，钦定为"庭湖"（现存），湖心立"庭湖石"（测水量），拟洞庭湖君山，庭湖中垒出天神岛（日本视白居易为学

---

① 菊叶文化协会编：《御所离宫》，每日映画社 2004 年版。

问天神）。至江户晚期，增建茶室"庭湖馆"，内饰明治期画家蒅原眉山绘障壁画"湘江八景图""岳阳楼大观""昭山雨后图"。其中"洞庭秋月图"中的岳阳楼与晚清岳阳楼造型同。眉山能绘得湘江洞庭系列水墨画，印证他可能羁旅过潇湘（见图 10 – 6 ~ 图 10 – 10）（大觉寺事务主管奥村俊子女士允我翻拍了障壁画照。实地照均由笔者摄于 2016 年 1 月 5 日）。

奈良宇治平等院，乃贞观年间（859—877）嵯峨天皇的皇子左大臣源融（822—895，造园家）最早建成的庄园，继而阳成天皇、宇多天皇、朱雀天皇都在宇治川一带建了庄园。长德四年（998），太政大臣藤原道长也在此重建宅邸庄园，引宇治川流，依佛教末法之境阿字池，西建阿弥陀堂，东建现世拜殿，置奉"阿弥陀如来佛"（国宝）及 52 尊"云中供养菩萨像"（国宝），赋名"阿弥陀堂"，呈"净土庭园"，成为古代日本的西方极乐世界之极致具现。"阿弥陀堂"建筑外形，似凤凰鸟振翅欲飞，堂的鼎脊翘立两只金凤凰铜像，江户时代，"阿弥陀堂"更名为"凤凰堂"。明治期间，以宇治川一带名胜，拟中国"潇湘八景"，选定"宇治八景"：桥上凉风、喜撰岳雪、山吹濑春望、朝日山红枫、霞中治舟、槙岛樵、小岛崎时鸟、大路方炭窑。宇治八景极富生活情趣。著名画师住山旭峰所绘《宇治八景图》上有宫卿题和歌。①（见图 11）

凤林承章（鹿苑寺住持）著《隔蓂记》，记载了宽永十二年（1635）至宽文八年（1668）六月二十八日他圆寂前两个月止的三十三年史实。其中万治二年（1659）四月十日条记有凤林应邀游竣工的修学院。"5 月 8 日，凤林受命进宫，上皇示意仰慕潇湘八景，钦旨选'离宫八景'，请五山高僧赋诗。凤林游后书'修学院八景'。"② 借此得知，皇家离宫修学院，乃后水尾上皇于 1656—1659 年敕旨营造。竣工后，上皇仰慕潇湘八景之风雅，敕旨选定"修学院八景"，以彰显皇家开放性接受先进文化。京都名寺长老、宫廷重臣、亲王，受命为《修学院八景》赋诗吟歌，12 月歌集完成，后水尾上皇审稿后，收入《扶桑名胜诗集》第一章，1660 年问世，而后多次再版。从赋诗吟歌作者身份，可鉴证当时"八景文化"在宫廷及佛教界

---

① 神居文彰：《平等院凰翔馆》，京都平等院 2014 年版，第 31 页。
② 庄司成男：《京都御所仙洞御所》，宫内厅京都事务所 2002 年版，第 18 页。

备受珍视的实态（见表1）。

表1　修学院八景诗·和歌的作者

八景名	赋修学八景诗长老（万治二年）	吟修学八景和歌宫廷人氏等
修学晚钟	竺隐崇五（南禅寺 278 世）	尧然法亲王（后阳成第六皇子）
茅檐秋月	规伯玄芳（南禅寺）	乌丸资庆（宰相）
松崎夕照	补钟等修（天龙寺 200 世）	飞鸟井雅章（前宰相）
邻云夜雨	贤溪昌伦（天龙寺 200 世）	中院通茂（副相）
村路晴岚	凤林承章（相国寺 95 世）	智中亲王（智仁亲王第一皇子）
平田落雁	雪岑梵嵚（相国寺）	岩仓具起（前副相）
远岫归樵	九岩中达（建仁寺 300 世）	道晃亲王（后阳成第十三皇子）
睿峰暮雪	茂源绍柏（建仁寺 3030 世）	百川雅乔王（非参议神祇伯）

"远浦归帆"→"远岫归樵"，"岫"山峰意，"樵夫"取代"归帆"。

"平沙落雁"→"平田落雁"，"刈田"取代"汀渚"落雁。

"渔村夕照"→"松崎夕照"，"松崎"，山地，取代"渔村"。

修学院八景，洞庭潇湘由修学院山麓田园取代，叠加京都北麓自然风景，生成为"和"风八景，折射出潇湘八景具有高度的文化融通性。篇幅限，这里仅赏析高僧竺隐大师赋诗一首。①

修学晚钟

修学招提境转幽，暮钟殷殷万机休。

宸游谁识发清兴，数杵声中月半钩。

诗中直言，室町时期，中国禅宗对日本的精神思想深度影响，离宫造佛寺供奉菩萨，用以皇家礼佛。京都五山高僧虔信禅宗，内敛冥思，万机如休。修学院风物凝入一个"幽"字，"半钩月"光被四表的静谧，由静见深，平和如镜。审美主体，表里澄清，运气丹田，透见天宇空灵。"潇湘八景图"始于宋代文人士大夫的清兴，化为禅僧因象悟道，疏沦而心的好因缘，性灵感知，随殷殷晚钟，禅意幽深渺远。潇湘八景诗画在禅机中导入

---

① 吉田元俊编：《扶桑名胜诗集》，1668、1680 年（延宝八年）再版本，第 2 页。

"和"文化深层，培养了日本中世紫金贵族、幕府权贵空灵致远的审美意趣，一个时代的文化品位，获得最高的提升。

日本古典文学作品中，古有"秋思沉沉翘盼鸿雁"说，《万叶集》中"九月鸿雁来，相思有灵犀"。与中国传统文化中"雁"之涵义相通，寓意相似，其文思源自中国古典文学"鸿书"及苏武鸿雁传信的典故同。

日本"南都"平城京奈良，据季琼真蘂记载"南都八景"有：东大寺钟、春日野鹿、南圆堂藤、猿泽池月、佐保川萤、云井坂雨、轰桥旅人、三笠山月。南都八景的风景地，皆为和歌诗迹名胜地，也是平安贵族、文人风雅，藉和歌传情抒怀，以自然比附意绪心迹的名胜景观。"潇湘八景"比附"南都八景"意境恰切。皇都高僧、公卿贵族、宫廷文臣于东瀛风景视觉下，吟有很多八景汉诗、和歌，其意象意境蕴含潇湘八景文化底蕴，又细腻地表现了东瀛和风文化。《隔冥记》所载奈良富雄川西岸胜景御用寺——慈光寺，开山住持玉舟宗璠曾于宽永七年（1667）二月选定了"慈光院八景"：三竺新月、松间双塔、溪桥归客、三轮滴翠、雾海残剩、高鸟夕阳、葛城白云、大风晴雪。遍布奈良盆地全域胜景史迹。奈良无海，以"雾"代"海"，资以比附潇湘湖泊江流，凸显出潇湘八景融入东瀛本土的文化特色。2005 年，为纪念著名摄影家入江泰吉百年诞辰，隆重举办了"大和八景"展，至今传颂。

宫廷皇族权贵对"潇湘八景图"艺术价值的深度认知，佐证其审美视点曾以"八景"为最高亮点。幕府将军向最具文化代表的五山文学长老索求八景图题诗，隆重装饰将军府殿堂或别墅，意在高扬幕府开放的政体意识，以吸收先进的中国文化作为新文化的代表。在此过程中，《八景图》鉴赏视点的诠释、精致的审美以及殿堂装饰规范化，通过本土丹青手、高僧，临摹、唱和、次韵，一次次叠加生成，在"润物细无声"中浸染，逐渐揉入"和"风文化，构建起"和"风化"八景"的美学鉴赏意念，从而实现了潇湘八景"和"风化再创作的无限可能，也折射出潇湘八景文化的艺术张力。

四、潇湘八景诗画在日本的认知深度

前述高木文考证，牧溪八景图大轴"江天暮雪图"铃室町幕府第三代将军足利义满（1358—1408）鉴藏印"道有""龙山"，尊为"古来大名物"，定格"上上"极品。足利义满 10 岁继任大将军。应永二年（1395）六月二十一日，38 岁出家，法号"道有"，后易为"道义"，号"北山殿鹿苑院"，道号"天山大禅定门"，应永十五年（1408）五月六日卒，寿 51。高木文论文结语，言："历史变迁，兵燹人灾，几经乱世，承天佑，吾侪有幸尚能于五百年后之今日惠赏这些八景图真迹，实感欣慰。……这些真迹实可谓价值连城的无价之宝。"[①] 早在 1926 年，东瀛学者就这样深刻地认识到潇湘八景图是无价之宝，价值连城。"画者，成教化，助人伦，穷神变，测幽微，与六籍同功。"[②]《六籍》，即《诗经》、《书经》（《尚书》）、《礼经》、《易经》（《周易》）、《乐经》、《春秋》。中国最优秀的传统文化典籍的深邃内涵，铸就成潇湘八景诗画底蕴。日本学者高木文的缜密考证，鉴证了这一史实。这不由勾起我们反思，应该如何珍惜潇湘本土滋生的优秀文化经典。

1962 年 10 月，日本根津美术馆举办《潇湘八景图汇展》。馆长致辞：

> 潇湘八景，空前地影响我邦画坛，13 世纪，室町水墨画家，忘我地竞绘八景图，至 18 世纪江户时代守野派，画艺精湛练达，在与牧溪和玉涧的真迹比较研究中，如何求变之，绘成的八景图，堪称瑰宝，今天，奢望与梦想实现，凤愿以偿，与我国现存牧溪的大轴 4 幅、小轴 1 幅、玉涧的 3 幅荟萃同展。各位名士得以同堂欣赏源自中国的潇湘八景图。这于我邦水墨画艺的提升，意义不可估量。恭贺汇展！幸甚！幸甚！

日本文化界高评潇湘八景，赞誉水墨八景图"空前地影响日本、丹青手忘我地竞绘八景图，在与牧溪、玉涧的八景图真迹的比较中求变之"以达精湛，这样的进取精神，实然值得我们学习。

---

① 朝仓尚："禅宗文学——中国文学接受实态"《中世文艺》，东京：清文堂 1969 年版（昭和四十四），第 13 - 14 页。

② 唐河东张彦远撰、毕斐点校《历代名画记》卷第一，明嘉靖刻本，中国美术学院出版社版 2008 年，第 1 页。

五、中国传统诗画培养了日本人的古典美意识

日本平安时代约四百年，是王朝国风文化辉煌时代。形成日本灿烂的王朝文化之根源，却是博大精深的中国传统文化的辐射和张力所致。

在日本历史上，遣唐使之最庞大的批量人员，身体力行，来到中国，各取所需，吸收中国的先进文化，潜心习得丰富多彩的先进文化之文艺、物性知识、技能和技术，不畏千辛万苦，前赴后继，源源不断地把大唐先进的文化、艺术、物性知识和技能及技术搬回日本并广泛传播。因学成归国人员数量极其庞大，继而在本土再生成丰富多彩的文化，这一轨迹扩展之结果的总聚合力，构建起了日本古代文化的坚实基础，日本王朝文化就是在这样的大开放背景下，与其说是学习中国大唐文化，毋宁说是全方位向日本搬回了大唐王朝经典文化。

日本王朝文化风的前半期，从天皇到贵族，一条直线，敬仰先进的中国优秀文化。平安初，空海（774—835）、① 最澄（767—822）② 留学中国，带回了新的佛教法理，现世修行实践，达到了狂热程度。日本文化精英，精细咀嚼消化中国文化。其中，最澄，以天台《法华经》为中心修禅念佛，以佛教法物形象——阿弥陀如来坐像雕刻、曼陀罗锦帛秘图、祖师像等，打坐运气丹田，冥思修行，真理与心灵一体化"成佛"。当时，绘画书法成为禅修冥思的重要对象，信仰规范化后，潜移默化受到中国优秀文化的育化，浸染和熏陶。同时，书法绘画雕刻等文艺全领域，在全东瀛本土，逐步传播

---

① 空海，俗姓佐伯，幼名真鱼。赞岐国（今香川县）人。15 岁学《论语》、《孝经》等。18 岁时，入大学明经科，习《书经》、《诗经》、《左传》等著作。偶读《虚空藏求闻持法》，信佛而作居士。795 年，于奈良东大寺受具足戒，法名空海。入唐留学前，撰有《三教指归》（即《聋瞽指归》）等著作。于中国唐德宗贞元二十年（804），作为学问僧与最澄等随第十八次遣唐使入唐交流，在长安初住西明寺，遍访高僧，翌年于青龙寺东塔院拜蒿惠果，受献藏界和金刚界曼荼罗法，并受献法阿阇黎灌顶，获密教正宗嫡传名位向后代传法身份。惠果圆寂，空海奉唐宪宗命，撰写碑文。806 年携大量佛典经疏、法物回国。

② 最澄，平安初期，日本天台宗开山祖。滋贺近江生人。受戒后，785 年（延历四年）入比叡山修行。依法华一乘中心思想，建一乘止观院。804 年入唐，习修天台教，一年归国，设立天台宗。晚年，主张建立天台宗独自大乘戒坛，与南都诸宗对立，圆寂后实现。著有《显戒坛》、《山家学生式》等。866 年（贞观八年）授谥号"传教大师"，此为日本首位大谥号，也称睿山大师、根本大师、山家大师。

融合，衍生成"和"风文化。

七世纪中叶，道昭（629—700）653 年最早赴大唐师从玄奘习修法相，① 回国后在元兴寺建成日本最初禅院。继有最澄、円仁（794—864）等向日本传回禅宗信仰和法理，② 新的佛教形式在日本一直广为传播。至九世纪，通过荣西介绍，道元最早正式以"和文"说禅法。中国宋末元初因内乱，很多著名禅僧东渡日本，成为后来日本禅宗隆盛传播的机缘和契机。镰仓幕府呵护禅宗，礼待赴日的中国禅僧，他们并非仅仅是皈依禅宗信仰所需要，最重要的内因是，幕府对整个东亚局势悉知，外交防御需要高僧顾问。无学祖元应幕府北条时宗正式邀请为智囊高僧。宋元禅僧在日本弘法，留下了大量墨宝真迹偈语，作为东海禅僧修法开悟对象物，这于禅宗传播起到了不可估量的作用。现指定为国宝的有 23 件，其中大德寺开山祖大灯国师宗峰妙超（1282—1337）墨书多达 5 件，最著名的"南岳偈"（国宝，日本正木美术馆藏）："南岳七十二峰，华顶万把千丈，瞻之无际，仰之无垠，以此无穷数，用祝圣明君。"据《报恩寺语录》虚堂智愚大师（1185－1269 临济宗虎丘派云庵普严法嗣）记载："是为祝贺南宋理宗皇帝诞辰'天基节'之上堂。"《虚堂语录》中有"送日本南浦知客"跋文，言："南浦示宣纸，求法语，自觉'今年已八十三老僧，思索无力，谨书一偈'。"杭州径山万寿寺住持虚堂大师，高寿 83，给东海儿孙南浦绍明（1235—1308）墨书《送僧偈》，南浦回国后虔诚弘法，门下高弟辈出，其大弟子大灯法师，又于嘉历元年（1326）再度墨书祖师虚堂赠南浦绍明的"南岳偈"，悬张大德寺法堂（现存），祝贺大德寺开山，资为东海儿孙禅宗弟子于法堂修禅，冥思缅怀南岳慧思，激励自己弘法的机缘。中国禅宗临济宗法理，通过虚堂→南浦→大灯→关山→一休，一代一代传承弘扬，经久不衰，其影响力深入民间，至今不可小觑。中国人最熟知的"一休哥"一休宗纯（1395－

---

① 道昭，飞鸟时代元兴寺僧。日本法相宗始祖。河内生人（今大阪府东部河州），653 年入唐，从事玄奘修法相宗。归国后于元兴寺建禅园弘法。晚年巡游建桥梁等社会事业。遵遗命日本首位火葬僧。

② 円仁，天台宗山门派始祖。天台座主。下野人。师事最澄。838 年（承和五年）赴大唐求法，修天台、密教、五台山念佛。847 年（承和十四年）回国。建常行三昧堂，完备了对抗东北密教的台密基盘。著《金刚顶经疏》《入唐求法巡礼行记》等。谥号慈觉大师。

1481）禅师乃大德寺法孙。

一休禅师也赋有"潇湘八景"组诗16首。这里举"潇湘夜雨"二首：

（一）

宿雨萧萧湘水阴，飘零羁客一身吟。

黄陵修竹庙前泪，碧海青天夜夜心。

（二）

二妃粉黛九嶷横，泪滴谁家残梦晴。

黄陵庙泪一丛竹，圣主风流也雨声。

诗中言"湘水、黄陵修竹庙前泪、二妃粉黛九嶷横、黄陵庙泪一丛竹"等词句，表达了一休对潇湘文学谙熟，且深度理解。这里特别想强调的是"黄陵修竹庙前泪、黄陵庙"，一直为中日该领域研究专家追寻的"黄陵庙"，本次与浙江临海学院文人学院院长前往洞庭湖君山进行文化史迹调研考察，笔者多年追踪，查历史地理文献，寻觅"黄陵庙"的具体位置，终不果。而本次，矗立在君山湘妃庙前，眺望洞庭湖，回首观君山，瞬间实实在在感觉，坚定了思索的结果——"黄陵庙应该是这里"。

1378年，足利尊氏确立室町幕府，第三代将军足利义满在京都室町建"花园御所"，1392年，统一南北朝，1401年足利重开日本与中国大明勘合贸易，给室町幕府赢得巨大财富。舶来品中，大量的宋元明书画、香炉、花瓶、端砚，以幕府宝库的这些藏品为牵引，在京都，形成新的"和·汉"文化比兴竞赏新风。足利将军职让义持后，实际依然掌握着政治实权。他迁入北山邸（现金阁寺），建成豪华会所，盛大隆重地装饰中国舶来的瑰宝书画、屏风、陶瓷、香炉等，恭迎后小松天皇行幸北山殿，向天下昭示自己作为先进文化的代表，夸饰自己拥有不可动摇的威势，具有一统文化的最高文艺鉴赏力，既深谙大和文化，也精通先进的汉文化，心机在与王朝文化抗衡。足利义满购藏的中国绘画中，有南宋（960—1279）的牧溪、玉涧的水墨八景图、梁楷的绘画作品。当时，禅宗升到国教地位，以禅宗寺院为中心，水墨绘画成为修炼法门，画中上部题汉诗，下部绘山水，饰于文人书斋，缙绅富豪厅堂，宫廷殿堂以及文臣官邸，是最高文化的象征，也是最大的时尚。

镰仓、京都的五山禅院，深化了与政体结合，驾驭国家精神信仰方向。与皇宫"花园御所"相邻的相国寺，为室町幕府提供财力，甚至成为幕府的行政中枢。相国寺高僧如拙、周文同门师兄，受命成为将军府御用绘师，他们睿智地吸收南宋马远、梁楷画风，精细巧妙地模仿马远、梁楷的运笔技巧作画，从而确立了日本式水墨画范式。继有雪舟（1420—1506），师从周文学画，① 后又专任山口县太守大内氏府邸绘画师，兼绘军事地理图。1467年，雪舟48岁，蒙山口首领大内氏惠意，允其登上大内氏经营的日明贸易船，随行任记录绘事。雪舟三年滞留中国，览胜水墨画题的中国名胜古迹数十处，亲目了当时大明朝备受高评的水墨佳作无数，积淀了丰富的知识和鉴赏经验，夯实了绘艺文化底蕴和坚实的绘艺技能及其知识以及睿智的审美意识。他回国后的水墨画作获得空前评价。同一时期，室町后期画僧，镰仓建长寺书记祥启［名讳，字贤江，号贫乐斋。工水墨画，1478年（日本文明十年）后滞京都，师从艺阿弥。也称启书记］在京都潜心习修，积淀颇丰的画僧祥启回到了镰仓。与此同时，雪村（1504左右—?），② 从未走出过日本东北，独开水墨画境，八十六年绘艺生涯，作品受到高度关注和评价，他一生绘有五幅水墨"潇湘八景图"，至今受到敬仰和珍视。汉和画风融合，曾创作多幅传世作的著名画家长谷川等伯（1539—1610），③ 30岁到京都，潜心习练牧溪、周文水墨画，临摹牧溪绘《八景图》，几近乱真且脍炙人口。

---

① 雪舟，室町后期画僧。讳等杨。备中人（今冈山县西半部）。初入相国寺师从春林周藤参禅，周文足下习画。1467年（应仁元年）赴明朝学水墨画技法，从中国名胜景观受到启示，1469年（文明元年）回国，居周防山口云谷庵。努力使宋元明北画水墨画范式个性化，尤其善山水人物及装饰性花鸟画。作有"山水长卷""泼墨山水图""天桥立图"等。

② 雪村，室町后期画僧。讳周继。常陆人，佐竹氏一族。遍游小田原、镰仓，晚年住奥州会津、田村，以地方画僧终其一生。仰慕雪舟，自习宋元画，形成独具个性的画风。传世有《风涛图》、《松鹰图》。

③ 长谷川等伯，桃山时代画家。长谷川派始祖。能登人。初名信春，主绘佛画。上京都，创独特画风，与狩野派抗衡。工水墨画，凸显潇洒犀利笔锋，花鸟画、肖像画独具才能。名作有《松林图屏风》《智积院障壁画》，著有《等伯画说》。

日本山水画中，池大雅山水风景画尤其书写了悠悠的潇湘情怀。

池大雅憧憬中国士大夫，深受中国文人画影响，作为日本独创"南画"的开拓者之一，他的画受到高评和赞誉。他把"南画"融入山水风景画中，淡淡地绘出打鱼人撒网捕鱼栩栩如生，动感定格在画面上，赏画人如临真境，收获跳动的鱼儿，大雅绘艺高妙无出其右者。

大雅的画作，计162幅（国宝3件，重要文化财13件。数据取自2018年4月7日—5月20日日本国立京都博物馆特别展《池大雅天衣无缝的羁旅画家》）。其中中国胜景、人物、故事画，关联潇湘诗画的作品有9种类16幅（日本指定为重要文化财作品计4件）。大雅幼习汉学，醉心潇湘文学，未旅潇湘却早已神游潇湘，其潇湘画作，倾诉了他憧憬"桃源乡"，近乎在默诵着《桃花源记》中，绘就《武陵源图》；默诵着《岳阳楼记》中，绘就《洞庭湖图》；默诵着《前赤壁赋》、《后赤壁赋》中，绘得4幅《赤壁图》。大雅崇敬"长沙太守张仲景鸿仁"绘得《张仲景肖像》。潇湘景，大雅情，通过诗画叙述和书写，在大雅生命的艺术灵境里，与大诗家陶渊明、苏东坡、范仲淹穿越时空，心性交流，催生出真善美、桃源理想乡的共鸣。而今再介入赏画者的希冀和期盼，更丰富了大雅画作之艺术性和思想性的意义。画家·画作·赏画人三者间，融合成七色彩虹，潇湘诗画穿越中日时空，感化人心，教化普世众生，育化"民"的艺术审美视角，在东亚文化环流中，获得了最大化之中华传统文化及其道德伦理真善美的弘扬和传播。中国文化海外传播的理论与实践，通过大雅的肖像画张仲景这幅作品经典，莫过于最生动的阐释典例。

●大雅绘潇湘画作一览①

1. 张仲景像　高籍题诗，墨画1幅110.3×3.3 cm江户宽延二年（1749。21号）

2. 岳阳楼图　墨画淡彩1幅124.3×29.5 cm江户时代十八世纪（60号）

---

① 京都国立博物馆特别展《池大雅天衣无缝的羁旅画家》，《读卖新闻》社2018年版，第7页。

3. 赤壁舟游图　绢本着色 1 幅 52，4 × 73.8 cm 江户宽延元年（1748。61 号）

4. 前后赤壁图屏风（重文），自题诗，纸本墨画淡彩 6 曲 1 双 147.8 × 346.0 cm 江户宽延二年（文化厅藏。66 号）

5. 赤壁幽胜图卷　纸本墨画淡彩 1 卷 26.5 × 134·0 cm 江户时代十八世纪（84 号）

6. 东山清音帖潇湘八景（重文），纸本墨画 16 面 20.1 × 52.4 cm 江户时代十八世纪（141 号）

7. 潇湘胜概图屏风（重文），纸本墨画淡彩 6 曲 1 双 84.6 × 300.0 cm 江户时代十八世纪（138 号）

8. 武陵桃源图，绢本着色 110.3 × 44.6 cm 江户时代十八世纪（文化厅藏。157 号）

9. 洞庭赤壁图卷（重文），自题诗，绢本着色 1 卷 55.1 × 297.5 cm 江户时代明和八年（1771。京都国立博物馆藏，161 号）

上列《张仲景肖像图》（见图 12 - 1。1749 年夏秋旅行金泽绘），① 图上有宽延己巳季秋，深山安良拜赋高芙蓉墨书②诗：长沙贤太守，天职鑽岐黄。欲救苍生苦，鸿仁祖古方。诗中“古医方”，典故出自江户时代主张返回古代大唐以前的中医学派，与儒家古学派同倡复古。“岐黄”，典故出自《黄帝内经》（有名医岐伯答皇帝问传说），也称“古汉方医”。江户时代称名医为“国手”，救苍生，“鸿仁”也。建安年间（公元 196—219 年），朝廷派张仲景任长沙太守，赴任即遭际瘟疫流行，他不分贫贱，倾力救治，病人患满张宅，处理公务后即刻在“长沙公堂”诊治病人。这就是九芝堂的“堂”

---

① 张仲景，名机，字仲景，东汉南阳涅阳县（今河南省邓州市穰东镇张寨村）人。东汉末年名医家。有传世巨著《伤寒杂病论》，确立中医临床辨证论治原则。建安年间（公元 196—219 年），受命知长沙太守［长沙郡：秦置，下辖湘、罗、益阳、阴山、零陵、衡山、宋、桂阳 9 县，治所湘县（今长沙市）］。
② 深山安良（1693—1754），越中（富山县）石动人，当地藩士篠岛氏家骑吏，后移住金泽，博览汉籍，工汉诗，藩主前田重熙惜其才而重用。与大雅友情笃深。高籍即高芙蓉，名书家，江户儒学居士。

字由来，名医"坐堂"诊病的词源。古潇湘文韵根植大雅心底，绘"张仲景肖像"，意在盛赞"鸿仁高德"。藩士家臣深山良赋诗，著名儒学居士高芙蓉敬书其诗，深深蕴涵着潇湘底蕴文化的仲景肖像名画，就这样诞生于深情向往潇湘的大雅笔下。

大雅绘《洞庭湖图》（见图12－2）中的岳阳楼，位于中国湖南省岳阳城西侧，置于图中右下方，吻合登楼远眺视角。杜甫《登岳阳楼》诗："昔闻洞庭水，今上岳阳楼。吴楚东南坼，乾坤日夜浮。亲朋无一字，老病有孤舟。戎马关山北，凭轩涕泗流。"范仲淹《岳阳楼记》等名篇享誉天下。"岳阳楼之大观"，洞庭湖景绝佳，森森水波，绵绵向远，湖中舟帆移动，面图赏画，有如临真景的满足。大雅绘《武陵桃源图》（见图12－3），是基于东晋诗人陶渊明著《桃花源记》绘成：画面近景，渔夫穿洞；中景，田园村落，桃花缤纷；远景，山脉层叠。全画面呈闲静山水，村人乐融融景象，实然一幅别有天地的理想乡，这也正是大雅内心憧憬的田园乡。

大雅在中日文化交流长河中，继往圣传绝学，遥在东瀛，精彩地书写、叙述、描述潇湘洞庭风景，精绘《张仲景肖像图》，传播中华优秀文化。

大雅弱冠与中国古典文化修养深邃的日本一流诗画篆刻文人柳泽淇园、南海祇园、高芙蓉、韩天寿、彭城百川等交谊笃深，惠缘于这些文人，有机会从他们那里得到范本，临摹过《芥子园画传》① 树丫，绘艺酷似。大雅曾苦练米芾的米点和董北苑的绘艺技法。②

大雅绘《潇湘八景图》有三种，其中《东山清音帖潇湘八景》③ 扇形无折痕，扇背面配中国八位诗画文人赋七言绝句。画风酷似《芥子园画传》初集扇形画。

《山市晴岚图》（图13）山间茶驿，行人担着物什，度过小桥，向着有篱笆的山间酒屋走去，酒屋檐上酒旗摇曳，标示烟火气。扇背面录吴志淳赋诗：

---

① 京都国立博物馆特别展《池大雅天衣无缝的羁旅画家》，《读卖新闻》社2018年版，第56页。
② 京都国立博物馆特别展《池大雅天衣无缝的羁旅画家》，《读卖新闻》社2018年版，第59页。
③ 京都国立博物馆特别展《池大雅天衣无缝的羁旅画家》，《读卖新闻》社2018年版，第204页。

小舟何处问通津，二月东湖柳色新。
老向天涯频见画，一枝曾折送行人。①

《烟浦归帆图》（图14，烟错字，正确为远），扇背面录胡宗仁赋诗：

片帆已挂晓须开，无奈游情日与催。
欲画楚山青万叠，待余行看越山来。②

《洞庭秋月图》（图15）画面简约，随扇面上端弧线运笔勾勒成景，景中洞庭湖上，浮舟吹笛，不由联想秋晚朗月，微波轻妙，澄波映月，吹笛余韵，溢满画面，笛声回响缭绕于赏画人耳边，曼幻至美。洞庭湖风景优美地呈现于异域，实然不可多得的潇湘东瀛时空穿越好景色。扇背面录鲍恂赋诗：

烟湿空林翠霭飘，渚花汀草共萧萧。
仙家应在云深处，祇许人间到石桥。③

《潇湘夜雨图》（图16），扇背面录吴镇赋诗：

雨过秋塘泛曲湍，归人欲渡俯平滩。
前村遥望炊烟起，更有新篘破晓寒。④

---

① ［元］吴志淳，字主一，号雁山老人，以字行。无为州人。在元代以父荫历官靖安、都昌二县主簿。红巾军起，徙家豫章。后又徙居浙江鄞县之东湖。至正末，吴志淳已老，执政奏除待制翰林，为权幸所阻。入明不仕。工诗善书。这首诗出自《题小山水景（二首）》其一。
② ［明］胡宗仁，字彭举，号长白，上元（今南京）人，隐于冶城山下。工诗、画，山水画师从倪瓒，晚出入王蒙、黄公望二家，其笔意古质，颇有五代以前气象。
③ ［元］鲍恂（生卒年不详），字仲孚，崇德（今桐乡）人。少从临川吴澄学《易》得其所传。顺帝至元元年（1335），登进士第。荐为翰林，婉辞。工诗。《嘉兴府志》引其题画诗："山横红叶晚，寺锁碧云深。"著有《西溪漫稿》等。原诗题"盛叔章画"。
④ ［元］吴镇（1280—1354），字仲圭，号梅花道人，尝署梅道人。浙江嘉善人。擅画山水、墨竹。山水师法董源、巨然，兼取马远、夏圭，干湿笔互用，尤擅带湿点苔。水墨苍莽，淋漓雄厚。喜作渔父图，有清旷野逸之趣。墨竹宗文同，格调简率遒劲。与黄公望、倪瓒、王蒙合称"元四家"。

《远寺晚钟图》（图17，远错字，正字为烟），扇背面录王士熙赋诗：

> 吴山重叠粉围高，有客晨兴洒墨毫。
> 百两珍珠难买得，越峰压倒漫金涛。①

《渔村夕照图》（图18）吴镇赋诗：

> 草堂仍著薜萝遮，地僻林深有几家。
> 莫道春风吹不到，门前依旧鸟衔花。

《平沙落雁图》（图19），扇背面录党怀英赋诗：

> 江村清景皆画本，画里更传诗与功。
> 渔夫自醒还自醉，不知身在画图中。②

《江天暮雪图》（图20），扇背面录董其昌赋诗（原题《画家霜景与烟景淆乱余未有以易也丁酉冬燕山》）：③

> 晓角寒声散柳堤，千林雪色亚枝低。
> 行人不到邯郸道，一种烟霜也自迷。

大雅还绘有《潇湘胜概图屏风》左右一双（纸本墨画淡彩）。这双屏风的画风，与传统水墨画浓淡相异，光晕随风，透过翠竹，呈淡绿光影。江流

---

① ［元］王士熙（约1265—1343），字继学，东平人。王构长子。至治、泰定间活跃于馆阁，与袁桷、马祖常等人唱和在前，元四家虞、杨、范、揭于后。诗集《江亭集》未见传本，诗散见于总集，文章存《元文类》。

② 金党怀英（1134—1211）字世杰，号竹溪，冯翊人（今陕西大荔）。北宋太尉党进十一代孙，金朝文学家、书法家、史学家。金朝大定十年，中进士，官至翰林学士承旨，世称"党承旨"。

③ ［明］董其昌（1555—1636），字玄宰，号思白、香光居士，松江华亭（今上海闵行区马桥）人，书画家。万历十七年进士，授翰林院编修，官至南京礼部尚书，卒后谥"文敏"。

波动船行，远景，可视非视，近景，小山衍漫。画面空间舒缓向远，令人遐思画外天宇……远视，一幅山水画，近观，右起远浦归帆、潇湘夜雨、渔村夕照、洞庭秋月、平沙落雁、山市晴岚、烟寺晚钟、江天暮雪，画卷徐徐展开。光晕恰宜适中，意蕴朗怀，画面溢出希望，① 这是其他八景图不曾有的效果（见图 21）。② 淡彩点描，精细极致，疏密色调，微妙渐变，参天柳下，高士、童子谐和慢行于画中部，细密点描出潇湘湿润空气，仿佛肌肤可触，栩栩如生。

结语

北宋产生的"潇湘八景"对日本影响深远，成为"日本文化艺术领域最经典的素材和创作源泉"（铃木广之，1993），被誉为"价值连城的无价之宝"（高木文，1935）。本文从比较文学与跨文化交际的角度，对 13 世纪末东传日本的诗画母题"潇湘八景"的传播与影响进行了深入考察。笔者认为日本的"潇湘八景"诗画蕴含深沉的禅宗意义和浓郁的本土风情，客观上表现出湖湘文化所具有的震撼力和感召力。日本禅僧和画家深入揣摩"潇湘八景"诗画的意蕴，催生出同题的"潇湘八景"诗歌 300 多首，八景图 114 幅，选出实地八景 963 处，遂衍生成八景文化现象，堪称世界诗画史上之奇迹，史实印证并揭示了湖湘文化对世界文学艺术版图构建的重要意义，以个案诠释了"民族的如何成为世界的"这一美学命题，从而为当代中国文化走出去提供了有益的借鉴。

昔日"一带海路"，潇湘文学以八景诗画为载体远播日本，而今，通过比较互鉴，擢拔优秀传统文化，承先人睿智，更自信地"传播好中国声音，让世界认识一个立体多彩的中国"，无疑有重要的现实意义。

---

① 据屏风收藏人京都御典医福井家附帖的书简知，屏风画颜料耗资大雅的金子一两。引自京都国立博物馆特别展《池大雅天衣无缝的羁旅画家》，《读卖新闻》社 2018 年版，第 212 页。
② 渡边明义："中国的潇湘八景"《日本美术》第 124 号，至文堂 1976 年版，第 14 页。

附图:

图1 宋迪淡山岩题名（北京大学金石文库藏）

图2 卫樵石刻题诗　　　　图3 笔者淡岩考察卫樵八景诗

图4 玉涧绘《远浦归帆图》并自题诗（南宋，出光美术馆藏）

图5　牧溪绘《观音图》款识：蜀僧法常谨制

楊歧系法脈 (九)

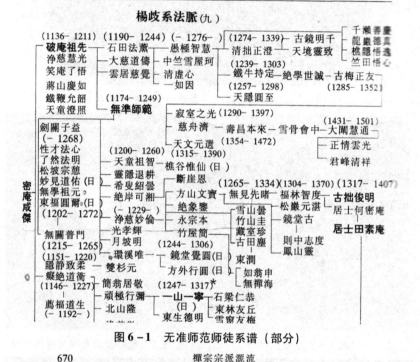

图6-1　无准师范师徒系谱（部分）

楊歧系法脈 （十一）

無準師範
|
├断橋妙倫
├方山文寶
├無見先睹
└無聞智度

雪巖祖欽
松籠然
石巖限
石梁忠
牧溪常
無學元
虚谷陵
西巖慧
(1198- 1262)

鐵牛定
無極源
鐵山瓊
默翁一
海印如
陡涯戒
高峰日
月庭忠
方外圓

天真則
白蓮智安
空谷景隆
真如如盉
日本夢窗石

圓極規
絶學世誠

古梅正友
├無文元選（日）
├一峰寧
├志玄
├妙葩建長
├慈永南禪
├道徹
└周澤

獨空通
雲外超
月江映

大愚安
平石砥
無石宣
此堂證
止堂定

東巖日
本翁訥
月澗明

東山崇

图6-2　无准师范师徒系谱（部分）

·

216

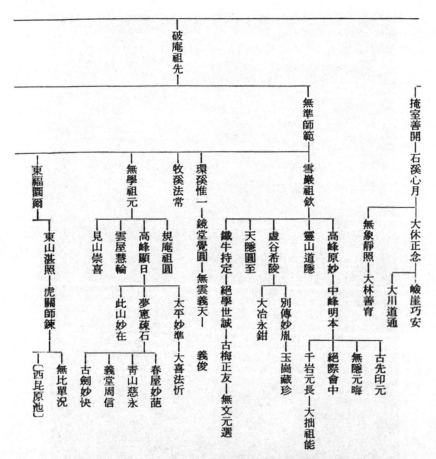

图7　日本《五山文学新集》无准师范师徒系谱（部分）

图8　御宇多天皇帝师一山一宁灵塔（2014 年 11 月 26 日笔者摄）

图9　一山一宁题诗《平沙落雁图》（京都国立博物馆藏）

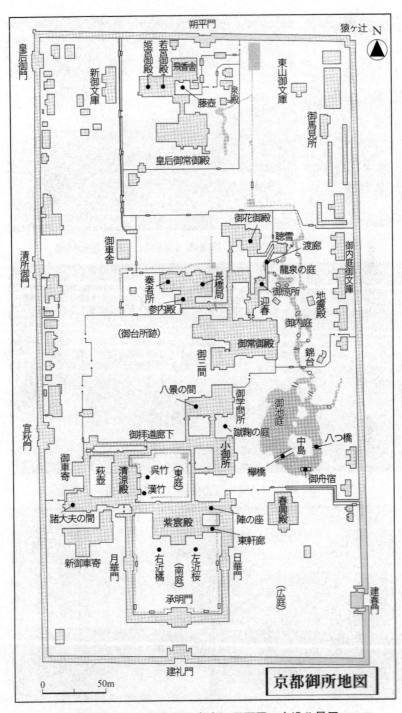

图 10-1　京都御所（皇宫）平面图　内设八景厅

图 10 - 2 御所"八景厅"障壁画《洞庭秋月图》岳阳楼檐

图 10 - 3 御所"八景厅"障壁画《洞庭秋月图》全景

图 10 - 4 御所"八景厅"障壁画《洞庭秋月图》岳阳楼近景

图 10－5　左御所"八景厅"障壁画岳阳楼，右宋代岳阳楼模型（湖南岳阳公园）

图 10－6　拟洞庭湖建成庭湖（京都市立牌）

图 10－7　眉山绘庭湖馆障壁画《洞庭秋月图》　　图 10－8　民国晚期岳阳楼

图 10 – 9　大觉寺庭湖馆

图 10 – 10　嵯峨山麓下大觉寺旁侧庭湖

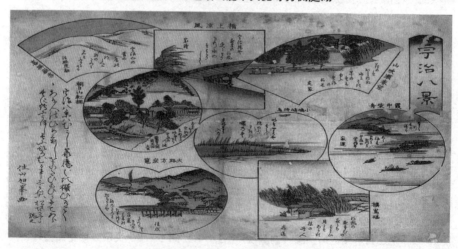

图 11　宇治八景图（平等院净土院藏）

图 12 –1　张仲景肖像图　　图 12 –2　洞庭湖图　　图 12 –3　武陵桃源图
（池大雅绘）　　　　　　（池大雅绘）　　　　　　（池大雅绘）

图 13　池大雅绘《山市晴岚图》及书诗

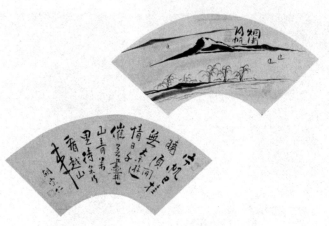

图14 池大雅绘《烟浦归帆图》及书诗

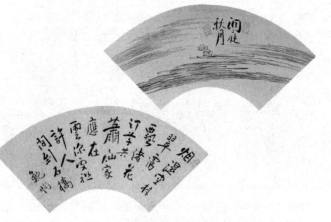

图15 池大雅绘《洞庭秋月图》及书诗

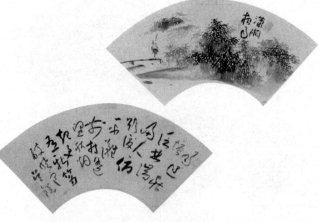

图16 池大雅绘《潇湘夜雨图》及书诗

图17 池大雅绘《远寺晚钟图》及书诗

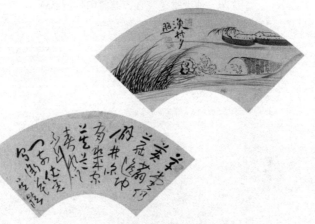

图18 池大雅绘《渔村夕照图》及书诗

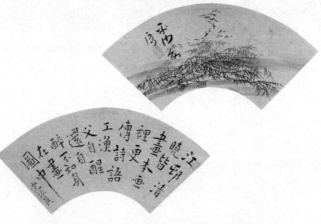

图19 池大雅绘《平沙落雁图》及书诗

·

图20　池大雅绘《江天暮雪图》及书诗

图21　池大雅绘《潇湘胜概图屏风》左侧画面

（作者：冉　毅）

·

致 谢

　　本书收录了 16 篇由湖南师范大学外国语学院教师撰写的研究论文，其中内容大多与网络课程"中外比较文学研究专题"相关，是近年来我校在培养学生跨文化能力教学过程中的系列成果之一。

　　本书的编写得到了湖南师范大学诸多业界专家、同仁的关心与帮助。蒋洪新对于丛书的策划和本书的编写提出了宝贵的意见；刘白认真参与了几轮书稿的校译；阮炜、赵炎秋、冉毅、张驰、高荣国、龙娟、方丽平、罗坚、梁斌、杨阳等为全书的组稿付出了辛勤的劳动。李阳、吴真文、邓杰、黄林、杨安等为本书的编辑、出版亦给予了多方面的帮助。限于水平，本书的编写一定有不少失误和不当之处，还望读者朋友们批评指正。

郑燕虹